长子西南呈西周墓地综合研究

山西省考古研究院 编

韩炳华 主编

上海古籍出版社

图书在版编目(CIP)数据

长子西南呈西周墓地综合研究/山西省考古研究院编;韩炳华主编. —上海:上海古籍出版社,2022.8
ISBN 978-7-5732-0300-7

Ⅰ.①长… Ⅱ.①山… ②韩… Ⅲ.①周墓-研究-长子县 Ⅳ.①K878.84

中国版本图书馆CIP数据核字(2022)第103365号

长子西南呈西周墓地综合研究
山西省考古研究院 编
韩炳华 主编
上海古籍出版社出版发行
(上海市闵行区号景路 159 弄 1-5 号 A 座 5F 邮政编码 201101)
（1）网址:www.guji.com.cn
（2）E-mail:guji1@guji.com.cn
（3）易文网网址:www.ewen.co
上海雅昌艺术印刷有限公司印刷
开本 889×1194 1/16 印张9.25 插页18 字数213,000
2022 年 8 月第 1 版 2022 年 8 月第 1 次印刷
ISBN 978-7-5732-0300-7
K·3165 定价:108.00元
如有质量问题,请与承印公司联系

本书为

国家社科基金一般项目
（批准号：17BKG019；结项号：20200154）
"山西长子西南呈西周墓地资料整理与研究"
最终成果
（项目负责人：韩炳华）

目　录

西南呈西周墓地的年代 ···（韩炳华）1
　一、型式分析 ·· 1
　二、器物组合情况 ·· 8
　三、墓地的分期与年代 ·· 10

西南呈西周墓地的文化性质 ···（韩炳华）13
　一、墓向 ·· 13
　二、墓道 ·· 14
　三、夫妇异穴合葬 ·· 15
　四、墓室面积 ·· 16
　五、马坑 ·· 17
　六、随葬车辆 ·· 17
　七、随葬石磬 ·· 18
　八、殉狗 ·· 18
　九、墓葬被盗时代 ·· 19
　十、墓地布局与层级关系 ·· 19

略论长子西南呈墓地与黎城西关墓地的关系 ···（韩炳华）21
　一、两个墓地的年代 ·· 21
　二、黎国的变迁 ·· 22
　三、黎的地望问题 ·· 23

山西长子县西南呈西周墓地人骨鉴定报告 ···（李　钊）27
　一、性别年龄鉴定 ·· 27
　二、人口学统计研究 ·· 28

三、颅骨的形态特征研究 …………………………………………………………… 34
　　四、种系类型研究与亲缘关系分析 ………………………………………………… 41
　　五、结语 ……………………………………………………………………………… 51

长子西南呈墓地出土铜器的初步科学分析 ……………………………（南普恒　罗武干）77
　　一、分析样品简况 …………………………………………………………………… 77
　　二、金相组织鉴定 …………………………………………………………………… 78
　　三、合金成分分析 …………………………………………………………………… 90
　　四、铸造工艺考察 …………………………………………………………………… 94
　　五、微量元素分析 …………………………………………………………………… 100
　　六、铅同位素分析 …………………………………………………………………… 106
　　七、结语 ……………………………………………………………………………… 109

中原地区先商至周朝饮食及社会地位转变
　　……………………………………（李　昕　张山佳　卢敏霞　仇梦晗　文少卿　马敏敏）116
　　一、引言 ……………………………………………………………………………… 116
　　二、研究区概况 ……………………………………………………………………… 118
　　三、材料和方法 ……………………………………………………………………… 118
　　四、结果 ……………………………………………………………………………… 119
　　五、讨论 ……………………………………………………………………………… 124

长子西南呈西周墓地遗骸古DNA研究报告
　　………………………………………………（韦兰海　文少卿　周博言　蒙海亮　李　辉）135
　　一、前言 ……………………………………………………………………………… 135
　　二、古DNA研究 ……………………………………………………………………… 135
　　三、讨论与总结 ……………………………………………………………………… 144

西南呈西周墓地的年代

韩炳华

山西长子西南呈西周墓地是2012至2016年新发掘的大型西周墓地,是晋东南地区迄今为止发现的最大的西周墓地。以下依据出土器物对墓地的具体年代略作探讨。

此次共发掘西周墓葬108座,一半以上有陶器出土。这些陶器按照器类共分为6类,主要有陶鬲、陶罐、陶三足瓮、陶簋、陶豆、陶瓿等。绝大多数陶器属于实用器,明器数量较少。明器中主要是仿铜的陶礼器,主要器类有陶簋、陶豆、陶三足瓮、陶瓿。这些仿铜陶器仅仅发现在3座墓葬中。

陶质以夹砂灰陶为主,颜色有深有浅,器类主要为陶鬲。泥质灰陶的数量仅次于夹砂灰陶,器类主要为陶罐和仿铜陶器。

一、型式分析

(一) 陶鬲

共出土陶鬲84件,其中可进行型式划分者82件。根据形态特征分为两类,甲类鬲属于周系鬲,乙类属于商系鬲(表一)。

1. 甲类鬲

甲类鬲有61件,根据裆部、足部的差异分为三型。

A型,联裆鬲,共14件,根据裆部的变化分为四式。

Ⅰ式:裆部内瘪,底近平,三矮足空心,饰扉棱,腹饰斜向绳纹,裆饰交错绳纹,足及跟部均饰有绳纹。1件。标本M2:1。接近于张家坡M347:1[1],相当于张家坡Ⅲd式,也接近于曲村M6235:11[2]以及晋侯M7:1[3]。

---

[1] 中国社会科学院考古研究所:《张家坡西周墓地》,中国大百科全书出版社,1999年,图版65,6。
[2] 北京大学考古学系商周组、山西省考古研究所:《天马—曲村(1980〜1989)》,科学出版社,2000年,图版壹伍捌,6。
[3] 北京大学考古学系、山西省考古研究所:《天马—曲村遗址北赵晋侯墓地第二次发掘》,《文物》1994年第1期,图一四,2。

Ⅱ式：弧裆，裆高，有扉棱，袋足带实足跟。沿内饰两周凹弦纹，肩部以下饰三周凹弦纹和三条扉棱，腹部饰竖向细绳纹，裆及底部饰横向交错细绳纹。3件，标本M111：1。此式鬲与曲村M6434：5[1]和M7020：1[2]相同。

Ⅲ式：体宽扁，低弧裆，浅袋足带矮实足。沿上饰四周凹弦纹，腹部饰竖向细绳纹，并延伸至足部，裆及底部饰交错细绳纹。7件。标本M11：6，相比较晋侯M2：1[3]，此口沿上翘，两者时代差不多；标本M7：1最接近曲村M7114：1[4]；标本M107：1接近曲村M5111：1[5]和M5146：3[6]。

Ⅳ式：斜折沿，束颈，弧裆近平，沿平面有两周凹线纹，腹部饰三条扉棱和延伸到足部的竖向细绳纹，底部饰交错细绳纹。3件，标本M94：1形制纹饰同于晋侯M8：40、M31：29[7]，琉璃河燕国墓地Ⅱ式M267：1[8]、洛阳北窑（图版九二，4）Ⅲ式M95：9[9]。

B型，平裆鬲，共45件，根据裆部的变化和足部的高矮分为四式。

Ⅰ式：足高。弧腹，平裆，裆部略高，浅袋足带实足细高跟。沿边缘饰五周凹弦纹，腹部二周凹弦纹间饰一周三角形凹槽，并饰竖向细绳纹，裆、底及足部未饰。1件。标本M46：5。此式鬲接近曲村M6049：4[10]、曲村M6079：3[11]、张家坡M304：09[12]、张家坡M279：2[13]、少陵原M465：2[14]和琉璃河ⅠM51：6[15]。

腹部二周凹弦纹间饰一周三角形凹槽的戳印手法，也见于孝民屯出土的C型Ⅰ式陶鬲（M844：4）和曲阜鲁故城乙组西周墓陶鬲[16]的肩部。虽然上面两个地点戳印位置和样式与长子西南呈陶鬲有别，但这样的做法还是呈现出共同的文化特征，可能与殷墟文化有一定的关系[17]，是双向仿制的结果。

Ⅱ式：柱足平裆，足高，裆部较高，浅袋足带细高实足跟。沿上饰二周凹弦纹，颈下饰三周凹弦纹，腹部饰竖直短绳纹和三条扉棱，裆部及底部饰横向交错绳纹，足部饰竖向细绳纹。1件，标

---

[1] 北京大学考古学系商周组、山西省考古研究所：《天马—曲村（1980～1989）》，科学出版社，2000年，图版壹柒叁，3。
[2] 北京大学考古学系商周组、山西省考古研究所：《天马—曲村（1980～1989）》，科学出版社，2000年，图版壹柒叁，6。
[3] 北京大学考古学系商周组、山西省考古研究所：《天马—曲村遗址北赵晋侯墓地第二次发掘》，《文物》1994年第1期，图一四，3。
[4] 北京大学考古学系商周组、山西省考古研究所：《天马—曲村（1980～1989）》，科学出版社，2000年，图版壹柒贰，1。
[5] 北京大学考古学系商周组、山西省考古研究所：《天马—曲村（1980～1989）》，科学出版社，2000年，图版壹陆捌，3。
[6] 北京大学考古学系商周组、山西省考古研究所：《天马—曲村（1980～1989）》，科学出版社，2000年，图版壹陆伍，5。
[7] 山西省考古研究所、北京大学考古学系：《天马—曲村遗址北赵晋侯墓地第三次发掘》，《文物》1994年第8期，图五。
[8] 北京市文物研究所：《琉璃河西周燕国墓地（1973～1977）》，文物出版社，1995年，图版叁拾肆，5。
[9] 洛阳市文物工作队：《洛阳北窑西周墓》，文物出版社，1999年，图版九二，4。
[10] 北京大学考古学系商周组、山西省考古研究所：《天马—曲村（1980～1989）》，科学出版社，2000年，图版壹柒陆，1。
[11] 北京大学考古学系商周组、山西省考古研究所：《天马—曲村（1980～1989）》，科学出版社，2000年，图版壹柒陆，3。
[12] 中国社会科学院考古研究所：《张家坡西周墓地》，中国大百科全书出版社，1999年，图版73，4。
[13] 中国社会科学院考古研究所：《张家坡西周墓地》，中国大百科全书出版社，1999年，图版71，5。
[14] 陕西省考古研究院：《少陵原西周墓地》，科学出版社，2009年，图版14，3。
[15] 北京市文物研究所：《琉璃河西周燕国墓地（1973～1977）》，文物出版社，1995年，图版叁拾叁，2。
[16] 山东省文物考古研究所、山东省博物馆、济宁地区文物组、曲阜县文管会：《曲阜鲁国故城》，齐鲁书社，1982年，图版陆壹。
[17] 殷墟孝民屯考古队：《河南安阳市孝民屯遗址西周墓》，《考古》2014年第5期。

本M26∶3。此式鬲接近横水M1∶202[1]、晋侯M13∶35[2]、琉璃河ⅠM51∶6[3]。

Ⅲ式：弧腹略鼓，低平裆，浅袋足带实心柱足。沿上饰两周凹弦纹，腹部饰竖向粗绳纹，裆及底部饰横向交错粗绳纹。1件，标本M20∶7。此式鬲与张家坡M165∶033和M253∶13[4]相同，非常接近于应国M231∶6[5]。《平顶山应国墓地Ⅰ》报告中将此鬲与晋侯M113出土陶鬲做了比较，认为是西周早期鬲。经过仔细观察，二者显然不一样，晋侯M113的鬲口沿的角度与应国M231鬲差别较大，M231的鬲表现出晚期特征。事实上，与此比较接近的是晋侯M91出土陶鬲[6]。

Ⅳ式：平裆，三实心矮足，内外烟熏痕迹明显。腹饰竖向绳纹和三条扉棱，裆及底部饰交错绳纹。42件，标本M1∶9。此式鬲有的有扉棱，有的没有，但形制基本相同，洛阳北窑中这种鬲比较多见，如标本M118∶1，还与洛阳北窑Ⅱ式M186∶1[7]相似。洛阳北窑Ⅲ式平裆鬲（北窑M345∶15[8]），在张家坡（M304∶9[9]）、曲村（M5075∶1[10]）也有相似的陶鬲。

C型：筒腹鬲，弧裆，袋足无实足跟。颈下饰竖向粗绳纹，裆及底部饰横向交错绳纹。仅1件，标本M85∶4。此型鬲与张家坡B7式M386∶1[11]和曲村M6225∶1[12]陶鬲接近。

D型，周式仿铜鬲。柱足高，实心矮足。沿上饰三周凹弦纹，腹部饰竖向细绳纹和三条扉棱，裆及底部饰横向细绳纹。1件。标本M114∶2。与此类鬲相似的如张家坡M304∶06[13]，张家坡M304还出土了矮足的平裆鬲，两种鬲的年代差不多。

2. 乙类鬲

乙类鬲共计21件，根据器型差异分为三型。

A型：分裆实心足鬲。沿边缘饰一周凹弦纹，腹部饰竖向细绳纹，裆及底部饰横向交错细绳纹。1件，标本M83∶2。此型鬲形制同于张家坡B型Ⅵa式鬲（M91∶01[14]），鬲足跟为实心的圆疙瘩，已经与早期的袋足鬲有了明显区别，时间大致在西周晚期早段。西南呈与张家坡均有这种鬲

---

[1] 山西省考古研究所、运城市文物工作站、绛县文化局：《山西绛县横水西周墓发掘简报》，《文物》2006年第8期，图一五。
[2] 北京大学考古学系、山西省考古研究所：《天马—曲村遗址北赵晋侯墓地第二次发掘》，《文物》1994年第1期，图一四，1。
[3] 北京市文物研究所：《琉璃河西周燕国墓地（1973~1977）》，文物出版社，1995年，图版叁拾叁，2。
[4] 中国社会科学院考古研究所：《张家坡西周墓地》，中国大百科全书出版社，1999年，图版73，6。
[5] 河南省文物考古研究所、平顶山市文物管理局：《平顶山应国墓地Ⅰ》，大象出版社，2012年，图版一二，1。
[6] 北京大学考古学系、山西省考古研究所：《天马—曲村遗址北赵晋侯墓地第五次发掘》，《文物》1995年第7期，图一二，1。
[7] 洛阳市文物工作队：《洛阳北窑西周墓》，文物出版社，1999年，图版六三，1。
[8] 洛阳市文物工作队：《洛阳北窑西周墓》，文物出版社，1999年，图版九二，1。
[9] 中国社会科学院考古研究所：《张家坡西周墓地》，中国大百科全书出版社，1999年，图版73，4。
[10] 北京大学考古学系（商周组）、山西省考古研究所：《天马—曲村（1980~1989）》，科学出版社，2000年，图版壹柒陆，9。
[11] 中国社会科学院考古研究所：《张家坡西周墓地》，中国大百科全书出版社，1999年，图版70，5。
[12] 北京大学考古学系（商周组）、山西省考古研究所：《天马—曲村（1980~1989）》，科学出版社，2000年，图版壹陆肆，6。
[13] 中国社会科学院考古研究所：《张家坡西周墓地》，中国大百科全书出版社，1999年，图版73，1。
[14] 中国社会科学院考古研究所：《张家坡西周墓地》，中国大百科全书出版社，1999年，图版69，5。

存在,说明晋东南在西周时期与周人腹地关系密切。

B型:地方形特殊鬲,12件。标本M5:1,夹砂灰陶,烟炱明显。方唇,侈口,宽折沿,束颈,弧腹外鼓,低平裆,浅袋足带矮实足跟。沿上饰四周凹弦纹,腹部饰竖向细绳纹,裆及底部饰横向交错细绳纹,足部未饰。此类鬲腹部的宽度已经与口沿相近,或宽于口沿,裆较平。这是一类特殊的鬲,是由多种文化因素演化来的。

C型:殷墟分裆鬲遗续。8件,根据裆的低矮程度分二式。

Ⅰ式,弧裆低,口沿上翘,腹饰斜向细绳纹,裆饰交错绳纹,口部有弦纹。共5件,标本M9:2。

Ⅱ式,体宽扁,弧裆更低,裆几乎与底平,袋状足。沿上饰四周凹弦纹,腹部饰竖向细绳纹,裆部及底饰横向细绳纹。3件,标本M95:1。

此类鬲在张家坡也有少量出土,如M147的Ⅶ式鬲[1]。太行山以东出土更多,如房山琉璃河、满城要庄、邯郸龟台寺、磁县下潘汪等遗址都出有此类袋足的鬲。

表一 出土陶鬲型式表

甲类周系陶鬲	A型	Ⅰ式 M2:1		1件(M2:1)
		Ⅱ式 M111:1		3件(M111:1、M116:1、M117:1)
		Ⅲ式 M7:1		7件(M7:1、M11:6、M68:1、M90:2、M97:1、M103:1、M107:1)
		Ⅳ式 M94:1		3件(M94:1、M100:1、M75:2)
	B型	Ⅰ式 M46:5		1件(M46:5)

---

[1] 中国科学院考古研究所:《沣西发掘报告》,文物出版社,1963年,图版柒伍,6。

续表

甲类周系陶鬲	B型	Ⅱ式　M26:3		1件(M26:3)
		Ⅲ式　M20:7		1件(M20:7)
		Ⅳ式　M1:9		42件(M1:9、M1:6、M4:1、M6:5、M10:1、M12:1、M14:1、M33:1、M35:4、M38:9、M48:2、M51:2、M52:8、M54:15、M56:1、M65:3、M69:1、M70:10、M73:3、M74:2、M74:3、M81:1、M86:6、M87:3、M88:4、M92:4、M96:2、M99:1、M101:1、M108:1、M110:2、M118:1、M113:2、M120:1、M120:2、M54:15、M104:2、M115:1、M24残片、M47:39、M77:5、M112:2)
	C型	M85:4		1件(M85:4)
	D型	M114:2		1件(M114:2)
乙类商系陶鬲	A型	M83:2		1件(M83:2)
	B型	M5:1		12件(M5:1、M8:1、M13:1、M17:1、M17:2、M76:1、M84:3、M105:1、M106:1、M49:2、M53:8、M59:8)

乙类商系陶鬲	C型	Ⅰ式 M9:2		5件（M9:2、M23:3、M60:2、M66:1、M70:4）
		Ⅱ式 M95:1		3（M95:1、M98:1、M109:1）

注：陶鬲标本M61:3、M79:11，均为残片，不能进行型式划分。

（二）陶罐

出土数量仅次于陶鬲，共36件，可以划分型式的共32件（表二）。

绝大多数为泥质，少数为夹砂，颜色均为灰色。根据肩部和腹部差别分为五型。

A型　圆肩罐

Ⅰ式　圆肩圆腹，器身的最大径在上部，肩以下饰绳纹。2件，标本M116:2。

Ⅱ式　侈口，形体扁。腹部饰竖向细绳纹，上下部及中间被抹平。8件，标本M4:2。此式罐与少陵原AC型Ⅲ式M361:2[1]相似。

B型　折肩罐。根据肩部、领部和腹部特征分为两亚型。

Ba型　肩部略高，矮领，形体较扁。

此亚型共7件。标本M10:3与虢国SG:0207[2]、SG:0206[3]相似，也与曲村M6433:1[4]相似。标本M1:8，泥质灰陶，器物表面有烟熏痕迹，方唇，侈口，束颈，折肩，弧腹下收，平底素面，与少陵园Ab型Ⅱ式M288:2[5]和燕国Ⅲ式ⅠM51:10[6]相似。标本M2:5，泥质灰陶，尖唇，平沿，侈口，束颈，折肩，上腹直，下弧腹内收，平底，肩以下饰凹弦纹，肩上等距装饰四个长方形錾，与洛阳北窑M375:2[7]和曲村M6308:3[8]相似。

---

[1] 陕西省考古研究院：《少陵原西周墓地》，科学出版社，2009年，图版一七，4。
[2] 河南省文物考古研究所、三门峡市文物工作队：《三门峡虢国墓（第一卷）》，文物出版社，1999年，图版一六八，4。
[3] 河南省文物考古研究所、三门峡市文物工作队：《三门峡虢国墓（第一卷）》，文物出版社，1999年，图版一六八，3。
[4] 北京大学考古学系商周组、山西省考古研究所：《天马—曲村（1980～1989）》，科学出版社，2000年，图版壹捌肆，3。
[5] 陕西省考古研究院：《少陵原西周墓地》，科学出版社，2009年，图版一六，4。
[6] 北京市文物研究所：《琉璃河西周燕国墓地（1973～1977）》，文物出版社，1995年，图版肆拾叁，5。
[7] 洛阳市文物工作队：《洛阳北窑西周墓》，文物出版社，1999年，图版六三，5。
[8] 北京大学考古学系商周组、山西省考古研究所：《天马—曲村（1980～1989）》，科学出版社，2000年，图版壹捌伍，1。

Bb型　肩部较高，腹部长，领长。此亚型共11件。标本M56∶2，颈部粗，颈肩分界明显，接近于张家坡M366∶01。此罐腹部斜直，底部直径大。标本M106∶2，尖唇，侈口，口沿外翻，扁体，与M56稍有区别，算是比较典型的折肩罐。

C型　溜肩罐。肩部不明显，腹部最大径在中部。口缘面或外翻，束颈，无肩，弧腹，平底。颈部饰竖向粗绳纹，腹部饰交错粗绳纹。共3件，标本M53∶7，与曲村M6035∶2[1]、少陵园Bb型Ⅲ式M283∶2[2]、张家坡B型Ⅹ式M105∶2[3]相近。

D型　桥型耳罐。肩上装饰对称桥形耳，肩部有两周弦纹间饰网格纹，上腹部饰竖向细绳纹和两周弦纹，下腹部饰斜向细绳纹。共1件，标本M67∶27。该类罐与曲村M6136∶1[4]相似。

表二　出土陶罐型式表

A型	A型Ⅰ式 M116∶2	2件（M114∶1、M116∶2）
	A型Ⅱ式 M4∶2	8件（M4∶2、M52∶9、M65∶1、M70∶7、M92∶3、M110∶3、M9∶1、M102∶2）
B型	Ba型 M1∶8	7件（M1∶8、M10∶3、M83∶1、M99∶2、M104∶1、M2∶5、M48∶1、M112∶1）
	Bb型 M56∶2	11件（M56∶2、M106∶2、M119∶2、M120∶3、M113∶2、M61∶1、M86∶5、M75∶3、M13∶2、M51∶1、M21∶1）

---

[1] 北京大学考古学系商周组、山西省考古研究所：《天马—曲村（1980～1989）》，科学出版社，2000年，图版壹捌零，6。
[2] 陕西省考古研究院：《少陵原西周墓地》，科学出版社，2009年，图版一九，3。
[3] 中国社会科学院考古研究所：《张家坡西周墓地》，中国大百科全书出版社，1999年，图版86，6。
[4] 北京大学考古学系商周组、山西省考古研究所：《天马—曲村（1980～1989）》，科学出版社，2000年，图版壹捌陆，1。

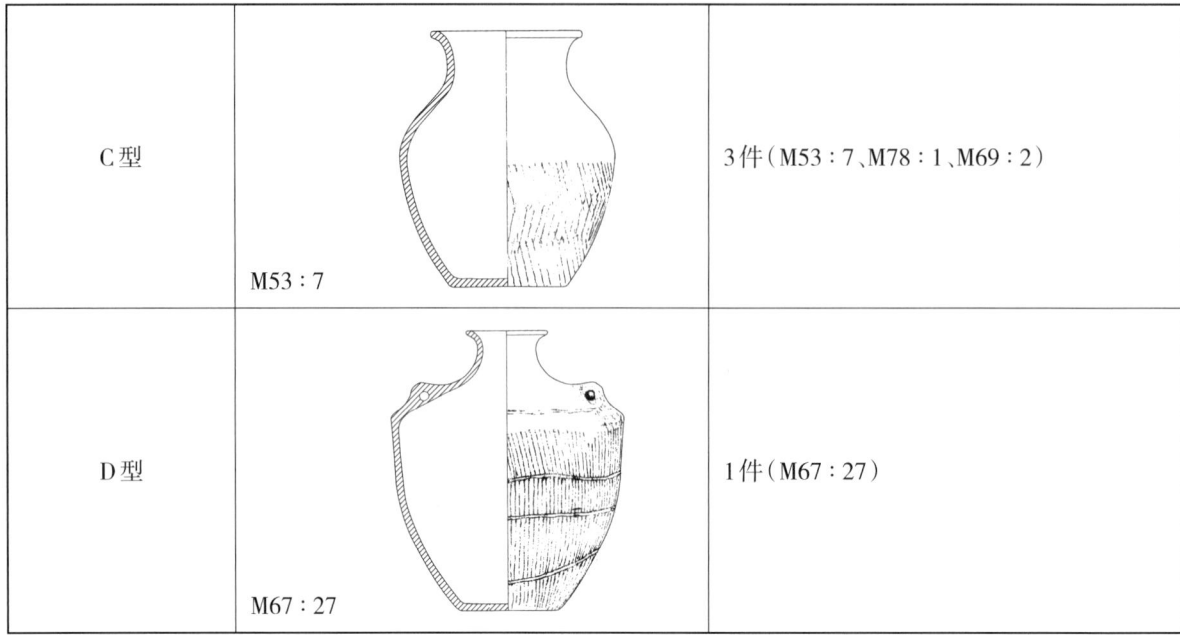

| C 型 | M53:7 | 3件（M53:7、M78:1、M69:2） |
| D 型 | M67:27 | 1件（M67:27） |

二、器物组合情况

本次共发现西周墓葬108座，马坑4座（其中MK22和MK91未发掘）。这些墓葬中未扰动墓葬总共66座，除3座未发现陶器随葬（M36、M63和M89）外，其余63座均随葬陶器。陶器组合共有四种，分别为两鬲一罐（2座，占比3%）、一鬲一罐（22座，占比33%）、单鬲（36座，占比54.5%）、单罐（3座，占比5%）。四种组合中，单鬲墓最多，其次是一鬲一罐墓（表三）。另外，在被扰墓葬中也发现一些陶器，其中陶瓿4件（M54）、陶簋2件（M54）、陶鬲2件（M54和M65）、陶豆2件（M64和M65）、陶罐1件（M65）、陶三足瓮2件（M64）。

（一）仅随葬陶鬲的墓葬

共36座，为M5、M7、M8、M11、M12、M14、M23、M35、M46、M60、M66、M68、M73、M76、M77、M81、M85、M87、M88、M94、M95、M96、M97、M98、M100、M101、M103、M105、M107、M108、M109、M111、M115、M117、M118、M79（残片）。

甲类AⅡ式有2座，分别为M111、M117；

甲类AⅢ式有6座，分别为M7、M11、M68、M97、M103、M107；

甲类AⅣ式有2座，分别为M94、M100；

甲类BⅠ式有1座，为M46；

甲类BⅣ式有13座，分别为M12、M14、M35、M73、M77、M81、M87、M88、M96、M101、M108、M115、M118；

甲类C型有1座，为M85；

乙类仿铜鬲墓有4座，分别为M5、M8、M76、M105；

乙类CⅠ式有3座，分别为M23、M60、M66；

乙类CⅡ式有3座，分别为M95、M98、M109。

（二）一鬲一罐组合的墓葬

共有22座，分别为M2、M4、M9、M10、M13、M48、M51、M52、M53、M56、M61（未分型式）、M83、M86、M92、M99、M104、M106、M110、M112、M113、M114、M116。

甲类BⅣ式鬲与AⅡ式罐共出墓葬有6座，M4、M52、M92、M99、M110、M112；

甲类BⅣ式鬲与Ba型罐共出墓葬有3座，M10、M48、M104；

甲类BⅢ式鬲与Bb型罐共出墓葬有4座，M51、M56、M86、M113。

其他型式组合的墓葬均为1座。

M2中甲类AⅠ式鬲与Ba型罐共出；

M9中乙类CⅠ式鬲与AⅡ式罐共出；

M83中乙类A型鬲与Ba型罐共出；

M114中甲类D型鬲与AⅠ式罐共出；

M116中甲类AⅡ鬲与AⅠ式罐共出。

与乙类鬲B型共出的陶罐有Ba、Bb、C型3类：

M13中乙类B型仿铜鬲与Bb型罐共出；

M53中乙类B型仿铜鬲与C型罐共出；

M106中乙类B型仿铜鬲与型Ba罐共出。

其他的鬲和罐都是以单一墓葬组合出现的。

（三）两鬲一罐的墓葬

有2座。分别为M1和M120，两墓出土陶鬲均为甲类平裆BⅣ式，出土陶罐均为折肩罐，但M1为折肩Ba型，M120则为折肩Bb型。

（四）仅随葬陶罐的墓葬

有3座，分别为M21、M102、M119。M21和M119均随葬Bb型陶罐，M102随葬AⅡ式陶罐。

由此可见，西南呈西周墓地陶器组合以单鬲组合为主。

张礼艳统计了丰镐地区西周墓葬出土陶器的种类，其中鬲和罐占出土陶器总数的59%[1]。张家坡西周墓地西周中期偏晚至西周晚期墓葬（相当于张家坡西周墓地的第三、四和五期）的主要陶器组合为鬲、罐、豆、盂[2]。这和长子西南呈西周墓地显著不同，后者未见盂，豆仅见2件（M64、

---

[1] 张礼艳：《丰镐地区西周墓葬研究》，社会科学文献出版社，2015年，第31页。
[2] 中国社会科学院考古研究所：《张家坡西周墓地》，中国大百科全书出版社，1999年，第373页。

M65各1)。另外三足瓮有2件(均在M64内)、陶瓯4件和陶簋2件(见于M54内)。琉璃河燕国墓地只随葬陶器而不见青铜礼器的墓葬有35座,其中以鬲、簋、罐为组合的有13座,以鬲、罐为组合的有7座,只出鬲的有6座,只出罐的有2座。随葬陶容器中簋为较常见器物,35座中,随葬陶簋的有20座,占了一半以上。从时代看,随葬陶簋的墓葬绝大多数在西周中期早段以前,说明随葬陶簋仅是时代特征,而随葬鬲和罐是西周中晚期墓葬的主要特点[1]。

三、墓地的分期与年代

根据类型学研究,并结合同类陶器器型、纹饰以及与其他墓地出土器物比较,西南呈西周墓地陶器墓分期如下:

第一期(西周中期):M2、M9、M23、M46、M56、M60、M66、M85、M86、M87、M99[2]。

第二期(西周晚期):M1、M4、M5、M7、M8、M10、M11、M12、M13、M14、M21、M35、M48、M51、M52、M53、M68、M73、M76、M77、M81、M88、M92、M94、M95、M96、M98、M97、M100、M101、M103、M104、M105、M106、M107、M108、M109、M110、M111、M112、M113、M114、M115、M116、M117、M119、M120。

五座大型墓葬因被盗,时代不好判断,根据墓地布局推断如下:

西周中期:M18和M19;

西周晚期:M15、M16和M17。

---

[1] 北京市文物研究所:《琉璃河西周燕国墓地(1973~1977)》,文物出版社,1995年。
[2] 现发掘墓葬中,甲类BIV型鬲与乙类B型鬲发现最多,两类鬲在现墓葬布局中从南向北均有分布,看不出有什么规律。由于时间短,陶器器型变化不明显,以下陶器的分期大致能够判断这一片墓葬有早晚时间差。

表三　西南呈西周墓地出土陶器组合表

时代	2鬲+1罐			1鬲+1罐（陶鬲+陶罐）											
	周系鬲	罐		鬲							罐				
				周系鬲				商系鬲			圆肩		III	折肩	
	BIV	Ca	Cb	AI	AII	BIII	BIV	D	B	CI	I	II		Ca	Cb
中期								M114:2		M9:2		M114:1 M116:2			
晚期	M1:6 M1:9 M120:1 M120:2	M1:8	M120:3	M2:1	M116:1		M4:1 M10:1 M48:2 M51:2 M52:8 M92:4 M104:2 M110:2 M112:2 M56:1 M86:6 M99:1 M113:2		M13:1 M53:8 M106:1		M53:7		M4:2 M52:9 M92:3 M110:3	M10:3 M104:1 M106:2 M99:2	M13:2 M51:1 M56:2 M86:5 M113:1

	周系鬲			单鬲					商系鬲		单罐	
	AⅡ	AⅢ	AⅣ	BⅠ	BⅢ	BⅣ	C	B	CⅠ	CⅡ	Ca	Cb
中期	M111:1 M117:1											
晚期		M7:1 M11:6 M68:1 M97:1 M103:1 M107:1	M94:1 M100:1	M46:5		M12:1 M14:1 M35:4 M73:3 M77:5 M81:1 M87:3 M88:4 M96:2 M101:1 M108:1 M115:1	M85:4	M5:1 M8:1 M76:1 M105:1	M23:3 M60:2 M66:1	M95:1 M98:1 M109:1		M21:1 M119:2

西南呈西周墓地的文化性质

韩炳华

西南呈西周墓地是晋东南地区唯一经过大规模发掘的西周墓地。根据考古调查和初步勘探分析,这个区域的墓地和遗址规模都很大。如此规模的遗存,属于什么考古学文化?处于西周王朝的哪一个层级中?是什么性质?以下根据墓葬的形制、结构及随葬品情况对相关问题做简要探讨。

一、墓向

西南呈西周墓地所发掘的墓葬,无论是大中型墓葬,还是小型墓葬,都保持了一个统一的墓向,均为南北向,这显然是有意设计的。

墓向是古代社会研究中最重要的问题之一。大型墓葬的方向选择是慎重的,而簇居在周边的中小型墓葬的方向选择是依赖于大型墓葬的。商人、周人等各种文化或族属的人群,因时代、族属、地域不同,墓向可能存在着一定差别。过去所研究的周人墓葬中,姬姓周人的墓葬以南北向居多。而东西向墓葬,有不少学者认为可能和殷遗民有关。这个观点基本被学术界接受。现在看来,东西向墓葬是否一定为殷遗民,不能一概而论。另外,一个墓地中就南北向墓葬而言,南向与北向之间是否存在差异,也是一个问题[1]。

但是,墓向与身份是有关系的,这是因为"选择"也能够体现身份差异。罗泰说:"一般而言,在周代墓地中,墓主等级越高,其朝向的选择就会更加谨慎。"[2]这是有道理的。墓向的选择

---

[1] 过去,带墓道墓葬的墓向主要依据墓道的朝向(见中国社会科学院考古研究所:《考古工作手册》,文物出版社,1982年)来确定。我们以为这是不科学的,在一个墓地中,如果带墓道的墓,墓道方向指向南,墓主人头朝向北,按照过去的原则统计该墓的墓向,应是南;而周围的普通小型长方形竖穴土圹墓,则头朝向北,统计该墓葬墓向时,应是北。这样整个墓地的墓向统计下来,给人一种标准不一的印象,也会给后期研究带来极大麻烦。

[2] 罗泰著,吴长青等译:《宗子维城:从考古材料的角度看公元前1000至前250年的中国社会》,上海古籍出版社,2017年,第104页。

一定和墓主人的身份有关，身份越高，对于"葬"这种礼仪的细节愈加重视，愈加谨慎，而对于普通人来说，有时候可能并不是非常严格。所以，有时候还不能完全依靠墓向来研究小型墓葬的族属问题。在西南呈西周墓地中，墓主人北向占绝大多数，而对于少数的南向墓葬来说，其身份和死亡情况是否存在差异？尽管这些问题都一时得不到解决，但可以明确的是，这应该不是偶然现象或随意而为。西南呈墓地的这种现象与西周晋国墓葬保持高度一致。在晋侯墓地和曲村中小型墓葬中，墓主人头向北占有很大比例，但也有例外，如晋侯墓地M91、M92墓主人头向是朝南的，这是否有什么特殊性？罗泰注意到了这种差异，但并不能确知其含义，还指出"奇怪的是，虽然曲村北赵91号晋侯墓报道的青铜器数量比该墓地的其他墓葬都要多……"[1]。从墓向总体上来看，西南呈墓地的人群，可能与晋侯墓地的晋侯有着非常相近的身份，都属于姬姓周人，都属于高等级贵族，所以在葬制的墓向选择上应有着共同的规律。

二、墓道

在已经发掘的西南呈西周墓地中，共发现5个带墓道的墓葬。这批墓均有一条墓道，墓道的方向都朝南。5座墓分2组，东组3座，分别为M15、M16、M17；西组2座，分别为M18和M19。这5座墓葬所反映的墓主人身份，应该在整个墓地中属最高一级。

墓道出现在商代晚期，两周开始流行，其数量和规模与墓主人等级有密切关系。从张家坡西周墓地看，井叔墓设有墓道，而井叔夫人和井叔亲属及近支墓葬均不设墓道[2]，说明井叔家族墓葬是否带墓道已经形成鲜明的等级化。在晋侯墓地的9组19座墓葬中，绝大多数晋侯与夫人墓葬均设墓道（M102除外），并且以一条墓道（仅有M63、M93有两条墓道）为多[3]，主墓道均在墓室之南，方向190度左右。三门峡虢国墓地，从1950年代的发掘到目前为止，发现了大批的墓葬，其中高等级的墓葬也很多，如M2001、M2009、M1052等，但这些墓都没有墓道[4]。河南浚县辛村卫国墓地共发掘墓葬82座，其中大型墓8座，均有墓道[5]。山西翼城大河口西周墓地[6]发掘墓葬千余座，均没有带墓道的墓。山西绛县横水墓地发掘2 000座，仅有3座有墓道，分别为M1、M2

---

[1] 罗泰著，吴长青等译：《宗子维城：从考古材料的角度看公元前1000至前250年的中国社会》，上海古籍出版社，2017年，第127页。
[2] 中国社会科学院考古研究所：《张家坡西周墓地》，中国大百科全书出版社，1999年，第377页。
[3] 北京大学考古系、山西省考古研究所，《1992年春天马—曲村遗址墓葬发掘报告》，《文物》1993年第3期；《天马—曲村遗址北赵晋侯墓地第二次发掘》，《文物》1994年第1期；《天马—曲村遗址北赵晋侯墓地第三次发掘》，《文物》1994年第8期；《天马—曲村遗址北赵晋侯墓地第四次发掘》，《文物》1994年第8期；《天马—曲村遗址北赵晋侯墓地第五次发掘》，《文物》1995年7期；《天马—曲村遗址北赵晋侯墓地第六次发掘》，《文物》2001年第8期。
[4] 河南省文物研究所等：《三门峡上村岭虢国墓地M2001发掘简报》，《华夏考古》1992年第3期。中国科学院考古研究所：《上村岭虢国墓地》，科学出版社，1959年。
[5] 郭宝钧：《浚县辛村》，科学出版社，1964年。
[6] 谢尧亭、王金平：《山西翼城大河口西周墓地》，《2008中国重要考古发现》，文物出版社，2009年，第54—57页（《中国文物报》2008年7月4日）；山西省考古研究所大河口墓地联合考古队：《山西翼城县大河口西周墓地》，《考古》2011年第7期；卫康叔：《大河口西周墓地》，《中华遗产》2011年第3期。

和M2011。根据山西黎城西关墓地的资料，探明的整个墓地近百座墓葬中，仅有4座墓葬设有墓道[1]。陕西韩城梁带村发掘的5座两周之际的墓葬，其中双墓道的为M27，单墓道的为M19、M26、M28、M502[2]。M27为芮公之墓，M26和M19为芮公的两个夫人，男性墓葬在女性墓葬之东，南北向。芮国与晋国同为姬姓，这与晋侯M62、M63、M64组比较一致，具有共性。对比西周时期的带墓道大墓的墓主人身份，西南呈墓地的带墓道大墓等级有可能达到"侯"一级。

三、夫妇异穴合葬

长子西南呈M15、M16、M17，这一组3座墓，与晋侯墓地M62、M63、M64的3座墓和芮国墓地M27、M26、M19的3座墓非常近似，为夫妇异穴并列而葬，墓主人可能是一男二女。在异穴并列埋葬的墓葬中，男女墓位有没有规律？按照晋侯墓地墓位看，还是有一定规律的，晋侯墓地主要以男在东、女在西为主[3]。在梁带村芮国墓地中，中字型墓葬M27与两个甲字型墓葬M26和M19构成一组芮国国君与夫人的异穴合葬墓，国君在右，两个夫人在左[4]。根据性别鉴定，男性墓主人都居左，即在东。而西南呈墓地人骨鉴定结论中，M15为女性，这就为我们提出一个疑问。我们在发掘时发现，M15棺内发现的唯一的头骨位于棺的西南角，并且与棺盖板距离非常近，距底部有些远。除头骨以外，这座墓里未发现任何人骨。我认为有两种可能，一是M15的人头骨性别鉴定可能存在错误；二是M15墓内发现的人头骨也可能并不属于M15，而属于和它毗邻的M16，当然，这两种推测没有任何证据。如果M15的确是女性墓葬，这将给我们带来新的问题。

对于小型墓葬而言，西南呈墓地似乎很难找到夫妇异穴合葬的证据。有学者对曲村遗址发掘的600余座小型墓的分布进行过仔细的分析，发现男、女性的墓葬虽相间分布，但真正可以像晋侯夫妇墓那样，能够确定为夫妇异穴并列合葬者微乎其微。其他墓地亦如是。这种显而易见的区别，足以表明贵族夫妇与平民夫妇在葬制上有所不同[5]。西南呈墓地小型墓葬的性别鉴定，也反映了相间分布之特点，也就是说，小型墓葬看不出有异穴并列的特点。其中原因，并不是平民夫妇不遵循异穴合葬的"规矩"，而是在西周大型墓地中分布的中小型墓葬，尤其是小型墓葬，它们的墓主人本身就不能够构成家庭。墓主人按照与墓地最高等级墓主人之间的亲疏关系簇居在大型墓葬墓主人周围。他们也没有能力或"资格"来建立自己的家族墓地，这些人生前可能是中大型墓葬的奴仆，以不同"工种"服侍于主人。他们身份卑微，夫妇关系的可能性较小或说没有。

---

[1] 山西省考古研究院等：《山西黎城西关墓地M1与M10发掘报告》，《中国国家博物馆馆刊》2021年第4期；山西省考古研究所：《山西黎城西关墓地M7、M8发掘简报》，《江汉考古》2020年第4期。
[2] 陕西省考古研究院等：《陕西韩城梁带村遗址M27发掘简报》，《考古与文物》2007年第6期；陕西省考古研究院等：《梁带村芮国墓地——2007年度发掘报告》，文物出版社，2010年；陕西省考古研究院：《陕西韩城梁带村遗址M26发掘简报》，《文物》2008年第1期。
[3] 刘绪、徐天进：《关于天马—曲村遗址晋国墓葬的几个问题》，《晋侯墓地出土青铜器国际学术研讨会论文集》，上海书画出版社，2002年。
[4] 张天恩：《芮国史事与考古发现的局部整合》，《文物》2010年第6期。
[5] 刘绪、徐天进：《关于天马—曲村遗址晋国墓葬的几个问题》，《晋侯墓地出土青铜器国际学术研讨会论文集》，上海书画出版社，2002年。

四、墓室面积

由于墓地被建设取土破坏，墓室的开口面积已经无法统计，现在墓口都完全落在了一个平面上，我们只好在这样的一个平面上比较"墓口"的大小（表一）。除5座带墓道的大墓外，我们比较了现在地表开口的其余墓葬的"墓口"面积。"墓口"面积9平方米以上的墓葬共16座，分别为：M24、M25、M32、M38、M47、M49、M58、M59、M64、M67、M70、M72、M75、M78、M84、M124。我们将这16座墓葬定义为中型墓[1]。

表一　西南呈西周墓地中型墓葬统计表

墓　号	墓室面积	墓底面积	深　度
M24	10.58	7.5	3.5
M25	9.65	9.65	5.04
M32	19.6	8.3	4.98
M38	11.97	9.31	3.3
M47	10.26	10.26	4.9
M49	10.66	6.12	4.7
M58	10.44	10.44	3.64
M59	11.37	7.39	4.4
M64	11.48	5.27	4.5
M67	13.22	7.77	4.5
M70	16.65	10.07	2.7
M72	19.8	13.5	6.1
M75	11.14	5.76	3.2
M78	14.52	8.36	4.54～4.7
M84	9	2.76	3.3
M124	10.56	10.56	4.2

从统计的墓室面积看，大中小型墓葬混杂在一起，数据较分散，并不像晋侯墓地一样，不同等级的墓葬各有一个区域，有公墓与邦墓的差异。尽管如此，我们还是可以从墓室面积的大小看出整个墓地中墓葬之间是有差异的。这个差异基本上呈金字塔形，符合西周时期贵族墓地等级差异的墓室面积数据分布规律。

---

[1]　遗憾的是这些墓葬全部被盗扰，其盗扰手法相同，应该是同一个时期、同一批人所为，还有可能是毁墓或迁葬所致。

五、马坑

西南呈西周墓地共发现4座马坑。过去研究发现,车马坑位于主墓之东是两周晋系墓葬的一种定制[1]。按照马坑在主墓之东判断,MK22应该为M18和M19一组墓葬的马坑;MK43和MK62以及MK91的归属墓葬应该在围墙外未发掘区域。根据马坑的分布和数量判断,在围墙外至少还有三组带墓道的大型墓葬。而M15、M16和M17一组墓葬的马坑应该还在院墙以东。随葬车马坑,是墓葬的级别与身份较高的标志,除晋侯墓地外,张家坡墓地、三门峡虢国墓地、琉璃河燕国墓地、洛阳北窑墓地、茹家庄和竹园沟墓地均有车马坑发现,有的车马同坑,有的只有马坑。因为马车的贵重,没有一定的等级是没有能力随葬车马坑的。所以,凡是随葬车马坑的都是高等级贵族墓葬。长子西南呈西周墓地的马坑的形制为横长方形。晋侯墓地的车马坑,除早期M113、M114一组墓葬的车马坑为竖长方形外,其余的均为横长方形[2]。比较马坑埋葬的位置、方向与形制,西南呈西周墓地有强烈的晋系墓葬的特点。

六、随葬车辆

在西周以前,车辆随葬一般有专置的车马坑,分布在墓葬的周围,以两马一车一殉人多见。西周早期还有这样的传统,到西周中晚期墓葬内随葬车辆成为普遍现象,而车辆也有拆散随葬的。西南呈M15葬车14辆,车轮被拆解,车毂上的零件也被拆解整齐摆放在墓室中,但车軎车辖却依然在原位。这种现象与西周墓葬中葬车的方法基本雷同。从葬车的数量看,沣西张家坡墓地井叔墓M157,随葬30个车轮,葬车至少15辆;M170也发现31个车轮,葬车也应该在15辆以上。

《礼记·檀弓下》中记载:

> 曾子曰:"晏子可谓知礼也已,恭敬之有焉。"有若曰:"晏子一狐裘三十年,遣车一乘,及墓而反。国君七个,遣车七乘,大夫五个,遣车五乘。晏子焉知礼?"曾子曰:"国无道,君子耻盈礼焉。国奢则示之以俭,国俭则示之以礼。"[3]

按照"国君七个,遣车七乘"看,西南呈M15的墓主人级别很高。尽管《礼记》是晚期的礼书,记载的并不一定是西周的实际情况,但葬车数量的多寡一定和墓主人身份密切相关。除井叔墓葬外,墓道葬车的还有很多,同在上党盆地的黎城西关墓地已发掘的多数墓葬都葬车,有的以葬车軎来象征葬车。但所有墓葬的葬车数量都不是很多,远少于西南呈M15。

墓道墓室内葬车的墓主人是男性还是女性?在古代礼制中并没有明确规定。根据晋侯墓地男性墓在左,女性墓在右(晋侯墓地中,除早期墓M113、M114和M9、M13两组外,男在右,女在左,

---

[1] 刘绪、徐天进:《关于天马—曲村遗址晋国墓葬的几个问题》,《晋侯墓地出土青铜器国际学术研讨会论文集》,上海书画出版社,2002年。
[2] 刘绪、徐天进:《关于天马—曲村遗址晋国墓葬的几个问题》,《晋侯墓地出土青铜器国际学术研讨会论文集》,上海书画出版社,2002年。
[3] 阮元校刻:《十三经注疏》,中华书局,2009年,第2823页。

其他的均男左女右)判断,西南呈M15和M18,应该为男性墓葬,这两个墓葬都葬车。在张家坡西周墓地中,井叔墓M157和M170都葬车,也都是男性墓葬。M163可能是井叔夫人墓葬,没有墓道,也没有葬车。根据刘绪先生研究,凡葬大车墓,墓主都是男性,级别为大夫和大夫以上[1]。晋侯墓地9组19座墓葬,其中葬车的有M113、M114、M9、M6、M7、M33、M91。M7和M113墓葬中的葬车为小车,说明女性墓葬葬小车也是一种制度。长子西南呈墓葬有两座墓葬车,均为大车。如果按照晋侯墓地男性墓葬葬大车的一般性情况推断,西南呈西周墓地的M15和M18应该为男性墓葬。

七、随葬石磬

西南呈西周墓地的M15、M16、M18、M67、M70均发现有石磬残块,M15出土最多。晋侯墓地随葬石磬的墓葬有M1、M33、M8、M64、M91和M93,全为晋侯墓葬,可见随葬石磬的墓葬应该是男性墓葬。按照晋侯墓地随葬石磬的规制推断,西南呈西周墓地5座墓葬的级别应该是墓地中最高的。根据人骨鉴定,M15为女性(这一点我们还有疑问),其余4座墓葬无法鉴定性别。若据晋侯墓地推测,西南呈墓地这5座墓葬的墓主性别也应该都是男性,可是这5座大型墓葬的墓主人不可能都是男性,令人疑惑?因为5座墓葬均被盗,不排除石磬被散乱丢弃的可能。

石磬均由石灰岩制作,出土时已经断裂成残块,表面磨制精细,部分有侵蚀。长子以东的太行山附近是石灰岩的富产区,这些磬应该来自太行山区。有意思的是,在太行山腹地的黎城西关墓地发掘了10座墓,其中大型带墓道墓葬(墓道长度18～20米)未发现任何石磬,也许由于两座大型墓葬M1和M10被盗严重,石磬已完全被盗。另外一座大型墓葬M12没有发掘,具体情况未知。

八、殉狗

在西南呈西周墓地,殉狗仅发现在M15中。殉狗的位置在墓道的底端和墓室的交接处,狗颈上戴项圈,颈部系有铜铃和狗形铜饰,放置的位置和姿势与晋侯墓殉狗完全相同。

晋侯墓地殉狗的现象并不普遍,仅见于M9、M114、M6、M91和M112,多者2具,少者1具,个体都比较大,姿势规矩。狗多为卧式,置于墓主足端二层台上,或近墓室的墓道底部。狗颈上多带有项圈,其上串有铜铃及海贝。显然,这些狗是墓主人生前的宠物,下葬时处死,在封盖椁顶之后放入。过去学者研究,殉狗墓葬有两个特征,一是墓主人为男性;二是时代在西周中期,晚期则不见[2]。

张家坡西周墓也有殉狗,但与曲村甲乙二类都不尽相同[3]。通过比较,西南呈西周墓地的殉狗更接近于晋侯墓地和曲村墓地的情况,由此我们推断,西南呈西周墓地的性质属于晋文化。

另外,晋侯墓地的殉狗都发现于晋侯墓中,夫人墓没有此随葬现象,这也是将M15判断为男性

---

[1] 刘绪、徐天进:《关于天马—曲村遗址晋国墓葬的几个问题》,《晋侯墓地出土青铜器国际学术研讨会论文集》,上海书画出版社,2002年。

[2] 刘绪、徐天进:《关于天马—曲村遗址晋国墓葬的几个问题》,《晋侯墓地出土青铜器国际学术研讨会论文集》,上海书画出版社,2002年。

[3] 刘绪、徐天进:《关于天马—曲村遗址晋国墓葬的几个问题》,《晋侯墓地出土青铜器国际学术研讨会论文集》,上海书画出版社,2002年。

墓的另一个证据。M15殉狗颈部还戴有铜铃，有学者对殷墟288座保存完好的可鉴定性别的墓葬进行了随葬铜铃的统计，有13座墓随葬铜铃，墓主人均为男性[1]。M15的殉狗位于二层台位置，似与前掌大墓地相似。前掌大墓地狗系铃的墓葬有15座，其中14座为在二层台殉狗系铃。系铃这一行为或许反映的是人与狗的亲密关系，系铃的狗生前可能就曾陪伴墓主，为墓主及其家庭所役使[2]。

九、墓葬被盗时代

长子西南呈西周墓地内中大型墓葬全部被盗扰。这些盗扰坑基本都是圆形，呈锅状，开口面积大，口部覆盖墓室的顶部，即扰坑平面已经超过墓室的顶部范围。如果是盗掘，这种盗掘方法与近代盗掘古墓的方法完全不同。近代盗掘古墓一般挖长方形的坑，呈方井形，上下坑的痕迹明显。还有一种圆形的炸药爆破形成的坑，这种坑直径小，圆筒形，因爆炸致使井壁土坚实紧密。这两类盗坑非常容易辨认。

根据M15盗扰坑壁上发现的纺织品痕迹推断，在扰动时纺织品还没有腐烂，因为从纺织品痕迹上还可以看到缀于其上的饰物。"盗者"进入墓室后，撬开椁盖板和棺盖板，将它们遗落在扰坑边。发掘过程中发现，有几块椁板就立在扰坑边。在发掘M15时，墓内没有发现玉器，猜想当时盗扰者有条件将棺椁内所有遗物拿走，也就是说当时系绳玉串饰完好未朽，否则总会剩下部分玉器。棺内墓主人的尸骸在当时也应该被带走了，现在发现的头骨可能不是墓主人的。头骨的位置与过去清理的墓葬头骨位置不同，紧挨棺顶板，又接近被盗扰的缺失棺盖板下。除此以外，棺里还发现有小型犬科动物的尸骸。这个动物蜷缩在棺盖板下，没有任何挣扎或摆放的迹象，更不像是随葬置入，从以往的考古发现看，随葬动物一般不会将其置于棺内。从发掘迹象推断，似是这个动物不小心掉进了墓葬被扰后形成的人坑里，无法逃生，最后困死在坑里。还有种可能，如果墓内人骨属于墓主人，可能当时仅仅埋葬了头部，但在过去的考古发现中，这么大规模的墓葬不可能仅仅随葬头骨。如果在盗扰时，仅仅把墓主人的身体部位掠走，而独留头部，这似乎也难以解释。

西南呈墓地的被盗扰现象，与张家坡井叔墓地的情况极为相似。这引起我们一些思考。这种现象可能不是盗扰那么简单，有可能是外族的入侵，导致墓地内中大型墓葬彻底被"毁墓"。另外，根据一些纺织品未腐烂迹象判断，纺织品埋入地下腐烂以及墓主人白骨化的时间不会超过3年[3]，M15最后被毁时间应该在墓葬被完成后的3~5年。在M15以外的其他被盗墓葬发掘时，未见扰坑中类似M15扰坑边的成片纺织品现象，若该墓地同时被"毁"，则说明其他墓葬埋葬的时间稍早于M15，被盗扰时已经腐朽，随葬纺织品上的装饰物件早已散落。

十、墓地布局与层级关系

尽管西南呈墓地周围因近代砖瓦窑取土导致地形发生了很大变化，早已改变了营造墓地之

---

[1] 王祁：《殷墟墓葬两性社会角色的考古学研究》，《江汉考古》2019年第1期。
[2] 刘一婷、雷兴山：《商系墓葬用牲初探》，《考古》2020年第3期。
[3] 戴佳琳、戴家佳：《白骨化尸体死亡时间的推断》，《数理统计与管理》2017年第2期；张继宗：《法医人类学》，人民卫生出版社，2009年，第37页。

初的地形。但根据周边现在地貌的状态,可以推测,当年这里是北面高南面低的一个坡地,墓葬在一个坡地上整齐排列。M15、M16、M17是一组并列的墓葬,三墓主人的关系一定是一位男性和两位女性。而两位女性的地位从墓葬规模来看,可以暂作一个假设:M16为正妻,M17的地位略低于M16。在西周墓地中,三个墓并列为一组的现象极为少见。在宝鸡茹家庄,情况则与此略有不同,在1号墓里有一男一女两具遗骸,而M2则被认定为正妻之墓[1]。而西南呈墓地M18和M19两座墓葬,一夫一妻,丈夫在东,夫人在西,则与晋侯墓地的晋侯与夫人排列相同。另外,西南呈西周墓地并不限于已经发现的2组5座墓葬。从马坑与墓葬的关系来看,4座马坑可能对应至少4组大型墓葬,若M15组大墓的马坑在其右侧,则现有发掘信息可推测有五组大型墓葬。所以,在M15、M16、M17和M18、M19两组以外,可能还有三组,分别为MK43组、MK62组和MK91组大型墓葬。这些大型墓葬在西南呈墓地中应该是第一层级;而墓室面积在9平米以上的中型墓葬是第二层级;剩下的小型墓葬是第三层级。从现有发掘的大型墓葬的数量看,这个墓地经历了四代或五代人,以每代20至25年左右计算,这个墓地也就经历了80至120年,这个时间段,与我们上文对陶器的分期断代大体相拟合,即经历了西周中期晚段至西周晚期。从上文分析的M15被毁墓葬的时间看,M15、M16和M17是现发掘墓地中最晚的一组墓葬,由此看墓地的布局可能是自西北向东南排列;再看马坑的位置,MK43、MK62和MK91均位于M15组之西。时间可能都早于M15组。对整个墓地来说,不排除有更早的墓葬,但是不可能再有晚于M15组的墓葬。

西南呈西周墓地与晋侯墓地不同,前者是一个大中小型墓葬混杂一起的墓地,也就是高中低三种不同身份的人群共同簇拥聚集的埋葬地。我认为,这不是公邦墓不分,而是这里仅仅是大型贵族的墓地,中小贵族都是附属于大贵族的。如果辨析西南呈墓地中一些小型墓簇拥在高等级墓葬周围,而时代是辨别基础。如果高等级周围之墓晚于同时期墓葬,即可认定中小型墓与大型墓在早中期有簇拥关系;如果时代早于大型墓,则它们与大型墓之间不存在任何关系。断代是相对的,而非绝对的,要找到每个墓葬的绝对埋藏年代,目前是不可能的。但是,墓地现在的布局情况显示了它是专门为高等级贵族而设的。其中的原因可以猜测,西南呈西周墓地所反映的社会结构、社会组织与晋侯墓地所反映的有差异,尽管在墓葬形制、规模和随葬品数量上推断两个墓地似乎都是"侯"级别,但是墓地布局的差异是巨大的,其中隐含着临时性、象征性等等不可知因素。在今天的社会中,依然存在同级别但因权力大小不同而带来的巨大福利差异的现象。

在西南呈西周墓地中,尽管中型以上的墓葬均因被盗而无法知悉墓内随葬品的埋藏情况,但是小型墓绝大多数未被盗,这些墓的随葬品及其组合是清晰与完整的。从这些墓葬随葬品的数量、材质来看,均显示出相比于同时期周边墓葬的"贫穷感"。但从墓葬的规模看,又可以看出有一定层级和规模感。这是否可以解释为虽然无法达到拥有铸造青铜器或获取矿产的财力,但依然有一定的影响力或实力,能够在局部对西周王朝统治或维护西周制度做出必要的贡献。

---

[1] 罗泰著,吴长青等译:《宗子维城:从考古材料的角度看公元前1000至前250年的中国社会》,上海古籍出版社,2017年,第100~101页。

略论长子西南呈墓地与黎城西关墓地的关系

韩炳华

晋东南地区经过科学发掘并公布于众的商周考古材料很少，因而此区域商周考古的研究一直受到束缚。经过近十年的考古工作，这个地区先后发现了黎城西关、泽州和村、长子西南呈、长子南部等多处商周时期的墓葬和遗址，为此区域的考古学研究带来了机遇。长子西南呈与黎城西关墓地是近些年发掘的规模较大的墓地，两个墓地的年代比较接近，它们的关系是学术界比较关注的。以下对二者之间的关系略作探讨，不妥之处，敬请批评。

一、两个墓地的年代

2006～2007发掘的黎城西关墓地，为研究晋东南区域考古学文化提供了新的重要资料[1]。该墓地位于山西省黎城县县城西1公里黎侯镇西关村西。墓地坐落于塔坡水库西岸的坡地上，西距长邯高速公路（G22）1 000米，东距长邯铁路280米。墓地北高南低。西关墓地已探明有92座墓葬，其中大型墓3座（实际为4座），中型墓15座，其余均为小型墓，所有墓葬均为南北向。考古发掘了其中的10座墓葬，包括大型墓2座（M1、M10）、中型墓5座（M2、M3、M7、M8、M9）、小型墓3座（M4、M5、M6）。大型墓均已被盗，M1中仅残存椁室周边二层台上的车轮，以及墓道口的车衡，墓室内仅残存一小块棺的残痕。中型墓M7、M8、M9未遭盗扰，但M2、M3严重被盗。3座小型墓M4、M5、M6均保存完整。10座墓中，明确葬车的有M1、M2、M3、M4、M6、M7等墓，M8、M9和M10葬车軎代表车。M7和M8有腰坑，其余没有。有殉狗的为M6和M7。出土典型商系陶鬲的有M6、M7和M8，另外M1盗洞里出土有商式鬲的残片。

西关墓地M1和M10，由于均被盗掘，我们仅对出土的一些小型的铜饰做了比较研究。这些铜饰与陕西韩城梁带村芮国墓地、河南三门峡上村岭虢国墓地同类器具有相似的时代特征，年代应在春秋早期[2]。西关墓地M7、M8出土的青铜器，其年代也在春秋早期[3]。其余的墓葬，总体来看

---

[1] 山西省考古研究院：《山西黎城西关墓地M7、M8发掘简报》，《江汉考古》2020年第4期。
[2] 山西省考古研究院等：《山西黎城西关墓地M1和M10发掘报告》，《国家博物馆馆刊》2021年第4期。
[3] 山西省考古研究院：《山西黎城西关墓地M7、M8发掘简报》，《江汉考古》2020第4期。

时代也都在春秋早期。而前文我们探讨了西南呈墓地的年代,约为西周中晚期。

两墓地都出土有一定数量的陶器,通过比较陶器也能发现一些问题。西关墓地出现了西南呈墓地的商式CⅡ型鬲,完整器3件,分别出土在M6、M7和M8,另外在M1的盗洞里出土一件残片,但无法确定是否为M1出土。这类陶鬲在殷墟晚期就已出现,到春秋早期时形制纹饰的变化并不显著。两个墓地的商式CⅡ型鬲的演化关系很难判断,但有一点,西关墓地没有出现商系CⅠ型鬲,可以判断西关墓地不早于西南呈墓地。西关墓地发现的平裆陶鬲(M5:1)很接近西南呈陶鬲中的D型周式仿铜鬲,但前者足外撇较大,肩部也略鼓,时代应该晚于后者。西关墓地出土的分裆陶鬲(M3:盗洞),肩部略耸,与口沿大致在一条直线上,时代要稍晚,应该进入春秋早期。

从两个墓地出土的青铜器看,西南呈墓地出土的深腹鼎,如M6:4、M11:8、M90:1在西关墓地都没有发现,西关墓地的半球形鼎M4:21、M7:3、M8:13、M6:3都是兽足形,足跟粗,足底宽,同西南呈出土的柱足鼎比较,时代显然稍晚。黎城的戈多为三角形尖锋,与刘家洼的铜戈M49:164[1]、M6:45[2]年代相近,时代都为春秋早期,不会早到西周时期。

从目前的资料看,我们判断西南呈墓地的年代稍早于西关墓地,两者之间或有前后相继的关系。

二、黎国的变迁

吴镇烽《金文通鉴》中收录与"楷"相关的青铜器比较多。这些青铜器的时代可分为四个时期。最早的时代为西周早期,主要有吹方鼎(01523)、旗鼎(02321)、奚方鼎(02345)、楷仲鼎(01450和01451)、献簋(05211)、楷叔鬲(02742)、楷侯簋(05129)、楷仲簋(04121)、叔博觯(10633)。

西周中期有:中车父簋(04682和04683)、周棘生簋(04876)、周棘生盘(14464)、菁簋(05179)、师趛盨(05622)、楷尊(11711)、楷侯壶(12148)、楷侯鼎(30085)、楷侯盉(30968)。

西周晚期有:尚㒼壶(30833)、楷侯贞盨(05568和30465)。

以上楷器,从西周早期到西周晚期都有发现,说明楷这个国家在西周时期没有间断或灭国。楷侯之"楷"读为"黎",楷国就是两周时期的黎国。西周的"黎"为姬姓国[3]。

西关墓地M7与M8共出土有铭器5件,时代都为春秋早期。青铜鼎(M8:13)为楷宰中考父为夫人季妫作器,两件青铜壶(M8:7和M8:12)为楷侯宰吹自作器,还有一件青铜匜(M8:65)为"中考父作旅匜",由这几件器物的铭文内容可知"吹"为楷侯宰的名,"中考父"为楷侯宰的字,楷侯宰吹是楷侯的家臣。同时又据西关墓地M7出土青铜盘(M7:39)盘铭内容并结合楷侯

---

[1] 陕西省考古研究院、渭南市博物馆、澄城县文化和旅游局:《陕西澄城刘家洼春秋芮国遗址东Ⅰ区墓地M49发掘简报》,《文物》2019年第7期。
[2] 陕西省考古研究院、渭南市博物馆、澄城县文化和旅游局:《陕西澄城刘家洼芮国遗址东Ⅰ区墓地M6发掘简报》,《考古与文物》2019年第2期。
[3] 李学勤:《从清华简谈到周代黎国》,《出土文献(第一辑)》,中西书局,2010年,第1~5页。

宰吹作季妇鼎，判断楷侯宰的妻子为季妇。楷侯宰是楷侯的家臣，埋葬在楷侯的族墓地中。另外，墓地中有4座规模较大的、带长墓道的大型墓葬。从发掘的其中两座（M1和M10）看，大墓是这个墓地中级别最高的墓葬，应该就是楷侯及其夫人的墓葬。从考古发现看，西关墓地M1和M10，这两个带墓道的大墓与晋侯墓地、曲沃羊舌墓地以及韩城芮国墓地大型墓葬墓道的方向一致，都是南北向。按照过去学者的认识，这些都应是姬姓高等级贵族墓葬。因此，黎城西关墓地应为周代黎侯墓地。西关墓地的年代跨度很短，约两代楷侯，并且不会早于两周之际[1]。但是，史书记载的黎的年代和与黎相关的青铜器显示的年代要长很多。

周代的黎国，传世文献所记皆不详。但《诗经》中《式微序》和《旄丘序》都说到"黎侯寓于卫"，黎侯跑到卫国，说明黎国当时已亡[2]。如果该事件发生在卫宣公时候[3]，即公元前718年至公元前700年间，则该事件是否可以与西关墓地的下限相接？由此是不是可以推定西关墓地的墓主人黎侯在受到戎狄的攻击而"寓于卫"呢？

到春秋中期，在鲁宣公十五年（公元前594年）时，晋灭赤狄潞氏，同年七月，黎复国，"晋侯治兵于稷，以略狄土，立黎侯而还"[4]。这一时期，黎国还存在，但黎国青铜器未见。

有一件春秋晚期楷侯微逆簋（05820），这里的"楷侯"是金文所见最晚的黎侯。李学勤先生说"假设黎国此时还存在，或以此来判断黎国最晚年代"[5]，如果这是一件黎国最晚的青铜器，则黎国从封国到灭国前后经历了500余年。

三、黎的地望问题

西关墓地的考古发现，证明了黎国在春秋早期主要的政治活动中心在黎城西关一带，同时西关墓地的短暂性揭示"黎"不止于黎城西关一地。目前，除黎城西关以外的黎国政治中心还不清楚，但黎一直活动在晋东南地区是无疑问的，其政治中心也许会在晋东南区域内不断迁徙，黎国的墓地因此就不止一处。通过近些年长子西南呈西周墓地的发掘，我们越来越怀疑该墓地是一处黎国墓地。

在西南呈墓地中，中小型墓葬没有一例有腰坑；没有发现祭祀坑；车马分别埋葬，有单独的马坑，这与同时期周人墓葬没有差别，周文化占主流。从西关墓地的文化属性看，大型墓葬及出土遗物也显示周文化的典型特征。但西关墓地受殷遗民文化影响较大，部分墓葬有腰坑，有殉人，还有出土典型的商式鬲。综合分析，黎城这个地方可能与太行山之东的安阳较近，文化影响较深。也可能在周初楷伯受封时与殷遗民世族有一定的隶属关系，或者这些殷遗民世族主要居住在黎城西方附近。后一种情况在西周王室宫廷也存在。殷遗民近臣群体在西周王朝中扮演了重要的角色，他们在穆王以前多称小臣，穆王之后多称"宰"，他们的职责主要是服侍和管理一些

---

[1] 山西省考古研究院等：《黎城西关墓地M1和M10发掘报告》，《国家博物馆馆刊》2021年第4期。
[2] 李学勤：《从清华简谈到周代黎国》，《出土文献（第一辑）》，中西书局，2010年，第5页。
[3] 阮元：《十三经注疏》，中华书局，1980年，第305页。
[4] 杨伯峻：《春秋左传注》，中华书局，1981年，第762、763页。
[5] 李学勤：《从清华简谈到周代黎国》，《出土文献（第一辑）》，中西书局，2010年，第5页。

内务,身份也不高[1]。西关墓地中级别稍低的墓葬,其墓主人就是这样近臣身份的"宰"[2],如M7、M8和M9就是这类群体的墓葬。仔细比较,长子西南呈西周墓地出土商系鬲显示,商文化依然有影响,这与黎城西关墓地是一致的。

说到殷遗民世族,就要和商代的"黎"联系起来。从黎城附近的田野调查工作看,这里殷墟文化遗址分布较多,其中西关墓地附近的下桂花村还出土有精美青铜器和大量陶器,但目前还没有发现较大规模殷墟时期的聚落,这个地方是不是商代的黎国,还没有考古学上坚实的证据。在整个晋东南区域,晚商文化分布很广,埋藏都很丰富,在没有明确文字等关键证据,还不能够确定商代的黎到底在那里。但是,目前尽管不能确定商代的"黎"的具体位置,但其在晋东南这个大区域内是肯定的。

值得注意的是,关于"黎"在晋东南的地望,自古就有两种说法:一在今黎城县附近;一在今长治县城之西(即长子西南呈西周墓地的东3公里位置)。

陈槃在《春秋大事表列国爵姓及存灭表譔异》中总结:

> 宣十五年《左传》杜《解》:"黎氏,黎侯国。上党壶关县有黎亭。"《汉书·地理志》上党郡壶关县应劭说、《续郡国志》、《水经注》十浊漳河注并同。案即今山西长治县西三十里黎侯亭是也。
>
> 长治县黎侯亭之与黎城县,相去百数十里。《续郡国志》于壶关、潞县,两存其说。王氏《后汉书集解》于上党郡潞县下曰:"《一统志》云:黎国本在长治县西南黎侯岭下。至晋立黎侯,或徙于今黎城县县地,故《寰宇记》于上党县曰:本黎侯国,即西伯勘黎之所。"于黎城县曰:"古黎国。"引晋荀林父灭潞立黎侯。是春秋时之黎,非商黎国故地矣。案谓春秋之黎与西伯所戡之黎不同地,故今长治与黎城两县并有黎国遗迹,是或然也。[3]

"长治县黎侯亭"与"黎城县"这两个地方都可能是"黎",两处相距不远,李学勤先生认为都有可能在黎国境内:

> 《汉书·地理志》上党郡壶关下引应劭云:"黎侯国也,今黎亭是。"《左传》宣公十五年杜预注也说:"黎侯国,上党壶关县有黎亭。"这一地点在今长治西南。《史记·周本纪》正义引《尚书》孔传"黎在上党东北",又引《括地志》云:"故黎国城,黎侯国也。在潞州黎城县东北十八里。"这个地点在今黎城东北。也有学者弥合两说,如王先谦在《后汉书集解》中主张黎国原在长治西南,春秋时徙于黎城。两个地点相距不远,或许都曾在黎国境内也是可能的。[4]

---

[1] 韩巍:《西周金文世族研究》,北京大学中文系博士论文,2007年,第267页。
[2] 李学勤认为卿大夫在封邑中的职务,有类似王朝的宰。李学勤:《读〈周礼正义天官〉笔记》,《文物中的古文明》,商务印书馆,2008年,第12～15页。
[3] 陈槃:《春秋大事表列国爵姓及存灭表譔异》叁,"中研院史语所",1988年,第822页。
[4] 李学勤:《从清华简牍到周代黎国》,《初识清华简》,中西书局,2013年,第62页。

李零先生经过实地考证后,认为:

> 黎、潞之地在秦汉上党郡。秦汉上党郡,大致相当整个晋东南地区,范围很大,既包括北面的长治地区,也包括南面的晋城地区。这个地区,上党盆地是核心。盆地西有太岳,东有太行,被大山包围,只有中间一块相对低平。黎、潞之地就在这块盆地里。
>
> 今长治地区的12个县市,是在这块盆地里或它的边上。沁源、沁县、屯留、长子西邻太岳,黎城、潞城、平顺、壶关东邻太行,武乡、襄垣、长治市、长治县夹在中间(其辖域约与明清潞安府相当,但明清潞安府不包括武乡、沁县、沁源)。古代的黎国大致就在这一带,没有问题。[1]

从文献上看,黎是有过迁徙的。史念海云:

> 核实而论,黎侯国最早的所在,当如应劭所说,是在汉上党郡壶关县黎亭。现在黎城县的黎侯城乃是后来迁徙的。春秋时,赤狄潞氏强大,立国于晋的东方。汉上党郡的潞县,即因潞氏故地得名。潞氏后为晋所灭,其时在鲁宣公十五年。《春秋》于这一年记载:"晋师灭赤狄潞氏,以潞子婴儿归。"《左传》更作详细的说明:这一年,"六月癸卯,晋荀林父败赤狄于曲梁,辛亥,灭潞"。就在这一年七月,《左传》还记载:"晋侯治兵于稷,以略狄土,立黎侯而还。"杜预注:"狄夺其地,故晋复立之。"可见黎曾为狄所灭,这时因晋之助,得以复国。晋国复立黎侯,并非就立在原来的居地。因而黎国就有了迁徙。[2]

与我们理解不同的是,从时间节点看,鲁宣公十五年(公元前594年)"潞氏后为晋所灭"发生在春秋中期,同年七月,黎复国,"晋侯治兵于稷,以略狄土,立黎侯而还"[3],我们认为,这里所说的黎国的迁徙至黎城是"黎侯寓于卫"之后,黎城之"黎"有可能是两次复国之地,一次发生在两周之际,一次发生在"鲁宣公十五年(公元前594年)"。在春秋中期之后黎的位置是不是又一次迁徙到了别的地方,不得而知。

长子西南呈墓地附近的"陶清河",《水经注》郦道元曰:"陶水南出陶乡,北流迳长子城东,西转迳其城北,东注于漳水。"[4]现在的陶清河就位于黎侯岭西侧,附近有很多商周遗址,我们推测"陶清河"以西这里就是郦道元所说的"长子城"的位置,即汉代上党郡治[5]。

---

[1] 李零:《西伯戡黎的再认识——读清华楚简耆夜篇》,《经学与诗史系列丛书:简帛·经典·古史》,上海古籍出版社,2013年。
[2] 史念海:《壶口杂考》,《中国历史地理论丛》1988年第4期。
[3] 杨伯峻:《春秋左传注》,中华书局,1981年,第762、763页。
[4] 郦道元著,陈桥驿校证:《水经注校证》,中华书局,2007年,第254、255页。以上郦道元提及了"长子县故城"和"长子城",两个地名不是指一个地点。从漳水的流向看,长子县故城在西,应该是长子的东周时期的"故城",汉代上党郡治长子城应该在东,位于陶清河与漳河交汇的附近,即现在的西南呈、西北呈、东北呈村附近。这也是《魏书·地形志》所说的长子城。
[5] 汉上党郡治长子县。汉长子县今仍为长子县。见史念海:《壶口杂考》,《中国历史地理论丛》1988年第4期。

浊漳水与陶水汇集后再向东就是壶关故城，《水经·浊漳水注》："漳水又东北，迳壶关县故城西，又屈迳其城北。"《水经》"又东过壶关县北，又东北过屯留县南"，此"壶关"不是现在的壶关县城，也不是黎城的旧"壶口关"（《元和郡县图志》载黎城县的古壶关），而是壶关故城。这一条史料很关键，先言"壶关县"后言"屯留县"，说明浊漳水先经壶关县北，后经屯留县南。郦道元注曰："县在屯留东，不得先壶关而后屯留也。"郦道元认为根据壶关和屯留的位置看，应该先叙述屯留，后叙述壶关，但郦道元所生活的时代是北魏，即以北魏的实际位置做出的推断。我们认为这是郦道元没有把"壶关故城"和当时北魏"壶关城"区别开来。从相对位置看，这里的壶关故城只能在长子城东侧。《汉书·地理志》上党郡属县中有壶关县。《左传·宣公十五年》杜预注："黎侯国，上党壶关县有黎亭。"这个"黎亭"应在浊漳水与陶水汇集后再向东流处不远。于薇认为黎国经注和正史地理志系统基本上都没有异议。在商周之际，只有一个黎国，就是上党壶关[1]。进而我们判断，从商末到西周晚期，黎未发生迁徙，政治中心一直在上党壶关黎亭附近，即今黎侯岭以西长子西南呈一带。

长子西南呈村，隶属长子县。长子县是晋东南地区商周遗存最为丰富的核心区域，在北高庙、景义村、西旺村、牛家坡以及孟家庄等地均有大量青铜器被发现。通过研究发现，长子西南呈西周墓葬与已经发掘的晋国墓葬在埋葬习俗方面有很多相似之处。如墓葬的方向均为南北向；夫妇墓葬成对排列；较高级别的墓葬设有墓道；且随葬编钟和编磬；在底部或二层台上殉狗。另外出土的陶器组合形式、陶鬲的形制纹饰，以及被盗后墓葬中残存的青铜器其形制与纹饰与曲村中小型墓葬发掘出土的器物基本相同。规模这么大的墓葬在晋东南地区很罕见，这应是一处西周姬姓高等级贵族墓地，有可能是西周黎侯墓地。

目前发现和发掘的西南呈西周墓地是一个揭露并不完整的墓地，它的范围虽未能探明，本次发掘和整理的100余座西周墓可能只是其中的一小部分，但从几个带墓道的大型墓看，这个墓地的规模不会太小。墓地的年代主要集中在西周中晚期。墓地最早不能排除因未揭露的未知性可能存在西周早期墓葬。墓地的下限应该是清楚的，即西周晚期。也就是说，该墓地进入春秋的可能性不大[2]。

---

[1] 于薇：《清华简〈耆夜〉时、地问题辨正》，《国家博物馆馆刊》2012年第12期。
[2] 在长子西南呈西周墓地中，从几座大型墓的被盗情况来看，这个族即被灭于M15埋葬不久，于是我们可以设想M15丝织品未腐烂之时就是这个墓地的结束之时，按这样的分析，该墓地不可能进入春秋时期。

山西长子县西南呈西周墓地人骨鉴定报告

李 钊*

西南呈墓地位于山西省长治市长子县南漳镇西南呈村西南部的台地上。2012～2016年，山西省考古研究所为配合西南呈中心幼儿园建设在该地进行了发掘清理，本文的研究对象为其中88座西周墓葬出土的人骨标本。

西南呈墓地位于晋南地区。发掘者认为西南呈墓地墓葬的规模等级较高，初步判断其是一处西周姬姓贵族墓地，有可能为西周黎侯墓地。

目前晋南地区已发表的西周时期的人类学标本资料不是很多，归纳起来如下：曲沃县的天马—曲村墓地人骨[1]、侯马市上马墓地部分西周晚期的人骨[2]、绛县横水墓地人骨[3]、浮山县桥北村墓地的3例西周时期的人骨[4]、翼城县大河口墓地出土的部分人骨[5]。以上人类学标本的体质特征和种族类型基本一致，属于先秦时期的"古中原类型"[6]。

本文将对西南呈墓地出土的88例人骨进行多方面的系统研究，并初步探讨该墓地人群的人口学特征、人种学特征及种族类型、人群的来源、与邻近地区人群的亲缘关系等相关方面的信息。

一、性别年龄鉴定

本文采取传统的观察骨骼形态的方法进行性别年龄鉴定，具体标准依据吴汝康等[7]、邵象

---

* 李钊，陕西省考古研究院。
[1] 潘其风：《天马—曲村遗址西周墓地出土人骨的研究报告》，《天马—曲村（1980—1989）》，科学出版社，2000年，第1138页。
[2] 潘其风：《上马墓地出土人骨的初步研究》，《上马墓地》，文物出版社，1994年，第398页。
[3] 王伟：《山西绛县横水西周墓地人骨研究》，吉林大学文学院2012年硕士学位论文。
[4] 贾莹：《山西浮山桥北及乡宁内阳垣先秦时期人骨研究》，文物出版社，2010年。
[5] 郭林：《翼城大河口墓地出土人骨的初步研究》，吉林大学文学院2015年硕士学位论文。
[6] 这一概念由朱泓先生提出：朱泓：《中原地区的古代种族》，《中国古代居民的体质人类学研究》，科学出版社，2014年，第35～44页。
[7] 吴汝康、吴新智：《人体骨骼测量方法》，科学出版社，1965年，第8～23页。

清[1]以及相关著作和文章中提出的标准。该批人骨材料保存较差,普遍存在颅骨破裂、四肢骨断裂、盆骨破损,甚至个别个体仅残留椎骨等现象。

个体标本的性别年龄鉴定结果见附表一。西南呈墓地人骨的性别及死亡年龄分布情况如表一:

表一 西南呈墓地人骨性别及死亡年龄分布统计

年龄＼性别	男性(%)	女性(%)	性别不明(%)	合计(%)
未成年(0～14)	0(0)	0(0)	0(0)	0(0)
青年期(15～23)	11(27.50)	4(10.53)	0(0)	15(18.99)
壮年期(24～35)	18(45.00)	20(52.63)	1(100.00)	39(49.37)
中年期(36～55)	11(27.50)	13(34.21)	0(0)	24(30.38)
老年期(56～×)	0(0)	1(2.63)	0(0)	1(1.26)
合计	40(100)	38(100)	1(100)	79(100)
仅判定为成年	0	1	6	7
无法判断年龄	0	0	2	2
合计	40	39	9	88

88例个体中,性别明确的个体有79例,鉴定率为89.8%。其中男性40例,女性39例,男女性别比为1.03∶1,几乎接近理想状态。年龄段明确的个体有79例,7例个体仅能判断为成年,2例个体无法判断年龄,鉴定率为89.8%。虽然性别比接近理想状态,但是上表所显示的统计结果仍然与实际情况有所出入,造成这种误差的主要原因是样本材料保存不够理想。

二、人口学统计研究

在表一中我们把人群的死亡年龄分为不同的年龄组[2],但是在实际的鉴定结果中不可避免的出现诸如20～25岁这种跨两个年龄组的情况,因此本文采取的处理方式是20～25岁归属青年组、30～40岁归属壮年组、50～60岁归属中年组。同理在计算平均死亡年龄时将只能认定为成年的个体年龄认定为35岁,对于"疑似男性"或"疑似女性"的个体则不计入性别平均死亡年龄的统计中[3]。

根据附表一以及表一中的统计结果,我们可以做图一和图二来展示西南呈墓地人群的死亡年龄段分布情况。

---

[1] 邵象清:《人体测量手册》,上海辞书出版社,1985年,第34～57页。
[2] 分组标准依据:邵象清:《人体测量手册》,上海辞书出版社,1985年,第34～57页。
[3] 刘铮:《人口统计学》,中国人民大学出版社,1981年。

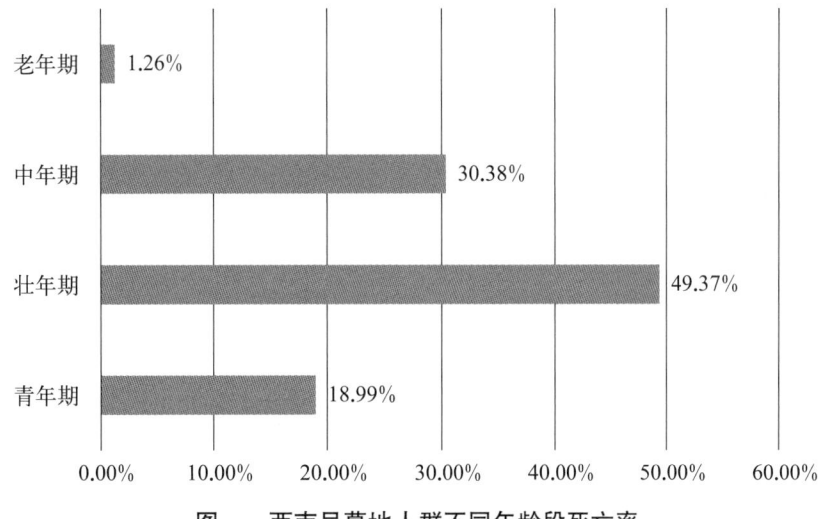

图一　西南呈墓地人群不同年龄段死亡率

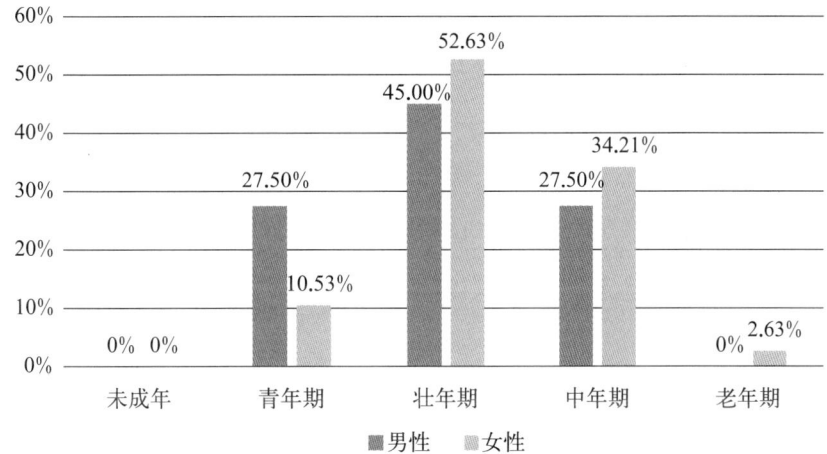

图二　西南呈墓地人群男女不同年龄段死亡率

西南呈墓地人群死亡高峰期主要集中在中年期和壮年期，其次是青年期，最后是老年期（仅1例个体），并未发现未成年个体；在青年期，男性的死亡率远大于女性，而在壮年期、中年期和老年期，女性的死亡率则都大于男性。这暗示出该人群的女性比男性拥有更长的寿命。

平均预期寿命是指在一定年龄组的死亡率水平下，同时出生的一批人从出生到死亡所可能生存的平均年数。我们假定同一墓地中的人是同一批出生的人，然后计算他们的平均预期寿命，这种做法对于了解古代居民的寿命有一定参考意义[1]。

了解平均预期寿命一般通过编制人群简略生命表[2]来实现。表二至表四展示了西南呈墓地人群的平均预期寿命。相关指标的计算公式如下：

---

[1] 潘其风:《大甸子墓地出土人骨的研究》,《大甸子——夏家店下层文化遗址与墓地发掘报告》,科学出版社,1996年,第224～322页。

[2] 陈青山等:《简略生命表Excel程序的编制及在居民健康状况评价中的应用》,《南方医科大学学报》2012年第5期,第627～630页。

$$nLx = \frac{n}{2}(Lx + n + Lx)$$

nLx表示年龄组人生存的年数,计算方式为年龄组尚存人数乘以组距,然后减去死亡人数未存活的年数(这里假设每个死亡个体在年龄组内都存活了$n/2$的时间)。公式可简化如上。

$$Tx = \sum nLx$$

Tx表示年龄组内尚存者今后能生存的年数之和。

$$ex = \frac{Tx}{Lx}$$

ex表示年龄组内尚存者今后能平均生存的年数。

表二 西南呈墓地人群简略生命表

年龄组(x)	尚存人数(Lx)	实际死亡人数(ndx)	死亡概率(nqx)	生存人年数(nLx)	未来生存人年数累计(Tx)	平均预期寿命(ex)
0～1	86	0	0.00%	86	2 807	32.64
1～5	86	0	0.00%	344	2 721	31.64
5～10	86	0	0.00%	430	2 377	27.64
10～15	86	0	0.00%	430	1 947	22.64
15～20	86	4	4.65%	420	1 517	17.64
20～25	82	17	20.73%	369.5	1 097	13.38
25～30	65	14	21.54%	290	727.5	11.19
30～35	51	18	35.30%	210	437.5	8.58
35～40	33	17	51.52%	122.5	227.5	6.89
40～45	16	8	50.00%	60	105	6.56
45～50	8	4	50.00%	30	45	5.63
50～55	4	3	75.00%	12.5	15	3.75
55～×	1	1	100.00%	2.5	2.5	2.5

表三 西南呈墓地女性简略生命表

年龄组(x)	尚存人数(Lx)	实际死亡人数(ndx)	死亡概率(nqx)	生存人年数(nLx)	未来生存人年数累计(Tx)	平均预期寿命(ex)
0～1	39	0	0.00%	39	1307.5	33.53
1～5	39	0	0.00%	156	1268.5	32.53

续表

年龄组(x)	尚存人数（Lx）	实际死亡人数（ndx）	死亡概率（nqx）	生存人年数（nLx）	未来生存人年数累计（Tx）	平均预期寿命（ex）
5～10	39	0	0.00%	195	1112.5	28.53
10～15	39	0	0.00%	195	917.5	23.53
15～20	39	0	0.00%	195	722.5	18.53
20～25	39	7	17.95%	177.5	527.5	13.53
25～30	32	9	28.13%	137.5	350	10.94
30～35	23	9	39.13%	92.5	212.5	9.24
35～40	14	6	42.86%	55	120	8.57
40～45	8	3	37.50%	32.5	65	8.125
45～50	5	2	40.00%	20	32.5	6.5
50～55	3	2	66.67%	10	12.5	4.17
55～×	1	1	100.00%	2.5	2.5	2.5

表四　西南呈墓地男性简略生命表

年龄组(x)	尚存人数（Lx）	实际死亡人数（ndx）	死亡概率（nqx）	生存人年数（nLx）	未来生存人年数累计（Tx）	平均预期寿命（ex）
0～1	40	0	0.00%	40	1 225	30.625
1～5	40	0	0.00%	160	1 185	29.625
5～10	40	0	0.00%	200	1 025	25.625
10～15	40	0	0.00%	200	825	20.625
15～20	40	4	10.00%	190	625	15.625
20～25	36	10	27.78%	155	435	12.08
25～30	26	5	19.23%	117.5	280	10.77
30～35	21	10	47.20%	80	162.5	7.74
35～40	11	4	36.36%	45	82.5	7.5
40～45	7	5	71.43%	27.5	37.5	5.36
45～50	2	1	50.00%	7.5	10	5
50～55	1	1	100.00%	2.5	2.5	2.5

西南呈墓地人群总体的平均预期寿命为32.64岁,男性的平均预期寿命为30.625岁,女性的平均预期寿命为33.53岁。通过计算,该墓地人群的平均死亡年龄是31.82岁,男性的平均死亡年龄是30.50岁,女性的平均死亡年龄是33.03岁。在平均预期寿命这个指标上,男性<整体<女性,这与平均死亡年龄所反映的现象一致;把平均死亡年龄与平均预期寿命进行对比,整体:31.82<32.64,男性:30.50<30.625,女性:33.03<33.53,可以发现平均死亡年龄与平均预期寿命非常接近。

为进一步了解该墓地的人口状况,我们选取梁带村芮国墓地[1]、横水倗国墓地[2]、大河口霸国墓地[3]、天马—曲村晋国墓地[4]、侯马上马墓地[5]五组西周时期的对比组与西南呈墓地人群进行比较。这5组材料中,后4组位于晋南地区,梁带村芮国墓地所处地理位置紧邻晋南地区(表五至七,图三至五)。

表五　晋南地区各对比组人群不同年龄段死亡率

名　称	未成年(%)	青年期(%)	壮年期(%)	中年期(%)	老年期(%)
西南呈组	0	18.99	49.37	30.38	1.26
梁带村组	0	9.68	41.94	41.94	6.45
横水组	9.6	15.5	49.3	25.2	0.2
大河口组	4.92	8.38	34.97	35.15	2
天马—曲村组	5.53	16.61	27.29	40.27	2.86
上马组	2.27	14.26	20.4	49.58	11.8

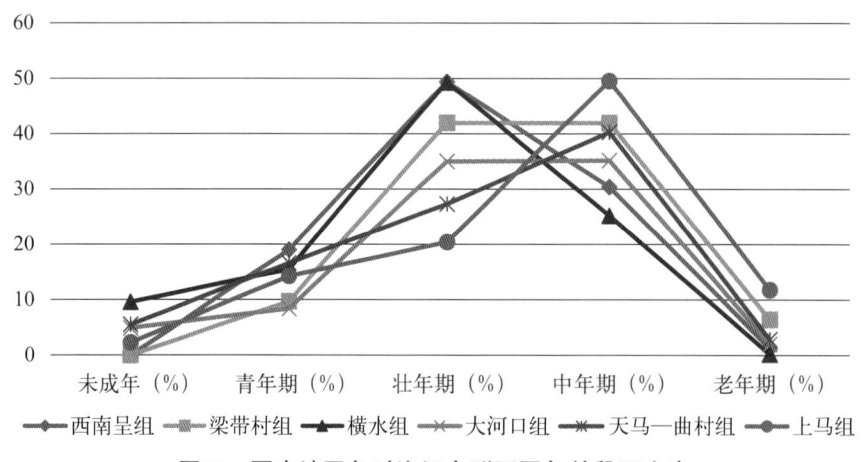

图三　晋南地区各对比组人群不同年龄段死亡率

---

[1] 郑兰爽:《韩城梁带村芮国墓地出土人骨研究》,西北大学文化遗产学院2012年硕士学位论文。
[2] 王伟:《山西绛县横水西周墓地人骨研究》,吉林大学文学院2012年硕士学位论文。
[3] 郭林:《翼城大河口墓地出土人骨的初步研究》,吉林大学文学院2015年硕士学位论文。
[4] 潘其风:《天马—曲村遗址西周墓地出土人骨的研究报告》,《天马—曲村(1980—1989)》,科学出版社,2000年,第1138页。
[5] 潘其风:《上马墓地出土人骨的初步研究》,《上马墓地》,文物出版社,1994年,第398页。

表六　晋南地区各对比组男性不同年龄段死亡率

名　称	未成年（%）	青年期（%）	壮年期（%）	中年期（%）	老年期（%）
西南呈组	0	27.5	45	27.5	0
梁带村组	0	6.67	33.33	53.33	6.67
横水组	0.4	12.5	58.5	27.9	0.2
大河口组	0.55	7.14	35.16	48.9	2.2
天马—曲村组	0.8	17.13	27.89	47.01	3.19
上马组	0.91	7.85	16.61	60.22	13.14

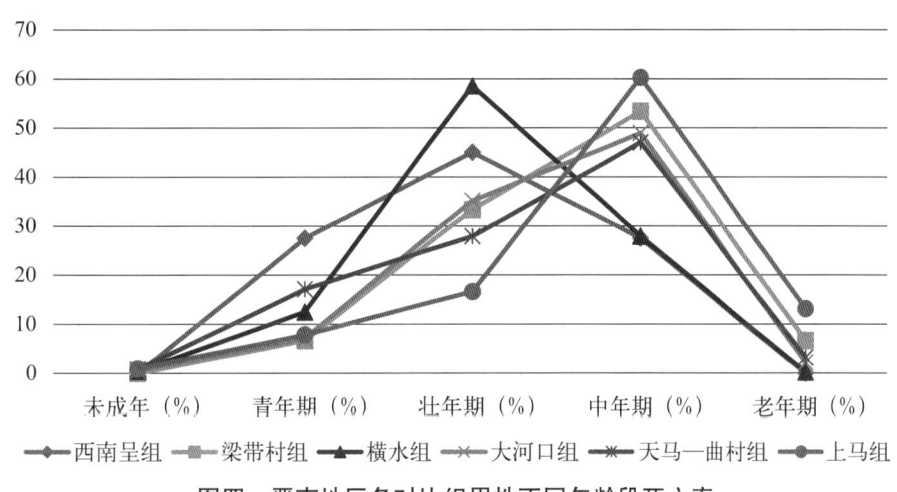

图四　晋南地区各对比组男性不同年龄段死亡率

表七　晋南地区各对比组女性不同年龄段死亡率

名　称	未成年（%）	青年期（%）	壮年期（%）	中年期（%）	老年期（%）
西南呈组	0	10.53	52.63	34.21	2.63
梁带村组	0	7.14	50	35.71	7.14
横水组	1.3	20.1	46.6	32	0
大河口组	0	10.18	51.5	33.13	1.2
天马—曲村组	0.45	7.73	30.91	39.55	3.18
上马组	1.24	21.4	25.72	39.71	10.49

从整体死亡年龄看，六个对比组可以分为三组：第一组是西南呈组和横水组，人群死亡高峰在壮年期；第二组是梁带村组和大河口组，人群死亡高峰期在壮年期和中年期；第三组是天马—

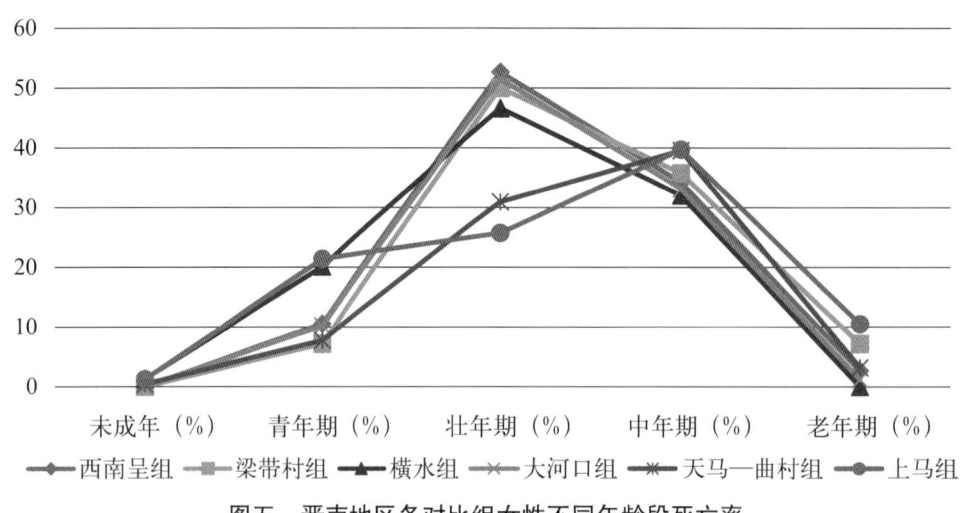

图五　晋南地区各对比组女性不同年龄段死亡率

曲村组和上马组,人群死亡高峰期在中年期;从男性死亡年龄看,六个对比组可以分为两组:第一组是西南呈组和横水组,死亡高峰期在壮年期;第二组是梁带村组、大河口组、天马—曲村组和上马组,死亡高峰期在中年期;从女性死亡年龄看,六个对比组可以分为两组:第一组是西南呈组、梁带村组、横水组和大河口组,死亡高峰期在壮年期;第二组是天马—曲村组和上马组,死亡高峰期在中年期。

通过研究,我们发现:

1. 一个人群的性别比例应该接近于1,西南呈墓地人群的男女两性性别比接近于理想状态。结合西南呈墓地人骨上并未发现砍伤、砸伤等明显与战争有关的病理现象,我们初步推测,该墓地的居民或许生活于相对和平的时代和地域。

2. 无论从死亡高峰期看,还是从平均死亡年龄和平均预期寿命看,女性比男性而言,拥有更长的寿命。

3. 西南呈墓地人口的死亡高峰期在壮年期,而且平均死亡年龄和预期寿命偏低。从已经发表的资料看,大中型墓多被盗,随葬品不是十分清楚,其余墓葬随葬品皆比较简单,或许可以推测西南呈墓地人群的生活水平在当时处于相对较低的水平。

三、颅骨的形态特征研究

颅骨的形态特征包括两个方面:测量性状和非测量性状。前者可以使用工具或者仪器测量得到数据,后者则无法用测量数值的大小来表示,只能通过眼睛观察,使用形容词的方式加以区分(附表二)。

非测量性状可以分为两类:连续性形态特征和非连续性形态特征。前者指在颅骨上广泛存在但是具有差异需要用分级或者分型的方式来表现的形状,后者指不具备分级或者分型的条件,只能用"存在"或者"缺失"来表现的性状。本文重点统计并探讨西南呈墓地颅骨的连续性形态特征,结果见表八:

表八　西南呈墓地颅骨非测量形态特征观察统计

项　目	形态特征分类及出现率				
颅　形	椭圆形	卵圆形	楔　形	五角形	菱形
男 21	2(9.52)	12(57.15)	2(14.29)	3(9.52)	2(9.52)
女 13	1(7.69)	6(46.15)	1(7.69)	3(23.08)	2(15.39)
合计 34	3(8.82)	18(52.94)	3(8.82)	6(17.65)	4(11.77)
眉弓范围	缺如	<1/2	≥1/2	—	—
男 20	2(10.00)	11(55.00)	7(35.00)	—	—
女 23	4(17.39)	12(52.17)	7(20.44)	—	—
合计 43	6(13.95)	23(53.49)	14(32.56)	—	—
前额	平直	中等	倾斜	—	—
男 20	—	14(70.00)	6(30.00)	—	—
女 23	12(52.17)	11(47.83)	—	—	—
合计 43	12(27.91)	25(58.14)	6(13.95)	—	—
颅顶矢状缝前囟段	微波	深波	—	—	—
男 19	7(36.84)	12(63.16)	—	—	—
女 17	7(41.18)	10(58.82)	—	—	—
合计 36	14(38.89)	22(61.11)	—	—	—
眉弓突度	弱	中等	显著	—	—
男 20	11(55.00)	4(20.00)	5(25.01)	—	—
女 22	22(100)	—	—	—	—
合计 42	33(78.57)	4(9.52)	5(11.90)	—	—
颅顶矢状缝顶段	深波	锯齿	复杂	—	—
男 21	3(14.29)	12(57.14)	6(28.57)	—	—
女 17	6(35.29)	10(58.82)	1(5.86)	—	—
合计 38	9(23.69)	22(57.89)	7(18.42)	—	—
梨状孔	心形	梨形	三角形	—	—
男 12	1(8.33)	10(83.34)	1(8.33)	—	—
女 11	11(100)	—	—	—	—

续表

项 目	形态特征分类及出现率				
颅 形	椭圆形	卵圆形	楔 形	五角形	菱形
合计 23	12(52.17)	10(43.48)	1(4.35)	—	—
颅顶矢状缝顶孔段	微波	深波	锯齿	复杂	—
男 18	3(16.67)	7(38.89)	6(33.33)	2(11.11)	—
女 16	—	5(31.25)	9(56.25)	2(12.5)	—
合计 34	3(8.82)	12(35.29)	15(44.12)	4(11.77)	—
枕骨隆起	无	馒头状	—	—	—
男 14	11(78.57)	3(21.43)	—	—	—
女 1	11(91.67)	1(8.33)	—	—	—
合计 26	22(84.62)	4(15.38)	—	—	—
颅顶矢状缝后段	微波	深波	锯齿	复杂	—
男 16	1(6.25)	7(43.75)	5(31.25)	3(18.75)	—
女 13	—	3(23.08)	8(61.54)	2(15.38)	—
合计 29	1(3.45)	10(34.48)	13(44.83)	5(17.24)	—
矢状嵴	弱	中等	—	—	—
男 15	13(86.67)	2(13.3)	—	—	—
女 16	15(93.75)	1(6.25)	—	—	—
合计 31	28(90.32)	3(9.68)	—	—	—
乳突	极小	小	中等	大	特大
男 23	1(4.35)	8(34.78)	7(30.43)	5(21.74)	2(8.7)
女 16	—	8(50.00)	7(43.75)	1(6.25)	—
合计 39	9(23.08)	15(38.46)	8(20.51)	5(12.82)	2(5.13)
翼区	蝶顶型	—	—	—	—
男 11	11(100)	—	—	—	—
女 7	7(100)	—	—	—	—
合计 18	18(100)	—	—	—	—
枕外隆突	缺如	稍显	中等	显著	极显

续表

项　目	形态特征分类及出现率				
颅　形	椭圆形	卵圆形	楔　形	五角形	菱形
男 17	2(11.76)	6(35.29)	2(11.76)	3(17.65)	4(23.54)
女 14	1(7.14)	8(57.14)	5(35.72)	—	—
合计 31	3(9.68)	14(45.16)	7(22.58)	3(9.68)	4(12.9)
眶形	圆形	椭圆形	方形	斜方形	—
男 12	7(58.33)	4(33.33)	—	1(8.34)	—
女 9	5(55.56)	2(22.22)	1(11.11)	1(11.11)	—
合计 21	12(57.14)	6(28.57)	1(4.76)	2(9.53)	—
额中缝	无	全	—	—	—
男 16	15(93.75)	1(6.25)	—	—	—
女 17	16(94.12)	1(5.88)	—	—	—
合计 33	31(93.94)	2(6.06)	—	—	—
梨状孔下缘	锐型	钝型	鼻前窝型	鼻前沟型	—
男 12	1(8.33)	1(8.33)	5(41.67)	5(41.67)	—
女 11	5(45.46)	2(18.18)	2(18.18)	2(18.18)	—
合计 23	6(26.09)	3(13.05)	7(30.43)	7(30.43)	—
鼻骨	Ⅰ型	Ⅱ型	—	—	—
男 10	4(40.00)	6(60.00)	—	—	—
女 4	3(75.00)	1(25.00)	—	—	—
合计 14	7(50.00)	7(50.00)	—	—	—
鼻前棘	Ⅰ级	Ⅱ级	Ⅲ级	Ⅳ级	Ⅴ级
男 12	—	1(8.33)	6(50.00)	3(25.00)	2(16.67)
女 11	3(27.27)	6(54.55)	2(18.18)	—	—
合计 23	3(13.04)	7(30.44)	8(34.78)	3(13.04)	2(8.70)
犬齿窝	无	弱	中等	—	—
男 13	8(61.54)	3(23.08)	2(15.38)	—	—
女 12	3(25.00)	8(66.67)	1(8.33)	—	—
合计 25	11(44.00)	11(44.00)	3(12.00)	—	—

续表

项　目	形态特征分类及出现率				
颅　形	椭圆形	卵圆形	楔　形	五角形	菱形
鼻根凹陷	无	浅	深	—	—
男 13	3（23.08）	5（38.46）	5（38.46）	—	—
女 10	6（60.00）	4（40.00）	—	—	—
合计 23	9（39.13）	9（39.13）	5（21.74）	—	—
齿弓形状	U 形	C 形	抛物线形	—	—
男 15	9（60.00）	5（33.33）	1（6.67）	—	—
女 13	7（53.85）	5（38.46）	1（7.69）	—	—
合计 28	16（57.14）	10（35.71）	2（7.15）	—	—
腭形	U 形	V 形	椭圆形	—	—
男 13	12（92.31）	1（7.69）	—	—	—
女 12	10（83.33）	—	2（16.67）	—	—
合计 25	22（88.00）	1（4.00）	2（8.00）	—	—
顶孔	无	仅左孔	仅右孔	左右全	附加孔
男 16	4（25.00）	4（25.00）	4（25.00）	4（25.00）	—
女 18	4（22.22）	1（5.56）	4（22.22）	8（44.44）	1（5.56）
合计 34	8（23.53）	5（14.71）	8（23.53）	12（35.29）	1（2.94）
腭圆枕	无	嵴状	丘状	瘤状	—
男 21	9（42.86）	6（28.57）	2（9.52）	4（19.05）	—
女 14	7（50.00）	1（7.14）	3（21.43）	3（21.43）	—
合计 35	16（45.71）	7（20.00）	5（14.29）	7（20.00）	—
颏形	方形	圆形	尖形	—	—
男 21	13（61.91）	6（28.57）	2（9.52）	—	—
女 23	9（39.13）	11（47.83）	3（13.04）	—	—
合计 44	22（50.00）	17（38.64）	5（11.36）	—	—
下颌角区	外翻	直形	内翻	—	—
男 26	21（80.77）	4（15.38）	1（3.85）	—	—
女 21	15（71.42）	3（14.29）	3（14.29）	—	—

续表

项　　目	形态特征分类及出现率				
颅　　形	椭圆形	卵圆形	楔　形	五角形	菱形
合计47	36(76.60)	7(14.89)	4(8.51)	—	—
颏孔位置	P1P2位	P2位	P2M1位	M1位	—
男25	9(36.00)	14(56.00)	2(8.00)	—	—
女22	8(36.36)	10(45.46)	2(9.09)	2(9.09)	—
合计47	17(36.17)	24(51.06)	4(8.51)	2(4.26)	—
下颌圆枕	无	小	中	—	—
男23	18(78.26)	4(17.39)	1(4.35)	—	—
女20	17(85.00)	2(10.00)	1(5.00)	—	—
合计43	35(81.40)	6(13.95)	2(4.65)	—	—

结合上表，西南呈墓地的男女两性颅骨上的非测量形态特征基本一致，简略概括为：卵圆形为主的颅形、发育较弱的眉弓、不甚复杂的颅顶缝、圆形为主的眶形、发育较弱的犬齿窝、较浅的鼻根凹陷、蝶顶型翼区、发育较弱的矢状嵴、齿弓和腭形以U形为主、外翻的下颌角区、P2位的颏孔位置、腭圆枕和下颌圆枕出现率都较低。男女两性之间的差距主要表现为性别差异：如男性额头较女性略为倾斜、男性较女性眉弓略为发达、鼻根略深、乳突和枕外隆突男性略大、梨状孔男性以梨形为主，女性以心形为主等。

为进一步了解西南呈墓地人群的颅面部特征，我们根据附表三和附表四对西南呈墓地人群颅骨的主要测量数据和指数进行统计分类，以期建立对该墓地人群颅面部特征较为稳定的认识。这些测量指数通常是两种测量项目数值的百分比关系，一般用数值较小的测量值比数值较大的测量值。相对于测量项目数值较大的变异性，指数指标属于相对数值，比有关部位的测量值在人群中的分布更为稳定。具体情况见表九。

表九　西南呈墓地颅骨测量指数及角度值统计

项　　目		男性(%)	女性(%)	合计(%)
颅长宽指数	长颅型	3(27.27)	1(12.5)	4(21.05)
	中颅型	7(63.64)	4(50.00)	11(57.90)
	圆颅型	1(9.09)	3(37.5)	4(21.05)
颅长高指数	低颅型	—	—	—
	正颅型	4(50.00)	1(20.00)	5(38.46)
	高颅型	4(50.00)	4(80.00)	8(61.54)

续表

项　　目		男性(%)	女性(%)	合计(%)
颅宽高指数	阔颅型	1(12.5)	—	1(7.69)
	中颅型	2(25.00)	3(60.00)	5(38.46)
	狭颅型	5(62.5)	2(40.00)	7(53.85)
额顶宽指数	狭额型	7(58.33)	7(77.78)	14(66.67)
	中额型	5(41.67)	2(22.22)	7(33.33)
	阔额型	—	—	—
上面指数	阔上面型	1(16.67)	—	1(11.11)
	中上面型	1(16.67)	1(33.33)	2(22.22)
	狭上面型	4(66.66)	2(66.67)	6(66.67)
眶指数 I L	低眶形	1(11.11)	—	1(6.67)
	中眶形	8(88.89)	5(83.33)	13(86.66)
	高眶形	—	1(16.67)	1(6.67)
鼻指数	狭鼻型	—	—	—
	中鼻型	3(37.5)	—	3(23.08)
	阔鼻型	5(62.5)	5(100)	10(76.92)
腭指数	狭腭型	—	—	—
	中腭型	1(8.33)	1(14.29)	2(10.53)
	阔腭型	11(91.67)	6(85.71)	17(89.47)
面突指数	正颌型	6(85.71)	2(100)	8(88.89)
	中颌型	1(14.29)	—	1(11.11)
	突颌型	—	—	—
总面角	突颌型	1(12.5)	—	1(9.09)
	中颌型	0(0)	2(66.67)	2(18.18)
	平颌型	7(87.5)	1(33.33)	8(72.73)
中面角	突颌型	—	—	—
	中颌型	1(12.5)	2(66.67)	3(27.27)
	平颌型	7(87.5)	1(33.33)	8(72.73)

续表

项 目		男性(%)	女性(%)	合计(%)
齿槽面角	突颌型	4(50.00)	—	4(36.36)
	中颌型	1(12.5)	3(100)	4(36.36)
	平颌型	3(37.5)	—	3(27.28)
鼻颧角	<140°	1(11.11)	2(25.00)	3(17.65)
	140°~145°	7(77.78)	—	7(41.18)
	145°~150°	1(11.11)	5(62.5)	6(35.29)
	>150°	0(0)	1(12.5)	1(5.88)

根据以上统计结果并结合附表五和附表六，西南呈墓地人群的颅面部特征描述如下：

西南呈墓地男女两性的体质特征基本一致，可以概括为：中颅型、高颅型、狭颅型相结合的颅型；狭额、中眶、阔鼻、阔腭、狭面、中等的上面部扁平度。但在具体的测量项目数值分布中，男女两性略有差异，比如在颅型上，男性为偏长的中颅型、偏正的高颅型、狭颅型结合的颅型，而女性则为偏圆的中颅型、高颅型、偏中的狭颅型结合的颅型，男性的中颌型、中鼻型、平颌型都有一定出现率，女性则几乎全为中颌型。

通过对西南呈墓地人群颅骨非测量性特征和头面部测量性特征的初步统计分析。我们发现：

1. 西南呈墓地人群男女之间有着基本一致的体质类型，两者体质特征的差异仅仅表现为性别差距。

2. 西南呈墓地人群颅骨上表现出简单的颅顶缝、发育较弱的眉弓、较浅的鼻根凹陷、不发达的犬齿窝、较大的上面部扁平度等特征；颅面部特征可以概括为：中颅型、高颅型、狭颅型相结合的颅型；狭额、中眶、阔鼻、阔腭、狭面、中等的上面部扁平度。

四、种系类型研究与亲缘关系分析

鉴于上文的统计分析发现西南呈墓地居民男女两性在体质特征上略有差异，因此在进行种族类型研究之前，我们先对西南呈墓地人群进行种系纯度的检验。

最常用的检验种系纯度的方法是Karl Pearson[1]1903年提出的方法：即一组颅骨的颅长、颅宽的标准差值大于6.5时，该组颅骨很可能是异种系人群。而当颅长标准差小于5.5，颅宽的标准差小于3.3时，该组颅骨可能就是同种系人群。

关于西南呈墓地人群的种系纯度计算结果见附表五、附表六和附表七。具体的计算公式如下：

---

[1] Pearson K., Homogeneity and Heterogeneity in Collections of Crania, *Biometrika*, 1903, Vol.2(3): 345–347.

$$\sigma = \sqrt{\frac{1}{n-1}\sum_{i=1}^{n}(X_i - \bar{X})^2}$$

σ代表标准差，n代表标本数，X_i代表不同个体的测量值，$\bar{X}$代表某测量项目的平均值。标准差越小，种系纯度越高。

$$\sigma_{\bar{X}} = \frac{\sigma}{\sqrt{n}}$$

σ为标准差，n为例数，标准误用来表示各测量项目平均值与总体平均值的离散程度。该值越小，说明抽取样本精度越高。

$$C.V = \frac{\sigma}{\bar{X}} \times 100$$

C.V表示变异系数，用来衡量同一测量项目的数值在不同个体间的变异程度。

我们选取国内外使用此方法检验过的可能是同种系的若干颅骨组和可能是异种系的若干颅骨组与西南呈墓地进行比较。同种系对比组有Karl Pearson[1]提出的Ainos组、Bavarians组、Parisians组、Nagadas组、English组，还有殷墟中小墓组[2]、陶家寨组[3]；异种系对比组有殷墟祭祀坑组[4]、浮山桥北男性组[5]、姜家梁组[6]以及榆次明清组[7]。如表一○：

表一○ 不同组别颅骨颅长、颅宽、颅指数标准差之对比

类别	组别	颅长标准差	颅宽标准差	颅指数标准差
同种系对比组	Ainos	5.936	3.897	—
	Bavarians	6.088	5.849	—
	Parisians	5.942	5.214	—
	Naqadas	5.722	4.612	—
	English	6.085	4.976	—
	殷墟中小墓	5.79	4.44	2.85
	陶家寨男性	5.37	5.08	3.42
	陶家寨女性	4.82	4.93	3.11

---

[1] Pearson K., Homogeneity and Heterogeneity in Collections of Crania, *Biometrika*, 1903, Vol.2(3): 345-347.
[2] 韩康信、潘其风：《安阳殷墟中小墓人骨的研究》，《安阳殷墟头骨研究》，文物出版社，1985年，第50~81页。
[3] 张敬雷：《青海省西宁市陶家寨汉晋时期墓地人骨研究》，科学出版社，2016年。
[4] 韩康信、潘其风：《殷墟祭祀坑人头骨的种系》《安阳殷墟头骨研究》，文物出版社，1985年，第82~108页。
[5] 贾莹：《山西浮山桥北及乡宁内阳垣先秦时期人骨研究》，文物出版社，2010年。
[6] 李法军：《河北阳原姜家梁新石器时代人骨研究》，科学出版社，2008年。
[7] 侯侃：《山西榆次高校新校区明清墓葬人骨研究》，吉林大学文学院2013年硕士学位论文。

续表

类 别	组 别	颅长标准差	颅宽标准差	颅指数标准差
西南呈	西南呈整体	3.93	3.51	2.68
	西南呈男性	3.39	4.01	2.89
	西南呈女性	4.03	2.46	2.15
异种系对比组	殷墟祭祀坑	6.2	5.9	3.98
	浮山桥北男性	6.78	8.29	4.26
	姜家梁	7.16	5.09	4.98
	榆次明清	6.37	7.65	4.51

我们可以看到西南呈墓地所有的颅长标准差皆小于5.5，且小于所有的对比组；颅宽标准差方面，虽然整体和男性的标准差都大于3.3，但跟所有的对比组相比，仅男性的颅宽标准差略大于Ainos组；颅指数方面，仅男性略大于殷墟中小墓。这说明西南呈墓地人群基本属于同种系人群。

上文我们发现西南呈墓地人群男女两性具有基本一致的体质特征，并且在简单的颅顶缝、发育较弱的眉弓、较浅的鼻根凹陷、不发达的犬齿窝、较大的上面部扁平度等方面皆与蒙古人种相接近。接下来我们选取该墓地男性颅骨17项测量项目和指数的平均值与现代亚洲蒙古人种各区域类型[1]进行比较，进一步明确其种系分类（表一一）。

表一一 西南呈墓地男性颅骨与亚洲蒙古人种比较

马丁号	测量项目	西南呈	亚洲蒙古人种				
			北亚人种	东北亚人种	东亚人种	南亚人种	变异范围
1	颅长	180.73	174.9～192.7	180.7～192.4	175.0～182.2	169.9～181.3	169.9～192.7
8	颅宽	140.33	144.4～151.5	134.3～142.6	137.6～143.9	137.9～143.9	134.3～151.5
8:1	颅指数	76.76	75.4～85.9	69.8～79.0	76.9～81.6	76.9～83.3	69.8～85.9
17	颅高	139.13	127.1～132.4	132.9～141.1	136.3～140.2	134.4～137.8	127.1～141.1
17:1	颅长高指数	75.81	67.4～73.5	72.6～75.2	74.3～80.1	76.5～79.5	67.4～80.1
17:8	颅宽高指数	98.53	85.2～91.7	93.3～102.8	94.4～100.3	95.0～101.3	85.2～102.8
9	最小额宽	90.79	90.6～95.8	94.2～96.6	89.0～93.7	89.7～95.4	89.0～96.6
32	额侧角Ⅰ	81.25	77.3～85.1	77.0～79.0	83.5～86.9	84.2～87.0	77.0～87.0

---

[1] 数据转引自潘其风：《柳湾墓地的人骨研究》，《青海柳湾》，文物出版社，1984年，第261～303页。

续表

马丁号	测量项目	西南呈	亚洲蒙古人种				
			北亚人种	东北亚人种	东亚人种	南亚人种	变异范围
45	颧宽	137.83	138.2～144.0	137.9～144.8	131.3～136.0	131.5～136.3	131.3～144.8
48	上面高sd	71.51	72.1～77.6	74.0～79.4	70.2～76.6	66.1～71.5	66.1～79.4
48∶17	垂直颅面指数	52.67	55.8～59.2	53.0～58.4	52.0～54.9	48.0～52.2	48.0～59.2
48∶45	上面指数	55.26	51.4～55.0	51.3～56.6	51.7～56.8	49.9～53.3	49.9～56.8
77	鼻颧角	143.22	147.0～151.4	149.0～152.0	145.0～146.6	142.1～146.0	142.1～152.0
72	面角	86.38	85.3～88.1	80.5～86.3	80.6～86.5	81.1～84.2	80.5～88.1
52∶51	眶指数ⅠL	81.33	79.3～85.7	81.4～7～84.9	80.7～85.0	78.2～81.0	78.2～85.7
54∶55	鼻指数	51.22	45.0～50.7	42.6～47.6	45.2～50.2	50.3～55.5	42.6～55.6
ss∶sc	鼻根指数	—	26.9～38.5	34.7～42.5	31.0～35.0	26.1～36.1	26.1～42.5

观察上表，我们可以发现西南呈墓地男性颅骨所有测量值均符合蒙古人种的变异范围；西南呈墓地人群同蒙古人种东亚类型距离最近，其次为南亚类型，和北亚类型及东北亚类型则距离较远。

我们进一步选取华北组、华南组、蒙古组、爱斯基摩组、通古斯组、朝鲜组、藏族A组、藏族B组等7个近代组男性颅骨[1]的测量值，通过计算平均数组间差异均方根的方法来明确其种系类型（表一二、一三）。

平均数组间差异均方根计算公式为：

$$\sqrt{\frac{1}{n}\sum_{n=1}^{n}\frac{(X_i-X_j)^2}{\sigma^2}}$$

上边公式中，n代表对比的测量项目，X代表各测量项目的测量值，i和j代表两个对比组，σ代表同种系标准差。参照体质人类学研究的前例，本文借用Morant G.M.[2]的埃及E组的各项标准差，但颅高和额宽指数的标准差借用挪威组同种系标准差（▲），上面指数借用欧洲同种系标准差[3]（★）。

---

[1] 数据转引自陈靓：《瓦窑沟青铜时代墓地颅骨的人类学特征》，《人类学学报》2000年第1期，32～45页。
[2] Morant G.M.A., Study of the Australian and Tasmanian Skulls, Based on Previously Published Measurements, *Biometrik*, 19(3-4), 1927: 27-440.
[3] Howells W.W., The Early Christian Irish: The Skeletons at Gallen Priory, *Proccedings of the Royal Irish*, C. No.3, 1941: 103-129.

表一二　西南呈墓地男性颅骨与亚洲近代组比较

马丁号	测量项目	西南呈	近代华北组	近代华南组	近代蒙古组	爱斯基摩组	近代通古斯组	朝鲜组	藏族A组	藏族B组	同种系标准差
1	颅长	180.73	178.5	179.9	182.2	181.8	185.5	175	174.8	185.5	5.73
8	颅宽	140.33	138.2	140.9	149	140.7	145.7	142.4	139.4	139.4	4.76
17	颅高	139.13	137.2	137.8	131.4	135	126.3	140	131.2	134.1	5.69▲
9	最小额宽	90.79	89.4	91.5	94.3	94.9	90.6	92.4	92.6	94.3	4.05
48	上面高 sd	71.51	75.3	73.82	78	77.5	75.4	73.9	69.4	75.6	4.15
45	颧宽	137.83	132.7	—	141.8	137.5	141.6	—	130.4	137.5	4.57
51	眶宽 R	42.34	44	42.1	43.2	43.4	43	43.3	—	—	1.67
52	眶高 R	33.83	35.5	34.6	35.8	35.9	35	34.9	35	36.7	1.91
54	鼻宽	27.65	25	25.25	27.4	24.4	27.1	25.7	—	—	1.77
55	鼻高	53.61	55.3	52.6	56.5	54.6	55.3	53.6	—	—	2.92
72	面角	86.38	83.39	84.7	87.5	83.8	86.6	83.7	87.4	85.7	3.24
8:1	颅指数	76.76	77.56	78.75	82	77.6	78.7	81.5	79.8	75.3	2.67
17:1	颅长高指数	75.81	77.02	77.02	72.12	74.26	68.09	80.1	75.1	72.1	2.94
17:8	颅宽高指数	98.53	99.53	97.8	88.19	95.95	86.68	98.5	94.1	96.3	4.3
9:8	额宽指数	65.04	64.69	64.94	63.29	67.45	62.25	64.89	66.6	68.1	3.29▲
48:45	上面指数	55.26	56.8	—	55.01	56.07	53.25	—	53.7	55.6	3.3★
52:51	眶指数 R	79.9	80.66	84.9	82.9	83	81.5	80.8	84.2	84.6	5.05
54:55	鼻指数	51.22	45.23	47.4	48.6	44.8	49.4	48.2	50.4	49.4	3.82

表一三　西南呈墓地男性颅骨与近代组平均数组间差异均方根

组别	近代华北组	近代华南组	近代蒙古组	爱斯基摩组	近代通古斯组	朝鲜族	藏族A组	藏族B组
全部项目	0.81	0.67	1.41	1.09	1.4	1	0.93	0.9
角度项目	0.62	0.54	1.31	0.78	1.54	1.04	0.94	0.68

从上述结果看，西南呈组与近代华南组和近代华北组最为接近，但在角度项目的对比中，西南呈组和藏族B组也颇为接近，而藏族B组被认为同中国汉族相近。在对比组中，西南呈组与近代蒙古组和近代通古斯组则相距甚远。

为具体了解西南呈墓地人群与先秦时期不同地域人群之间的亲缘关系，我们选取15组先秦时期的居民颅骨资料进行对比，材料简介如下：

大河口组[1]：大河口墓地位于山西省翼城县大河口村，年代为西周中晚期。研究者认为该批颅骨具有中颅型、高颅型结合狭颅型的颅型；偏阔的狭额型、眶型中等偏低、中上面型、偏阔的中鼻型、中等偏大的上面部扁平度。与近代组相比，和近代抚顺、华北、华南组最为接近，和近代布里亚特、蒙古、通古斯组最为疏远。与古代对比组相比，和晋南地区及关中东部地区的人群关系最近，同属于先秦时期的"古中原类型"。

横水组[2]：横水墓地位于山西省绛县横水镇横北村，年代为西周时期。研究者认为该批颅骨一般具有中颅型、高颅型和狭颅型相结合的颅型；中等的狭额型、中等偏低的眶型、中等偏阔的鼻型。与近代组相比，与抚顺、华北、华南组最为接近，与近代布里亚特、蒙古、通古斯组最为疏远。与古代组相比，与乔村合并组、上马组、曲村组最为相近，和关中东部也具有亲缘关系，属于"古中原类型"。

曲村组[3]：曲村墓地位于山西省曲沃县曲村，年代为西周时期。研究者认为该批颅骨的主要体质特征为中长颅型伴以高颅型和狭颅型；中等的上面高和颧宽、眶型中等偏低、中等偏阔的鼻型、较为扁平的上面部。与古代组相比，和陶寺组和上马组最为接近，与西村周组则相对较远。

西村周组[4]：西村周组位于陕西省凤翔县南指挥西村，时代属于西周早期。研究者认为该批人骨与现代蒙古人种的东亚类型最为接近，在古代对比组中，与仰韶文化各组较为接近，与郑家洼子组、夏家店上层组，游牧民族各组及四川僰人相距较远。西村周组颅骨具有狭而较高的中颅型；较窄的前额及面部、中眶型、阔鼻型、狭而近中的上面部。

瓦窑沟组[5]：瓦窑沟墓地位于陕西省铜川市黄堡镇东南的漆水河东岸，时代为先周晚期。研

---

[1] 郭林：《翼城大河口墓地出土人骨的初步研究》，吉林大学文学院2015年硕士学位论文。
[2] 王伟：《山西绛县横水西周墓地人骨研究》，吉林大学文学院2012年硕士学位论文。
[3] 潘其风：《天马—曲村遗址西周墓地出土人骨的研究报告》，《天马—曲村（1980—1989）》，科学出版社，2000年，第1138页。
[4] 焦南峰：《凤翔南指挥西村周墓人骨的初步研究》，《考古与文物》1985年第3期，第103页。
[5] 陈靓：《瓦窑沟青铜时代墓地颅骨的人类学特征》，《人类学学报》2000年第1期，第32～45页。

究者认为该批颅骨具有中颅型、高颅型、狭颅型相结合的颅型;中等的上面型、中鼻型、中眶型、中等偏大的面部扁平度。与近代组相比,与华北组和华南组相接近,与古代组相比,与火烧沟组和殷墟中小墓②组最为接近。

内阳垣组[1]:内阳垣墓地位于山西省乡宁县昌宁镇内阳垣村,时代自夏代到春秋时期。研究者认为该批材料具有中颅型、高颅型和中颅型相结合的颅型特点;中等的上面部、中等的眶型、中等的鼻型、非常扁平的上面部形态。应该属于古华北类型。

东灰山组[2]:该组材料出自甘肃省民乐县东灰山四坝文化遗址,时代属于青铜时代。颅骨的特征为偏短的高颅型、较窄的狭额型、偏阔的鼻型,与现代东亚蒙古人种具有最多的一致性。在古代对比组中,与火烧沟组、甘肃史前组最为接近,其次是安阳殷墟中小墓①组,再次是西村周组。

干骨崖组[3]:干骨崖遗址位于甘肃省酒泉市丰乐乡大庄村,属于四坝文化,年代为青铜时代。该批颅骨的体质特征是偏长的中颅型、正颅型、狭颅型相结合的颅型,狭上面型、中鼻型、中眶型。接近于蒙古人种东亚类型。

毛饮合并B组[4]:这个对比组的材料来自内蒙古乌兰察布盟凉城县的毛庆沟和饮牛沟墓地,时代属于春秋战国时期。一般认为该合并组具有偏长的中颅型以及高而偏狭的颅型;中等偏狭的面宽、中等的上面部扁平度。

白庙Ⅱ组[5]:白庙墓地位于河北省张家口市宣化区,年代属于春秋晚期。在体质特征上接近北亚蒙古人种。

新店子组[6]:新店子墓地位于内蒙古和林格尔县新店子乡小板申村,时代属于东周时期。研究者认为新店子古代居民具有特圆颅型、正颅型和阔颅型结合的颅型;偏阔的面宽、较大的上面部扁平度、偏低的眶型、偏狭的中鼻型。该组材料与蒙古人种北亚类型的布里亚特组和蒙古组最为接近。

阳畔组[7]:阳畔墓地位于内蒙古清水河县,时代为春秋中期至战国早期。该组材料具有特圆颅型、正颅型和阔颅型相结合的颅型特点;较低而阔并且较为扁平的上面部、中眶型、狭鼻型。与现代北亚蒙古人种十分相似。

陶寺组[8]:陶寺遗址位于山西省襄汾县。遗址主体为龙山时代晚期。研究者认为陶寺居民

---

[1] 贾莹:《山西浮山桥北及乡宁内阳垣先秦时期人骨研究》,文物出版社,2010年。
[2] 朱泓:《东灰山墓地人骨的研究》,《民乐东灰山考古》,科学出版社,1998年,第172~183页。
[3] 郑晓瑛:《甘肃酒泉干骨崖四坝文化人骨研究》,北京大学文博学院1991年博士学位论文。
[4] 潘其风:《毛庆沟墓葬人骨的研究》,《鄂尔多斯式青铜器》,文物出版社,1986年,第316~341页。
何嘉宁:《内蒙古凉城县饮牛沟墓地1997年发掘出土的人骨研究》,《考古》2001年第11期,第80~86页。
朱泓:《内蒙古凉城东周时期墓葬人骨研究》,《考古学集刊(七)》,文物出版社,1991年,第169~191页。
[5] 潘其风:《我国青铜时代居民人种类型的分布和演变趋势》,《庆祝苏秉琦考古五十五年论文集》,文物出版社,1989年,第194~304页。
[6] 张全超:《内蒙古和林格尔县新店子墓地人骨研究》,科学出版社,2010年。
[7] 张全超:《内蒙古和林格尔县新店子墓地人骨研究》,科学出版社,2010年。
[8] 李法军:《陶寺居民人类学类型的研究》,《文物春秋》2001年第4期,第8~16页。

具有高颅型、中颅型；中等的上面部、中等鼻型、低眶型、中等的上面部扁平度。

殷墟中小墓③组[1]：材料来自河南安阳殷墟中小墓。代表了商代平民的一种体质类型。特征为低颅、阔面、高面、颧骨大且突出、鼻根点高、中等上面部扁平度。研究者认为，这组颅骨含有某些蒙古人种北亚类型的因素。

殷墟中小墓②组[2]：材料同样来自河南安阳殷墟中小墓。代表了商代平民的主体类型。颅骨特征表现为中颅型、高颅型、狭颅型结合的颅型；狭额型、中面型、中眶型、阔鼻型、平颌型。

本文将使用计算欧氏距离系数、系统聚类等方法来探讨西南呈墓地人群与先秦时期周边地区其他古代人群的亲缘关系，欧氏距离计算公式如下：

$$D_{ij} = \sqrt{\sum_{n=1}^{n}(X_i - X_j)^2}$$

其中 i 和 j 代表两个对比组，n 代表比较项目，X 代表具体的测量值。该值越小，则说明两个对比组之间的生物距离越近（表一四）。

表一四　西南呈墓地男性颅骨主要测量数据与其他古代组对比

测量项目	西南呈	大河口组	横水组	曲村组	西村周组	瓦窑沟组	内阳垣组	东灰山组
颅长	180.73	182.07	181.5	183.26	180.63	181.33	181.64	176.7
颅宽	140.33	141.01	140.53	141.56	136.81	140.08	142.71	137.63
颅高	139.13	142.34	139.71	141.3	139.29	139.45	139.68	136.05
最小额宽	90.79	92.69	92.26	94.7	93.29	91.5	92.79	88.28
上面高sd	71.51	73.87	71.99	73.55	72.6	72.5	75.85	73.1
颧宽	137.83	137.47	136.4	138.28	131.48	136.33	136.79	133.33
眶宽R	42.34	44.14	42.62	44.45	42.48	41.92	42.31	42.4
眶高R	33.83	33.08	32.87	34.21	33.62	33.88	33.44	34.33
鼻宽	27.65	26.91	26.96	27.16	27.74	26.38	26.98	26.3
鼻高	53.61	53.82	54.41	53.99	51.61	55	53.44	51.95
面角	86.38	83.73	85.6	85.58	81.05	83.33	82.53	83.83
颅指数	76.76	77.38	77.65	77.3	75.75	77.25	78.58	78.39

---

[1] 杨希枚：《河南安阳殷墟墓葬中人体骨骼的整理和研究》，"中研院"史语所集刊，1970年，第231～265页；原海兵：《殷墟中小墓人骨的综合研究》，吉林大学文学院2010年博士学位论文。

[2] 杨希枚：《河南安阳殷墟墓葬中人体骨骼的整理和研究》，"中研院"史语所集刊，1970年，第231～265页；原海兵：《殷墟中小墓人骨的综合研究》，吉林大学文学院2010年博士学位论文。

续表

测量项目	西南呈	大河口组	横水组	曲村组	西村周组	瓦窑沟组	内阳垣组	东灰山组
颅长高指数	75.81	78.13	77.11	77.18	77.16	76.9	76.9	77.01
颅宽高指数	98.53	101.18	99.77	99.68	102.04	99.55	97.94	98.08
额宽指数	65.04	65.78	65.72	70.68	68.19	65.27	65.01	63.97
上面指数	55.26	53.34	53.32	53.56	55.28	53.24	54.09	55.66
眶指数R	79.9	75.12	77.1	77.05	79.25	79.87	79.17	81.16
鼻指数	51.22	50.27	49.68	50.52	53.84	48.21	50.71	50.63
鼻颧角	143.22	144.78	143.63	146	145.8	145.1	149.9	148.13

测量项目	干骨崖组	毛饮合并B组	白庙Ⅱ组	新店子组	阳畔组	陶寺组	殷墟中小墓③组	殷墟中小墓②组
颅长	181.2	182.2	181.13	173.8	176	183.8	187.18	184.04
颅宽	138.7	139.76	149.25	153.27	152.5	139.69	142.67	140.13
颅高	136.6	142.72	140	129.18	129.5	142.67	134.83	140.32
最小额宽	89.4	90.64	98.03	94.33	89.5	94.53	93.86	90.43
上面高sd	74.3	74.26	76.38	73.91	72	74.11	75.08	73.81
颧宽	133.6	135.47	145.5	142.08	139	136.37	145.4	133.08
眶宽R	42.1	42.91	44.25	44.38	42.1	44.8	44.88	42.43
眶高R	34.8	33.7	33.15	33.12	33	32.79	35.52	33.55
鼻宽	25.9	26.84	26.85	27.12	25.1	27.23	28.96	26.99
鼻高	52.9	54.7	54.5	56.52	55.2	54.45	56.42	53.38
面角	85	83.55	89.75	88	84	84.86	84.63	83.81
颅指数	76.6	76.79	82.54	88.13	87.5	76.07	76.27	76.5
颅长高指数	74.2	78.38	77.31	72.8	73.3	74.44	72.08	76.09
颅宽高指数	98.49	101.57	93.84	84.57	84.93	101.16	94.53	99.35
额宽指数	64.46	64.91	65.72	61.6	58.71	68	65.46	64.35
上面指数	55.6	54.66	52.59	51.93	51.76	54.18	51.66	53.98
眶指数R	82.5	78.73	77.47	74.71	78.46	73.19	79.32	78.59
鼻指数	48.7	49.09	49.23	48.06	45.46	50.01	51.41	50.98
鼻颧角	147.4	145.55	148.13	148.77	149	144.78	144.68	144.38

表一五　西南呈墓地男性颅骨与其他古代组的欧氏距离

	1	2	3	4	5	6	7	8	9	10	11	12	13	14	15	16
1：西南呈	.000															
2：大河口组	8.639	.000														
3：横水组	5.067	5.219	.000													
4：曲村组	9.557	6.707	7.422	.000												
5：西村周组	11.466	11.288	10.747	12.101	.000											
6：瓦窑沟组	6.042	7.289	4.577	9.014	10.519	.000										
7：内阳垣组	9.877	8.777	8.995	9.458	12.008	7.673	.000									
8：东灰山组	10.277	13.923	11.521	15.453	11.217	9.820	10.915	.000								
9：干骨崖组	8.837	13.021	10.225	13.515	11.467	7.808	9.734	6.691	.000							
10：毛饮合并B组	8.115	5.556	6.212	9.136	10.112	5.329	8.419	11.524	9.928	.000						
11：白庙Ⅱ组	18.183	17.602	17.659	15.780	25.171	18.741	15.732	23.113	21.909	20.151	.000					
12：新店子组	28.084	30.029	28.270	29.509	34.736	28.730	26.314	28.664	29.383	31.848	19.749	.000				
13：阳畔组	26.627	29.216	27.035	29.607	33.059	26.415	24.630	25.702	26.329	29.806	22.548	9.953	.000			
14：陶寺组	11.002	6.046	8.000	6.925	12.181	10.372	11.672	16.708	14.540	9.109	19.299	31.701	31.655	.000		
15：殷墟中小墓③组	14.582	16.528	15.537	14.707	21.316	15.531	15.241	20.694	17.498	18.064	15.945	25.715	25.894	16.763	.000	
16：殷墟中小墓②组	7.290	7.740	6.225	10.217	9.124	6.132	8.734	10.792	8.160	5.772	20.998	30.796	28.400	9.581	16.795	.000

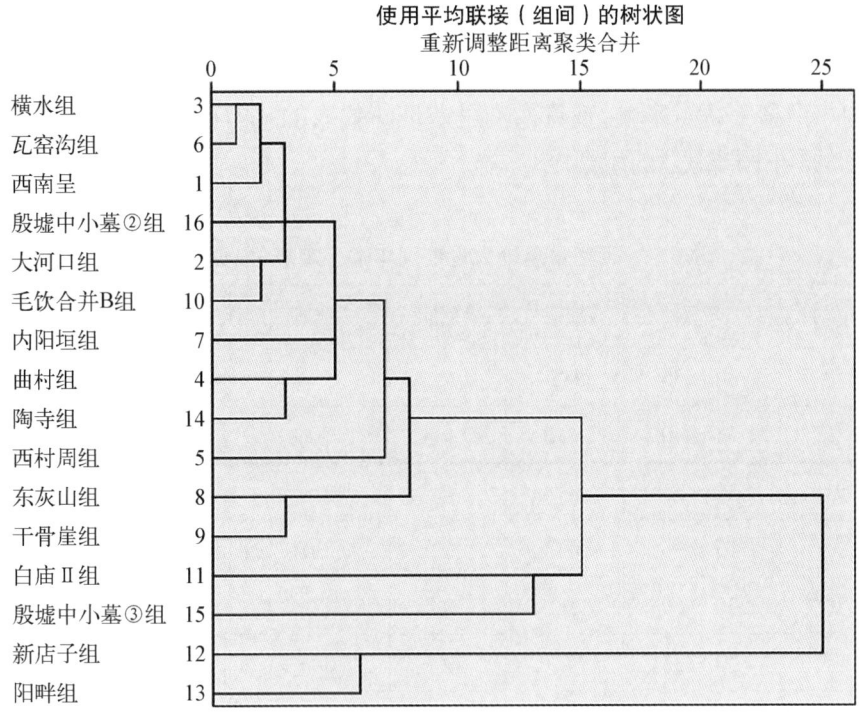

图六　西南呈墓地男性颅骨与其他古代组系统聚类

从表一五计算的西南呈墓地男性颅骨和其他古代对比组之间的欧氏距离系数可以看出，西南呈组和横水组距离最近，和瓦窑沟组、殷墟中小墓②组距离也比较近，而和白庙Ⅱ组、殷墟中小墓③组、新店子组、阳畔组距离最远。

从图六西南呈墓地男性颅骨和其他古代对比组的系统聚类结果中可以看出，所有的古代组基本可以分成四个团组。第一组是中原地区各组，包括横水组、瓦窑沟组、西南呈组、殷墟中小墓②组、大河口组、毛饮合并B组、内阳垣组、曲村组和陶寺组；第二组是西北两组，即东灰山组和干骨崖组；第三组是白庙二组和殷墟中小墓③组；第四组是新店子组和阳畔组，以及介于中原组和西北组之间的西村周组。

学界对于先秦时期我国古代居民的体质类型和分布，目前已经有了比较清晰的认识[1]。西南呈墓地居民和先秦时期广泛分布于我国中原地区的"古中原类型"[2]居民体质特征相接近。但是从表一五和图六看，西南呈墓地居民和分布于我国甘青地区的"古西北类型"[3]居民体质特征也有一些相似性。

五、结语

西南呈墓地人群在晋南地区人群中相对略短的寿命可能暗示着该墓地人群生前的生存环境

---

[1] 赵东月：《汉民族的起源与形成——体质人类学的新视角》，吉林大学文学院2016年博士学位论文。
[2] 朱泓：《中原地区的古代种族》，《中国古代居民的体质人类学研究》，科学出版社，2014年，第35～44页。
[3] 朱泓：《中国西北地区的古代种族》，《中国古代居民的体质人类学研究》，科学出版社，2014年，第44～55页。

在晋南地区并不优越。虽然西南呈墓地可能为姬姓诸侯国的贵族墓地，而且M15墓主人的地位"或许不低于绛县横水及翼城县大河口墓地的主人"，但结合该墓地随葬品普遍比较简单，而且墓葬形制多为中小型墓等特点来看，或许西南呈墓地所代表的封国在晋南地区相对来说，处于一种和平环境之下的"小国寡民"的生活中。

附表一 西南呈墓地人骨性别年龄鉴定表（单位：周岁）

编号	性别	年龄	编号	性别	年龄	编号	性别	年龄
M1	女	30～35	M124	女	35～40	M56	女	25～30
M10	女	35～40	M13	女	30±	M59	女	40～45
M100	男	30～35	M14	男	40～45	M6	男	35～40
M101	男	15～18	M15	女	30+	M60	男	30～35
M102	女	50～60	M2	女	25～30	M61	男	35～40
M103	男	30～35	M21	女	30～35	M63	男	35～40
M105	男	30～35	M23	女	20～25	M64	女	20～25
M106	女	成年	M24	女	50～60	M66	男	40～45
M107	男	30～35	M25	女	20～25	M68	男	40～45
M108	男	35～40	M26	女	50±	M69	男	35～40
M109	男	30～40	M32	男	30～35？	M7	男	25～30
M11	男	30～35	M34	男	20～25	M71	男	25±
M111	男	35～40	M35	男	15～18	M73	男	40～45
M112	女	25～30	M36	男	30～35	M74	女	20～25
M113	女	40～45	M38	男	20±	M75	男	30～40？
M114	女	30～35	M4	女	25～30	M76	女	25±
M115	男	30～35	M41	女	30～35	M77	男	25±
M116	女	60+	M42	女	30～35	M79	男	22～25
M117	男	20～25	M46	男	20～25	M8	男	50～55
M119	女	25±	M48	女	30±	M81	男	35～40
M12	男	25～30	M51	男	45±	M83	女	50+
M120	女	25±	M53	女	30～35	M84	男	40～45
M123	男	25～30	M54	女	30～40	M85	男	20～25

续表

编号	性别	年龄	编号	性别	年龄	编号	性别	年龄
M87	男	20～22	M90	男	30±	M97	男	25±
M88	女	30±	M92	男	45～50	M98	男	20～25
M89	男	25～30	M94	男	16～18	M99	女	25～30
M9	女	35～40	M95	?	30～40？			

附表二 颅骨测量项目说明

马丁号	测量项目	英 文 说 明
1	颅骨最大长	Maximum cranial length（g-op）
5	颅底长	Basi-nasal length（n-enba）
8	颅骨最大宽	Maximum cranial breadth（eu-eu）
9	最小额宽	Minimum frontal breadth（ft-ft）
11	耳点间宽	Interauriculare breadth（au-au）
12	枕骨最大宽	Maximum occipital breadth（ast-ast）
7	枕骨大孔长	Foramen magnum length（enba-o）
16	枕骨大孔宽	Foramen magnum breadth
17	颅高	Basi-bregmatic height（b-ba）
21	耳上颅高	Auricular height
23	颅周长	Cranial horizontal circumference（g-op-g）
24	颅横弧	Cranialtranscerse arc（po-b-po）
25	颅矢状弧	Cranial sagittal arc（n-o）
26	额骨矢状弧	Frontal arc（n-b）
27	顶骨矢状弧	Parietal arc（b-l）
28	枕骨矢状弧	Occipital arc（l-o）
29	额骨矢状弦	Frontal chord（n-b）
30	顶骨矢状弦	Parietal chord（b-l）
31	枕骨矢状弦	Occipital chord（l-o）
40	面底长	Prosthion to endobasion length（pr-enba）
43	上面宽	Upper facial breadth（fmt-fmt）
44	两眶宽	Biorbital breadth（ec-ec）
45	面宽	Bizygomatic breadth（zy-zy）
46	中面宽	Middle facial breadth（zm-zm）

续表

马丁号	测量项目	英　文　说　明
47	全面高	Morphological facial height（n-gn）
48	上面高	Upper facial height（n-pr）
	上面高	Upper facial height（n-sd）
50	前眶间宽	Vordere interorbital breite（mf-mf）
51a	眶宽	Orbital breadth（mf-ec）
51	眶宽	Orbital breadth（d-ec）
52	眶高	Orbital height
MH	颧骨高	Malar height（fmo-zm）
MB	颧骨宽	Malar breadth（zm-rim.Orb.）
54	鼻宽	Nasal breadth
55	鼻高	Nasal height（n-ns）
60	上颌齿槽弓长	Maxillo-alveolar length（pr-alv）
61	上颌齿槽弓宽	Maxillo-alveolar breadth（ecm-ecm）
62	腭长	Palatal length（ol-sta）
63	腭宽	Palatal breadth（enm-enm）
FC	两眶内宽	Innere biorbital breite（fmo-fmo）
FS	鼻根点至FC之矢高	Subetence fmo-fmo（n to fmo-fmo）
DC	眶间宽	Interorbital breadth（d-d）
32	额侧角Ⅰ	Profile angle of the frontal bone from nasion（∠n-m and FH）
	额侧角Ⅱ	Profile angle of the frontal bone from glabella（∠g-m and FH）
	前囟角	Bregmatic angle from glabella（∠g-b and FH）
72	总面角	Total facial angle（∠n-pr and FH）
73	中面角	Nasal prognathism（∠n-ns and FH）
74	齿槽面角	Alveolar prognathism（∠ns-pr and FH）
75	鼻梁侧角	Profilewinkel des Nasendaches（∠n-rhi and FH）
	鼻梁角	∠72—∠75
77	鼻颧角	Naso-malar angle（∠fmo-n-fmo）
SSA	颧上颌角	Zygo-maxillary angle（∠zm-ss-zm）
A∠	面三角-n	Winkel des Gesichtsdreiecks Ⅰ（∠n-pr-ba）
N∠	面三角-pr	Winkel des Gesichtsdreiecks Ⅱ（∠pr-n-ba）
B∠	面三角-ba	Winkel des Gesichtsdreiecks Ⅲ（∠n-ba-pr）

续表

马丁号	测量项目	英　文　说　明
8∶1	颅长宽指数	Cranial length–breadth index
17∶1	颅长高指数	Cranial length–height index
17∶8	颅宽高指数	Cranial breadth–height index
9∶8	额顶宽指数	Transversal frontoparietal index
40∶5	面突指数	Gnathic index
47∶45	全面指数	Total facial index
48∶45	上面指数	Upper facial index
48∶17	垂直颅面指数	Vertical cranio–facial index
52∶51	眶指数Ⅰ	Orbital index Ⅰ
52∶51a	眶指数Ⅱ	Orbital index Ⅱ
54∶55	鼻指数	Nasal index
63∶62	腭指数	Paltal index
61∶60	上颌齿槽指数	Maxillo–Alveolar index
16∶7	枕骨大孔指数	Index of occipital foramen
65	下颌髁突间宽	Bicondylar breadth（cdl–cdl）
66	下颌角间宽	Bigonial breadth（go–go）
67	颏孔间宽	Bimental breite
	颏孔间弧	Bimental bogen
68	下颌体长	length of Mandibular body
	下颌体投影长	abstand des Vorstehendsten punktes der vorderen kinnplatte von einer vertikalebene, welche diehinterflächen der kondylen berührt
69	下颌体联合高	Height of symphysis（id–gn）
MBH	下颌体高Ⅰ	Height of Mandibular body Ⅰ
	下颌体高Ⅱ	Height of Mandibular body Ⅱ
MBT	下颌体厚Ⅰ	Thickness of Mandibular body Ⅰ
	下颌体厚Ⅱ	Thickness of Mandibular body Ⅱ
70	下颌支高	Height of the Mandibular ramus
71	下颌支宽	Breadth of the Mandibular ramus
71a	下颌支最小宽	Minimum breadth of the Mandibular ramus
79	下颌角	Mandibular angle
68∶65	下颌骨指数	Mandibular index
71∶70	下颌支指数	Mandibular ramus index

附表三 西南呈墓地男性颅骨测量数据（单位：mm）

马丁号	M51	M107	M81	M98	M35	M73	M97	M79	M92	M84	M94	M105	M117	M123	M101
1	186.00	178.00	183.00	182.00	178.00	183.00	179.00	179.00	—	181.00	—	—	183.00	176.00	—
5	—	94.05	106.50	102.00	102.00	102.00	—	99.00	—	100.50	—	—	101.00	94.00	—
8	139.00	147.00	143.00	138.00	137.00	144.00	143.00	139.00	—	143.00	—	—	139.00	139.00	133.00
9	88.00	93.00	90.00	93.00	93.00	88.00	93.00	87.00	87.00	92.00	93.00	93.00	—	91.00	90.00
11	—	131.00	124.00	124.00	130.00	130.00	116.00	—	—	126.50	—	—	—	126.00	—
12	110.00	109.00	108.00	109.00	108.00	112.00	108.00	110.00	—	110.00	—	—	—	108.00	98.00
7	—	36.00	41.13	40.60	36.28	39.01	—	36.01	—	30.91	—	—	37.87	35.52	—
16	—	—	30.29	32.01	28.68	30.98	—	31.34	—	24.64	—	—	30.10	29.41	—
17	—	144.00	140.00	134.00	139.00	137.00	—	137.00	—	138.60	—	—	—	144.00	—
21	—	110.00	116.00	112.00	116.00	103.00	108.00	—	—	86.00	—	—	—	117.00	—
23	513.00	518.00	518.00	515.00	505.00	518.00	510.00	510.00	—	530.00	—	—	506.00	510.00	—
24	—	329.00	305.00	302.00	308.00	292.00	310.00	—	—	312.00	—	—	—	310.00	—
25	369.00	362.00	365.00	358.00	359.00	361.00	—	368.00	—	378.00	—	—	—	378.00	—
26	124.00	120.00	120.00	126.00	124.00	120.00	128.00	119.00	128.00	126.00	126.00	123.00	128.00	130.00	120.00
27	120.00	130.00	126.00	103.00	121.00	124.00	124.00	130.00	—	128.00	—	—	128.00	117.00	—
28	125.00	112.00	119.00	129.00	115.00	117.00	119.00	119.00	—	124.00	—	—	—	123.00	—
29	110.00	106.50	109.87	111.00	110.00	109.00	113.00	106.00	112.53	114.79	109.80	106.60	113.53	112.00	106.00
30	110.00	111.28	109.82	95.00	112.00	110.00	108.00	117.00	—	114.41	—	—	113.53	115.00	—
31	102.00	94.19	101.53	108.00	94.00	100.00	—	99.00	—	99.46	—	—	—	100.00	—
40	—	89.47	99.74	93.05	97.77	95.00	—	—	—	91.91	—	—	—	91.00	—

续表

马丁号	M51	M107	M81	M98	M35	M73	M97	M79	M92	M84	M94	M105	M117	M123	M101
43	103.00	103.06	105.88	103.80	103.05	107.79	98.00	100.00	106.00	101.97	—	—	—	102.56	—
44	—	98.44	100.50	96.71	94.93	103.36	96.16	—	101.43	94.54	—	—	—	96.90	—
45	—	—	141.00	138.00	134.00	—	141.00	—	—	139.00	—	—	—	134.00	—
46	—	97.52	95.39	101.23	100.58	99.54	97.08	99.83	106.76	102.70	—	97.75	—	99.80	92.00
47	—	117.82	—	107.13	108.48	109.53	119.41	—	—	—	—	—	—	124.36	—
48pr	—	68.47	72.84	65.73	62.43	67.87	70.28	—	71.62	78.58	68.06	—	—	74.56	—
48sd	—	72.03	74.79	68.52	64.64	69.17	72.27	—	72.35	75.29	70.82	—	—	75.23	—
50	—	21.82	23.76	21.05	23.55	19.95	23.94	—	—	19.15	—	—	—	22.09	—
51aL	—	38.07	39.11	37.41	37.36	42.91	37.90	—	—	38.18	42.99	—	—	38.15	—
51aR	—	39.85	40.40	40.08	37.34	43.28	36.27	—	—	38.82	—	—	—	37.07	—
51L	—	40.36	39.91	40.21	39.36	40.30	39.58	—	40.99	39.48	46.41	—	—	40.07	—
51R	—	45.61	40.10	38.50	46.34	41.05	39.94	—	40.84	44.85	—	—	—	39.74	—
52L	—	32.48	32.30	33.88	29.64	32.33	33.32	—	32.84	32.87	34.55	—	—	33.36	—
52R	—	33.66	32.70	32.85	29.59	35.00	34.91	45.61	34.02	37.76	—	—	—	33.26	—
MHL	—	45.40	46.70	45.26	45.07	48.09	40.86	—	43.02	54.03	46.16	—	—	43.99	—
MHR	—	47.36	48.35	47.31	44.67	48.18	42.66	25.16	42.54	54.41	—	—	—	42.70	—
MBL	—	27.74	27.44	28.73	29.55	23.85	20.91	—	22.95	35.83	—	24.17	—	26.71	24.43
MBR	—	25.28	28.26	29.27	29.58	23.05	21.46	—	22.63	33.32	26.74	22.47	—	25.77	—
54	—	26.47	27.46	27.85	26.37	27.94	28.41	—	—	26.19	—	—	—	28.74	29.45
55	—	50.84	52.65	54.68	50.28	57.28	53.01	—	—	55.25	—	—	—	54.86	—

续表

马丁号	M51	M107	M81	M98	M35	M73	M97	M79	M92	M84	M94	M105	M117	M123	M101
60	—	56.41	54.85	47.45	51.65	55.21	50.98	52.78	57.26	50.45	—	49.20	—	58.08	51.15
61	—	62.06	66.39	60.47	66.95	65.74	62.38	63.47	69.25	67.06	—	65.66	—	64.31	63.46
62	—	52.29	47.65	42.63	44.53	47.71	45.04	42.62	46.45	42.88	—	42.68	—	50.26	43.34
63	—	45.10	48.10	40.54	46.22	42.66	40.24	41.00	41.18	38.58	—	39.14	—	41.57	39.07
FC	96.16	95.60	99.54	95.87	93.93	103.00	95.24	—	96.00	95.12	—	—	—	97.42	—
FS	13.00	15.00	9.00	13.00	12.00	14.00	11.00	—	6.00	10.20	—	—	—	12.00	—
DC	—	19.24	24.64	25.02	23.55	24.62	24.92	—	24.20	22.43	—	—	—	23.72	—
32Ⅰ	—	88.00	80.00	78.00	88.00	77.00	82.00	—	—	71.00	—	—	—	86.00	—
32Ⅱ	—	82.00	70.00	71.00	83.00	69.00	77.00	—	—	64.00	—	—	—	81.00	—
32Ⅲ	—	49.00	49.00	49.00	52.00	48.00	46.00	—	—	44.00	—	—	—	54.00	—
72	—	87.00	85.00	89.00	90.00	87.00	85.00	—	—	89.00	—	—	—	79.00	—
73	—	89.00	91.00	91.00	91.00	89.00	86.00	—	—	88.00	—	—	—	82.00	—
74	—	73.00	79.00	86.00	84.00	79.00	88.00	—	—	91.00	—	—	—	74.00	—
75Ⅰ	—	68.00	—	78.00	76.00	68.00	—	—	—	—	—	—	—	59.00	—
75Ⅱ	—	19.00	—	11.00	14.00	19.00	—	—	—	—	—	—	—	20.00	—
77	144.00	142.00	142.00	145.00	140.00	150.00	145.00	—	—	139.00	—	—	—	142.00	—
SSA	—	128.00	113.00	129.00	122.00	130.00	122.00	122.00	—	129.00	—	—	—	124.00	120.00
A∠	—	68.00	63.00	63.00	68.00	63.00	—	—	—	60.00	—	—	—	66.00	—
N∠	—	69.00	75.00	78.00	75.00	76.00	—	—	—	72.00	—	—	—	67.00	—
B∠	—	43.00	42.00	39.00	37.00	41.00	—	—	—	48.00	—	—	—	47.00	—

续表

马丁号	M51	M107	M81	M98	M35	M73	M97	M79	M92	M84	M94	M105	M117	M123	M101
8∶1	74.73	83.52	72.68	75.82	76.97	73.22	75.42	76.70	—	79.01	—	—	77.27	78.98	—
17∶1	—	70.45	76.50	73.63	78.09	74.86	—	77.84	—	73.26	—	—	—	81.82	—
17∶8	—	84.35	105.26	97.10	101.46	102.24	—	101.48	—	92.73	—	—	—	103.60	—
9∶8	63.31	56.46	67.67	67.39	67.88	61.94	68.89	64.44	—	64.34	—	—	—	65.47	67.67
40∶5	—	95.13	93.65	91.23	95.85	93.14	—	—	—	91.45	—	—	—	96.81	—
47∶45	—	—	—	81.16	82.18	—	95.53	—	—	—	—	—	—	94.93	—
48∶45	—	58.09	57.09	51.91	48.97	50.49	57.82	—	—	58.36	—	—	—	57.43	—
48∶17	—	80.48	53.42	51.13	46.50	80.22	—	—	80.12	56.78	—	—	—	52.24	—
52∶51L	—	85.32	80.93	84.26	75.30	75.34	84.18	—	—	83.26	—	—	—	83.25	—
52∶51aL	—	52.07	82.59	90.56	79.34	48.78	87.92	96.20	88.65	86.09	—	91.71	—	87.44	90.15
54∶55	—	86.25	52.16	50.93	52.45	89.42	53.59	—	—	47.40	—	—	—	52.39	—
63∶62	—	110.02	100.94	95.10	103.80	119.07	89.34	—	120.94	89.97	112.66	133.46	—	82.71	124.07
61∶60	—	—	121.04	127.44	129.62	—	122.36	87.03	—	132.92	89.40	116.11	79.48	110.73	—
16∶7	—	122.34	73.64	78.84	79.05	79.42	113.04	126.94	125.24	79.72	50.50	101.06	—	82.80	—
65	—	96.31	—	131.83	115.23	127.36	102.71	109.86	100.09	—	69.00	48.05	—	122.85	—
66	—	44.34	50.54	97.40	98.52	120.39	46.56	50.45	55.86	—	85.47	58.00	—	101.28	—
67Ⅰ	—	60.00	60.00	45.84	48.02	49.04	60.00	60.00	67.00	—	—	75.25	—	51.11	—
67Ⅱ	—	82.05	—	59.00	65.00	58.00	74.02	81.77	83.55	—	—	—	—	67.00	—
68Ⅰ	—	—	—	74.17	79.40	73.17	—	—	—	—	—	—	—	81.31	—

续表

马丁号	M51	M107	M81	M98	M35	M73	M97	M79	M92	M84	M94	M105	M117	M123	M101
68Ⅱ	—	108.00	106.00	95.00	101.00	110.00	106.00	107.00	115.00	—	112.00	100.00	—	116.00	—
69	31.87	26.68	33.06	25.44	28.37	23.93	33.08	25.33	30.56	—	34.97	30.47	—	33.10	29.43
MBH I L	—	29.47	32.61	24.19	24.53	28.00	30.21	27.20	27.66	—	30.37	28.80	28.96	28.23	29.54
MBH I R	33.05	28.62	30.45	26.17	26.07	27.59	30.42	26.75	—	—	31.44	29.16	30.56	29.36	30.34
MBH Ⅱ L	—	29.47	32.61	25.82	25.12	28.34	30.21	27.20	30.80	—	33.35	29.66	—	31.84	29.54
MBH Ⅱ R	34.03	28.67	32.21	25.69	27.85	29.03	30.42	26.75	—	—	33.08	29.30	32.47	30.81	30.34
MBT I L	—	14.81	13.64	13.73	15.50	12.75	12.77	11.48	13.29	—	12.84	12.32	14.62	12.08	13.01
MBT I R	16.28	15.54	15.10	12.49	15.03	11.15	12.74	12.15	—	—	13.03	12.82	13.27	11.73	12.83
MBT Ⅱ L	—	14.81	13.64	12.90	14.30	12.38	12.77	11.48	12.61	—	12.33	11.80	13.31	12.15	13.01
MBT Ⅱ R	16.60	15.54	14.25	11.66	14.65	11.28	12.74	12.15	—	—	12.43	12.48	13.08	11.32	12.83
70L	—	59.08	71.65	66.13	62.11	68.37	66.10	62.34	71.04	—	57.36	69.07	67.44	61.75	63.22
70R	67.63	61.79	—	65.87	65.68	65.80	62.53	59.12	67.58	—	58.67	67.14	74.93	63.09	—
71L	—	46.58	43.39	43.84	42.74	47.90	46.30	44.10	46.30	—	44.97	43.65	39.24	45.73	39.98
71R	48.09	47.84	—	43.36	46.08	47.68	48.04	43.26	49.02	—	42.97	44.68	38.93	43.68	—
71aL	39.77	40.26	37.13	30.82	34.25	33.27	33.54	32.22	—	—	39.55	34.42	32.27	35.52	31.63
71aR	41.42	39.22	—	31.11	37.75	32.59	35.75	31.67	39.16	—	37.62	35.53	34.66	33.45	—
79	—	119.00	122.00	114.00	120.00	112.00	116.00	118.00	126.00	—	121.00	112.00	120.00	123.00	116.00
68:65	—	67.07	—	56.26	68.91	57.45	65.48	64.42	66.71	—	75.87	64.81	—	66.19	—
71:70L	—	78.84	60.56	66.29	68.81	70.06	70.05	70.74	65.17	—	78.40	63.20	58.19	74.06	63.24

附表四 西南呈墓地女性颅骨测量数据（单位：mm）

马丁号	M68	M119	M114	M53	M113	M25	M56	M59	M76	M61	M21	M124	M10	M64
1	182.00	—	—	181.00	182.00	176.00	171.00	179.00	172.00	—	—	177.00	—	—
5	—	—	—	98.00	—	—	92.50	100.00	94.00	—	—	90.00	—	—
8	138.00	—	—	139.00	137.00	136.00	139.00	133.00	137.00	138.00	131.00	136.00	—	—
9	—	88.00	91.00	86.00	90.31	91.00	87.00	79.00	90.00	93.00	—	—	85.00	—
11	—	—	—	—	112.00	—	116.52	—	130.00	—	—	—	—	—
12	111.00	—	—	—	94.00	—	103.62	101.00	102.00	104.00	101.00	104.00	—	101.00
7	—	—	—	34.74	—	—	36.30	37.94	37.38	—	34.62	35.76	—	34.04
16	—	—	—	30.87	—	—	25.76	29.68	31.13	—	27.34	32.59	—	26.17
17	—	—	—	135.00	—	—	134.00	139.00	137.00	—	—	130.00	—	132.00
21	—	—	—	—	118.00	—	115.00	—	110.00	—	—	—	—	—
23	—	—	—	510.00	506.00	504.00	493.00	505.00	495.00	—	—	494.00	—	—
24	—	—	—	—	314.00	—	310.00	—	306.00	—	—	—	—	—
25	—	—	—	370.00	370.00	—	362.00	366.00	357.00	—	—	356.00	—	—
26	135.00	123.00	117.00	127.00	130.00	126.00	132.00	128.00	125.00	132.00	—	124.00	—	—
27	128.00	—	—	129.00	138.00	118.00	118.00	127.00	125.00	136.00	123.00	120.00	—	120.00
28	—	—	—	114.00	102.00	—	112.00	119.00	107.00	—	116.00	112.00	—	113.00
29	114.00	101.00	103.02	110.00	113.96	110.49	114.43	111.00	80.90	115.00	—	110.00	—	—
30	114.00	—	—	112.00	116.45	103.70	105.14	107.00	80.90	118.00	105.00	108.00	—	108.87
31	—	—	—	94.00	96.64	—	92.80	103.00	62.13	—	94.00	95.00	—	96.52
40	—	—	—	—	—	—	79.69	—	71.23	—	—	—	—	—

续表

马丁号	M68	M119	M114	M53	M113	M25	M56	M59	M76	M61	M21	M124	M10	M64
43	—	94.53	99.78	95.00	94.97	103.38	93.51	97.00	74.70	102.00	—	—	97.29	—
44	—	—	—	—	91.45	101.80	91.64	—	67.86	—	—	—	91.55	—
45	—	—	—	—	116.00	124.00	117.00	—	—	—	—	—	—	—
46	—	—	—	—	95.00	102.65	89.86	—	63.32	—	—	—	95.17	—
47	—	—	—	—	110.86	114.97	109.18	—	101.90	—	—	—	—	—
48pr	—	63.94	69.39	—	63.84	68.04	60.71	—	62.96	—	—	—	65.03	—
48sd	—	66.44	72.86	—	67.81	70.35	60.84	—	65.26	—	—	—	69.14	—
50	—	—	23.45	—	20.32	20.50	19.16	—	18.68	—	—	—	20.54	—
51aL	—	38.51	40.30	—	38.74	42.63	36.21	—	41.47	—	—	—	39.78	—
51aR	—	—	—	—	39.96	42.04	36.49	—	41.30	—	—	—	38.02	—
51L	—	38.51	41.00	—	40.64	41.60	39.27	—	41.37	—	—	—	39.78	—
51R	—	—	—	—	40.23	41.77	39.62	—	41.46	—	—	—	38.02	—
52L	—	32.35	35.67	—	31.76	35.11	30.99	—	32.73	—	—	—	34.45	—
52R	—	—	34.92	—	30.13	34.23	30.80	—	32.77	—	—	—	34.84	—
MHL	—	41.38	—	—	46.62	45.50	44.70	—	40.07	—	—	—	45.42	—
MHR	—	—	—	—	46.81	45.91	48.04	—	41.39	—	—	—	44.76	—
MBL	—	24.03	—	—	24.59	23.42	24.60	—	19.16	22.51	—	—	24.03	—
MBR	—	—	—	—	27.04	25.46	23.63	—	19.23	25.16	—	—	23.71	—
54	—	—	28.61	—	27.16	—	27.07	—	27.39	—	—	—	26.81	—
55	—	46.42	52.83	—	48.75	—	48.13	—	47.66	—	—	—	47.94	—

续表

马丁号	M68	M119	M114	M53	M113	M25	M56	M59	M76	M61	M21	M124	M10	M64
60	—	—	54.73	51.88	54.15	46.39	43.25	—		—	—	—	51.42	—
61	—	—	66.26	55.15	—	65.90	57.65	—		—	63.24	—	55.94	—
62	—	—	48.32	44.43	50.67	51.89	39.57	—		—	45.95	—	—	—
63	—	—	43.01	38.64	45.38	44.27	36.35	—		—	38.16	—	35.21	—
FC	—	88.56	94.27	90.46	90.61	97.83	86.31	89.18	67.27	91.62	—	—	90.93	—
FS	—	12.00	14.00	12.00	15.00	12.00	11.80	9.00	15.00	11.00	—	—	13.00	—
DC	—	—	25.27	—	19.97	22.89	22.96	—	19.97	—	—	—	20.54	—
32Ⅰ	—	—	—	—	87.00	—	86.00	—	83.00	—	—	—	—	—
32Ⅱ	—	—	—	—	80.00	—	79.00	—	77.00	—	—	—	—	—
32Ⅲ	—	—	—	—	48.00	—	47.00	—	46.00	—	—	—	—	—
72	—	—	—	—	85.00	—	84.00	—	81.00	—	—	—	—	—
73	—	—	—	—	81.00	—	85.00	—	84.00	—	—	—	—	—
74	—	—	—	—	81.00	—	82.00	—	83.00	—	—	—	—	—
75Ⅰ	—	—	—	—	70.00	—	—	—	68.00	—	—	—	—	—
75Ⅱ	—	—	—	—	15.00	—	—	—	13.00	—	—	—	—	—
77	—	—	138.00	147.00	149.00	146.00	146.00	150.00	139.00	—	—	—	153.00	—
SSA	—	—	—	—	132.00	127.00	132.00	—	122.00	—	—	—	125.00	—
A∠	—	—	—	—	—	—	69.00	—	66.00	—	—	—	—	—
N∠	—	—	—	—	—	—	80.00	—	76.00	—	—	—	—	—
B∠	—	—	—	—	—	—	41.00	—	38.00	—	—	—	—	—

续表

马丁号	M68	M119	M114	M53	M113	M25	M56	M59	M76	M61	M21	M124	M10	M64
8：1	75.82	—	—	76.80	75.27	77.27	81.29	74.30	79.65	—	—	76.84	—	—
17：1	—	—	—	74.59	—	—	78.36	77.65	79.65	—	—	73.45	—	—
17：8	—	—	—	97.12	—	—	96.40	104.51	100.00	—	—	95.59	—	—
9：8	—	—	—	61.87	65.92	66.91	62.59	59.40	65.69	67.39	—	—	—	—
40：5	—	—	—	—	—	—	86.15	—	75.78	—	—	—	—	—
47：45	—	84.00	—	—	95.57	92.72	93.32	—	—	—	—	—	—	—
48：45	—	84.00	—	—	58.46	56.73	52.00	—	—	—	—	—	—	—
48：17	—	—	—	—	—	—	45.40	—	47.64	—	—	—	—	—
52：51L	—	—	—	—	78.15	84.40	78.92	—	79.12	—	—	—	86.60	—
52：51aL	—	—	—	—	81.98	82.36	85.58	—	78.92	—	—	—	86.60	—
54：55	—	—	54.15	—	55.71	—	56.24	—	57.47	—	—	—	55.92	—
63：62	—	—	89.01	86.97	89.56	85.32	91.86	—	—	—	83.05	—	—	—
61：60	—	—	121.07	106.30	—	142.06	133.29	—	—	—	—	—	108.79	—
16：7	—	—	—	88.86	—	—	70.96	78.23	83.28	—	78.97	91.14	—	—
65	121.47	—	116.30	120.00	104.16	121.84	101.15	—	115.98	114.41	—	—	122.75	118.64
66	117.24	—	98.63	102.25	84.06	100.40	93.80	—	95.55	98.55	97.61	—	98.40	98.45
67Ⅰ	50.44	—	47.28	47.11	46.20	47.88	46.78	—	49.74	50.53	50.84	—	47.61	46.02
67Ⅱ	63.00	—	60.00	58.00	60	63.00	56.00	—	65.00	64.00	62.00	—	62.00	58.00
68Ⅰ	78.72	—	86.48	71.39	74.68	73.69	100.00	—	76.65	76.20	73.16	—	69.98	77.51

续表

马丁号	M68	M119	M114	M53	M113	M25	M56	M59	M76	M61	M21	M124	M10	M64
68 II	110.00	—	104.00	100.00	92	103.00	73.32	—	104.00	100.00	—	—	105.00	108.00
69	35.53	—	32.84	24.82	31.8	30.10	—	—	31.38	29.36	32.07	—	29.39	27.82
MBH I L	34.91	—	35.87	26.84	29.25	28.16	—	—	28.34	26.55	33.42	—	26.02	28.58
MBH I R	35.59	—	32.83	25.19	29.79	28.73	—	—	31.10	27.61	29.10	—	28.91	28.31
MBH II L	34.91	—	35.87	26.63	30.89	28.90	—	—	30.17	29.76	35.68	—	29.80	28.58
MBH II R	35.59	—	32.83	25.31	32.65	30.14	—	—	30.48	28.88	34.17	—	28.91	28.31
MBT I L	14.97	—	13.15	12.50	12.46	11.94	14.45	—	12.37	13.87	13.45	—	12.94	9.38
MBT I R	15.00	—	13.46	12.18	12.93	12.87	—	—	12.68	14.20	14.38	—	12.24	10.22
MBT II L	14.97	—	13.15	12.38	13.07	11.76	—	—	11.23	13.95	12.00	—	11.65	9.38
MBT II R	15.00	—	13.46	11.93	13.30	13.03	—	—	12.29	13.33	13.39	—	12.24	10.22
70L	66.33	—	60.84	60.21	61.73	66.08	56.52	—	61.93	63.77	—	—	63.63	65.96
70R	67.10	—	60.55	57.74	63.92	65.31	54.30	—	61.96	60.57	63.64	—	64.37	62.60
71L	46.27	—	44.99	45.97	—	41.58	40.29	—	40.23	43.01	—	—	46.53	46.67
71R	42.59	—	45.00	43.83	36.93	42.44	40.41	—	40.19	44.07	44.18	—	48.00	45.40
71aL	36.46	—	36.35	33.34	—	33.54	33.15	—	32.99	35.63	32.31	—	33.93	33.38
71aR	34.76	—	35.55	34.03	30.64	33.20	32.43	—	32.92	36.48	33.21	—	35.04	33.24
79	124.00	—	125.00	122.00	122.00	121.00	124.00	—	122.00	117.00	123.00	—	122.00	121.00
68∶65	64.81	—	74.36	59.49	71.70	60.48	98.86	—	66.09	66.60	—	—	57.01	65.33
71∶70L	69.76	—	73.95	76.35	—	62.92	71.28	—	64.96	67.45	—	—	73.13	70.76

附表五　西南呈墓地男性种系纯度表

马丁号	例　数	最大值	最小值	平均值	极　差	标准差	标准误	变异系数
1	11	186.00	176.00	180.73	10.00	3.39	1.02	1.89
5	9	106.50	94.00	100.12	12.50	3.77	1.26	3.76
8	12	147.00	133.00	140.33	14.00	4.01	1.16	2.92
9	14	93.00	87.00	90.79	10.00	3.20	0.86	3.59
11	8	131.00	116.00	125.94	15.00	4.54	1.61	3.61
12	11	112.00	98.00	108.18	14.00	3.43	1.04	3.17
7	9	41.13	30.91	37.04	10.22	2.92	0.97	7.88
16	8	32.01	24.64	29.68	7.37	2.15	0.76	7.24
17	8	144.00	134.00	139.13	20.00	5.60	1.98	4.12
21	8	117.00	86.00	108.50	31.00	9.59	3.39	8.84
23	11	530.00	505.00	513.91	25.00	6.73	2.03	1.31
24	8	329.00	292.00	308.50	37.00	9.77	3.46	3.17
25	9	378.00	358.00	366.44	20.00	7.10	2.37	1.94
26	15	130.00	119.00	124.13	11.00	3.52	0.91	2.83
27	11	130.00	103.00	122.82	27.00	7.43	2.24	6.05
28	9	129.00	112.00	120.33	17.00	5.06	1.69	4.20
29	15	114.79	106.00	110.04	8.79	2.74	0.71	2.49
30	11	117.00	95.00	110.55	22.00	5.54	1.67	5.01
31	9	108.00	94.00	99.80	14.00	3.96	1.32	3.97
40	7	99.74	89.47	93.99	10.27	3.44	1.30	3.66
43	11	107.79	98.00	103.19	9.79	2.62	0.79	2.54
44	9	103.36	94.54	98.11	8.82	2.88	0.96	2.93
45	6	141.00	134.00	137.83	7.00	2.45	1.00	1.88
46	12	106.76	92.00	99.18	14.76	3.56	1.03	3.59
47	6	124.36	107.13	114.46	17.23	6.42	2.62	5.61
48pr	10	78.58	62.43	70.04	16.15	4.37	1.38	6.24
48sd	10	75.29	64.64	71.51	10.65	3.20	1.01	4.48
50	8	23.94	19.15	21.91	4.79	1.68	0.59	7.65

续表

马丁号	例　数	最大值	最小值	平均值	极　差	标准差	标准误	变异系数
51aL	8	42.91	37.36	38.64	5.55	1.69	0.60	4.38
51aR	9	43.28	36.27	39.57	7.01	2.34	0.78	5.91
51L	9	40.99	39.36	40.03	1.63	0.48	0.16	1.21
51R	10	46.41	38.50	42.34	4.67	1.25	0.39	3.12
52L	9	33.88	29.64	32.56	4.24	1.14	0.38	3.52
52R	10	37.76	29.59	33.83	8.17	1.98	0.63	5.85
MHL	10	54.03	40.86	45.80	13.17	3.32	1.05	7.25
MHR	10	54.41	42.54	46.43	11.87	3.44	1.09	7.41
MBL	12	35.83	20.91	26.46	14.92	3.72	1.07	14.06
MBR	11	33.32	21.46	26.17	11.86	3.52	1.06	13.45
54	9	29.45	26.19	27.65	3.26	1.07	0.36	3.87
55	8	57.28	50.28	53.61	7.00	2.21	0.78	4.11
60	12	58.08	47.45	52.96	10.63	3.23	0.93	6.09
61	11	69.25	60.47	64.88	8.78	2.48	0.75	3.82
62	12	52.29	42.62	45.67	9.67	3.11	0.90	6.81
63	12	48.10	38.58	41.95	9.52	2.90	0.84	6.90
FC	10	103.00	93.93	96.79	9.07	2.51	0.79	2.60
FS	10	15.00	6.00	11.52	9.00	2.49	0.79	21.60
DC	9	25.02	19.24	23.59	5.78	1.72	0.57	7.29
32 Ⅰ	8	88.00	71.00	81.25	17.00	5.58	1.97	6.87
32 Ⅱ	8	83.00	64.00	74.63	19.00	6.61	2.34	8.86
32 Ⅲ	8	54.00	44.00	48.88	10.00	2.93	1.04	6.00
72	8	90.00	79.00	86.38	11.00	3.28	1.16	3.79
73	8	91.00	82.00	88.38	9.00	2.91	1.03	3.30
74	8	91.00	73.00	81.75	18.00	6.12	2.16	7.48
75 Ⅰ	5	78.00	59.00	69.80	19.00	6.76	3.03	9.69
75 Ⅱ	5	20.00	11.00	16.60	9.00	3.50	1.56	21.08
77	9	150.00	139.00	143.22	11.00	3.08	1.03	2.15

续表

马丁号	例　数	最大值	最小值	平均值	极　差	标准差	标准误	变异系数
SSA	10	130.00	113.00	123.90	17.00	5.01	1.58	4.04
A∠	7	68.00	60.00	64.43	8.00	2.77	1.05	4.30
N∠	7	78.00	67.00	73.14	11.00	3.68	1.39	5.03
B∠	7	48.00	37.00	42.43	11.00	3.70	1.40	8.72
8∶1	11	83.52	72.68	76.76	10.85	2.89	0.87	3.77
17∶1	8	81.82	70.45	75.81	11.36	3.29	1.16	4.34
17∶8	8	105.26	84.35	98.53	20.91	6.51	2.30	6.60
9∶8	11	68.89	56.46	65.04	12.43	3.43	1.03	5.27
40∶5	7	96.81	91.23	93.89	5.58	1.98	0.75	2.11
47∶45	4	95.53	81.16	88.45	14.37	6.79	3.40	7.68
48∶45	6	58.36	48.97	55.26	9.39	3.54	1.44	6.40
48∶17	7	58.09	46.50	52.67	11.59	3.63	1.37	6.89
52∶51	9	84.26	75.30	81.33	8.95	2.67	0.89	3.28
52∶51a	8	90.56	75.34	84.33	15.22	4.67	1.65	5.53
54∶55	8	53.59	47.40	51.22	6.19	1.96	0.69	3.83
63∶62	12	103.80	82.71	92.02	21.09	5.76	1.66	6.26
61∶60	11	133.46	110.02	122.88	23.44	7.48	2.26	6.09
16∶7	8	87.03	73.64	80.00	13.39	3.55	1.25	4.43
65	10	131.83	112.66	121.36	19.17	6.36	2.01	5.24
66	10	120.39	89.40	101.70	30.99	7.93	2.51	7.80
67Ⅰ	11	55.86	44.34	49.12	11.52	2.98	0.90	6.06
67Ⅱ	11	69.00	58.00	62.09	11.00	3.87	1.17	6.24
68Ⅰ	10	85.47	73.17	79.02	12.30	4.26	1.35	5.39
68Ⅱ	11	116.00	95.00	106.91	21.00	6.11	1.84	5.72
69	13	34.97	23.93	29.71	11.04	3.39	0.94	11.42
MBHⅠL	13	32.61	24.19	28.44	8.42	2.20	0.61	7.72
MBHⅠR	13	33.05	26.07	29.23	6.98	2.04	0.57	6.97
MBHⅡL	12	33.35	25.12	29.50	8.23	2.44	0.70	8.28

续表

马丁号	例 数	最大值	最小值	平均值	极 差	标准差	标准误	变异系数
MBH Ⅱ R	13	34.03	25.69	30.05	8.34	2.40	0.66	7.97
MBT Ⅰ L	13	15.50	11.48	13.30	4.02	1.10	0.31	8.29
MBT Ⅰ R	13	16.28	11.15	13.40	5.13	1.52	0.42	11.32
MBT Ⅱ L	13	14.81	11.48	12.88	3.33	0.91	0.25	7.08
MBT Ⅱ R	13	16.60	11.28	13.15	5.32	1.58	0.44	12.00
70L	13	71.65	57.36	65.05	14.29	4.29	1.19	6.60
70R	12	74.93	58.67	64.99	16.26	4.22	1.22	6.49
71L	13	47.90	39.24	44.21	8.66	2.43	0.67	5.50
71R	12	49.02	38.93	45.30	10.09	2.87	0.83	6.33
71aL	13	40.26	30.82	34.97	9.44	3.11	0.86	8.90
71aR	12	41.42	31.11	35.83	10.31	3.13	0.90	8.75
79	13	126.00	112.00	118.38	14.00	4.09	1.13	3.45
68∶65	10	75.87	56.26	65.32	19.60	5.24	1.66	8.03
71∶70	13	78.84	58.19	68.28	20.66	6.12	1.70	8.96

附表六　西南呈墓地女性种系纯度表

马丁号	例 数	最大值	最小值	平均值	极 差	标准差	标准误	变异系数
1	8	182.00	171.00	177.50	11.00	4.03	1.43	2.27
5	5	100.00	90.00	94.90	10.00	3.64	1.63	3.83
8	10	139.00	131.00	136.40	8.00	2.46	0.78	1.80
9	10	93.00	79.00	88.03	14.00	3.84	1.21	4.36
11	3	130.00	112.00	119.51	18.00	7.65	4.41	6.40
12	9	111.00	94.00	102.40	17.00	4.18	1.39	4.08
7	7	37.94	34.04	35.83	3.90	1.36	0.51	3.79
16	7	32.59	25.76	29.08	6.83	2.47	0.93	8.48
17	6	139.00	130.00	134.50	9.00	2.99	1.22	2.22
21	3	118.00	110.00	114.33	8.00	3.30	1.91	2.89
23	7	510.00	493.00	501.00	17.00	6.32	2.39	1.26

续表

马丁号	例 数	最大值	最小值	平均值	极 差	标准差	标准误	变异系数
24	3	314.00	306.00	310.00	8.00	3.27	1.89	1.05
25	6	370.00	356.00	363.50	14.00	5.65	2.31	1.55
26	11	135.00	117.00	127.18	18.00	4.80	1.45	3.78
27	11	138.00	118.00	125.64	20.00	6.51	1.96	5.18
28	8	119.00	102.00	111.88	17.00	4.94	1.74	4.41
29	11	115.00	80.90	107.62	34.10	9.49	2.86	8.82
30	11	118.00	80.90	107.19	37.10	9.48	2.86	8.84
31	8	103.00	62.13	91.76	40.87	11.58	4.09	12.62
40	2	79.69	71.23	75.46	8.46	4.23	2.99	5.61
43	10	103.38	74.70	95.22	28.68	7.52	2.38	7.90
44	5	101.80	67.86	88.86	33.94	11.23	5.02	12.63
45	3	124.00	116.00	119.00	8.00	3.56	2.05	2.99
46	5	102.65	63.32	89.20	39.33	13.57	6.07	15.21
47	4	114.97	101.90	109.23	13.07	4.73	2.36	4.33
48pr	7	69.39	60.71	64.84	8.68	2.76	1.04	4.26
48sd	7	72.86	60.84	67.53	12.02	3.59	1.36	5.31
50	6	23.45	18.68	20.44	4.77	1.52	0.62	7.43
51aL	6	42.63	36.21	39.56	6.42	2.09	0.85	5.27
51aR	6	42.04	36.49	39.69	5.55	1.90	0.77	4.78
51L	5	41.60	38.51	40.11	3.09	1.20	0.54	2.99
51R	5	41.77	38.02	40.37	3.75	1.39	0.62	3.44
52L	7	35.67	30.99	33.29	4.68	1.65	0.63	4.97
52R	6	34.92	30.13	32.95	4.79	1.90	0.78	5.77
MHL	6	46.62	40.07	43.95	6.55	2.38	0.97	5.41
MHR	5	48.04	41.39	45.38	6.65	2.27	1.01	5.00
MBL	7	24.60	19.16	23.19	5.44	1.78	0.67	7.66
MBR	6	27.04	19.23	24.04	7.81	2.44	1.00	10.15
54	5	28.61	26.81	27.41	1.80	0.63	0.28	2.30

续表

马丁号	例 数	最大值	最小值	平均值	极 差	标准差	标准误	变异系数
55	6	52.83	46.42	48.62	6.41	2.01	0.82	4.13
60	6	54.73	43.25	50.30	11.48	4.15	1.69	8.24
61	6	66.26	55.15	60.69	11.11	4.60	1.88	7.59
62	6	51.89	39.57	46.81	12.32	4.12	1.68	8.80
63	6	44.27	35.21	39.27	9.06	3.31	1.35	8.42
FC	10	97.83	67.27	88.70	30.56	7.74	2.45	8.73
FS	10	15.00	9.00	12.48	6.00	1.75	0.55	14.05
DC	6	25.27	19.97	21.93	5.30	1.95	0.80	8.88
32Ⅰ	3	87.00	83.00	85.33	4.00	1.70	0.98	1.99
32Ⅱ	3	80.00	77.00	78.67	3.00	1.25	0.72	1.59
32Ⅲ	3	48.00	46.00	47.00	2.00	0.82	0.47	1.74
72	3	85.00	81.00	83.33	4.00	1.70	0.98	2.04
73	3	85.00	81.00	83.33	4.00	1.70	0.98	2.04
74	3	83.00	81.00	82.00	2.00	0.82	0.47	1.00
75Ⅰ	2	70.00	68.00	69.00	2.00	1.00	0.71	1.45
75Ⅱ	2	15.00	13.00	14.00	2.00	1.00	0.71	7.14
77	8	153.00	138.00	146.00	15.00	4.85	1.71	3.32
SSA	5	132.00	122.00	127.60	10.00	3.93	1.76	3.08
A∠	2	69.00	66.00	67.50	3.00	1.50	1.06	2.22
N∠	2	80.00	76.00	78.00	4.00	2.00	1.41	2.56
B∠	2	41.00	38.00	39.50	3.00	1.50	1.06	3.80
8∶1	8	81.29	74.30	77.16	6.98	2.15	0.76	2.79
17∶1	5	79.65	73.45	76.74	6.20	2.34	1.05	3.05
17∶8	5	104.51	95.59	98.72	8.92	3.25	1.45	3.29
9∶8	7	67.39	59.40	64.25	7.99	2.77	1.05	4.31
40∶5	2	86.15	75.78	80.96	10.37	5.19	3.67	6.41
47∶45	3	95.57	92.72	93.87	2.85	1.23	0.71	1.31
48∶45	3	58.46	52.00	55.73	6.46	2.73	1.58	4.90

续表

马丁号	例 数	最大值	最小值	平均值	极 差	标准差	标准误	变异系数
48∶17	2	47.64	45.40	46.52	2.23	1.12	0.79	2.40
52∶51	6	86.60	78.15	81.86	8.45	3.25	1.33	3.97
52∶51a	6	86.60	78.92	83.24	7.68	2.53	1.03	3.04
54∶55	5	57.47	54.15	55.90	3.31	1.06	0.48	1.90
63∶62	6	91.86	83.05	87.63	8.82	2.90	1.18	3.31
61∶60	5	142.06	106.30	122.30	35.75	13.79	6.17	11.28
16∶7	6	91.14	70.96	81.91	20.17	6.80	2.78	8.30
65	9	122.75	101.15	116.95	21.60	6.21	2.07	5.31
66	10	117.24	93.80	100.09	23.44	6.13	1.94	6.12
67Ⅰ	10	50.84	46.02	48.42	4.82	1.69	0.53	3.49
67Ⅱ	10	65.00	56.00	61.10	9.00	2.81	0.89	4.60
68Ⅰ	10	100.00	69.98	78.38	30.02	8.43	2.67	10.75
68Ⅱ	9	110.00	73.32	100.81	36.68	10.20	3.40	10.12
69	9	35.53	24.82	30.37	10.71	2.91	0.97	9.57
MBHⅠL	9	35.87	26.02	29.85	9.85	3.59	1.20	12.02
MBHⅠR	9	35.59	25.19	29.71	10.40	2.89	0.96	9.72
MBHⅡL	9	35.87	26.63	31.14	9.24	3.23	1.08	10.36
MBHⅡR	9	35.59	25.31	30.51	10.28	3.02	1.01	9.88
MBTⅠL	10	14.97	9.38	12.90	5.59	1.47	0.47	11.43
MBTⅠR	9	15.00	10.22	13.03	4.78	1.36	0.45	10.44
MBTⅡL	9	14.97	9.38	12.27	5.59	1.53	0.51	12.46
MBTⅡR	9	15.00	10.22	12.77	4.78	1.24	0.41	9.75
70L	9	66.33	56.52	62.81	9.81	3.08	1.03	4.91
70R	10	67.10	54.30	61.81	12.80	3.56	1.13	5.76
71L	9	46.67	40.23	43.95	6.44	2.55	0.85	5.79
71R	10	48.00	40.19	43.61	7.81	2.22	0.70	5.09
71aL	10	36.46	32.31	34.11	4.15	1.41	0.44	4.12
71aR	10	36.48	32.43	34.09	4.05	1.25	0.40	3.67

续表

马丁号	例 数	最大值	最小值	平均值	极 差	标准差	标准误	变异系数
79	11	125.00	117.00	122.09	8.00	2.02	0.61	1.65
68∶65	10	98.86	57.01	68.47	41.85	11.30	3.57	16.50
71∶70	9	76.35	62.92	70.06	13.43	4.08	1.36	5.83

附表七　西南呈墓地人群种系纯度表

马丁号	例 数	最大值	最小值	平均值	极 差	标准差	标准误	变异系数
1	19	186.00	171.00	178.74	15.00	3.93	0.90	2.20
5	14	106.50	90.00	98.25	16.50	4.65	1.24	4.74
8	22	147.00	131.00	136.95	16.00	3.51	0.75	2.56
9	24	93.00	79.00	88.68	14.00	3.60	0.74	4.06
11	11	131.00	112.00	124.18	19.00	6.56	1.98	5.29
12	20	112.00	94.00	105.58	18.00	4.88	1.09	4.62
7	16	41.13	30.91	36.51	10.22	2.52	0.63	6.90
16	15	32.59	24.64	29.40	7.95	2.40	0.62	8.17
17	14	144.00	124.00	135.33	20.00	4.89	1.31	3.62
21	11	118.00	86.00	110.09	32.00	9.18	2.77	8.34
23	18	530.00	493.00	508.89	37.00	9.37	2.21	1.84
24	11	329.00	292.00	308.91	37.00	8.95	2.70	2.90
25	15	378.00	356.00	365.27	22.00	6.95	1.80	1.90
26	26	135.00	117.00	125.42	18.00	4.46	0.88	3.56
27	22	138.00	103.00	124.23	35.00	7.30	1.56	5.87
28	17	129.00	102.00	116.35	27.00	6.74	1.64	5.80
29	26	115.00	80.90	109.02	34.10	6.76	1.33	6.20
30	22	118.00	80.90	108.87	37.10	8.13	1.73	7.47
31	17	108.00	62.13	96.02	45.87	9.64	2.34	10.04
40	9	99.74	71.23	89.87	28.51	9.03	3.01	10.05
43	21	107.79	74.70	99.39	33.09	6.98	1.52	7.02
44	14	103.36	67.86	94.81	35.50	8.68	2.32	9.16

续表

马丁号	例 数	最大值	最小值	平均值	极 差	标准差	标准误	变异系数
45	9	132.00	116.00	126.33	16.00	6.28	2.09	4.97
46	17	106.76	63.32	96.25	43.44	9.43	2.29	9.80
47	10	124.36	101.90	112.36	22.46	6.69	2.11	5.95
48pr	17	78.58	60.71	67.90	17.87	4.72	1.14	6.95
48sd	17	75.29	60.84	69.87	14.45	4.02	0.97	5.75
50	14	23.94	18.68	21.28	5.26	1.83	0.49	8.62
51aL	14	42.91	36.21	39.03	6.70	2.00	0.53	5.12
51aR	15	43.28	36.27	39.61	7.01	2.25	0.58	5.68
51L	14	41.60	38.51	40.06	3.09	0.85	0.23	2.11
51R	15	42.41	37.74	40.08	4.67	1.36	0.35	3.39
52L	16	35.67	29.64	32.88	6.03	1.48	0.37	4.52
52R	16	37.76	29.59	33.50	8.17	2.06	0.52	6.15
MHL	16	54.03	40.07	45.11	13.96	3.24	0.81	7.17
MHR	15	54.41	41.39	46.08	13.02	3.25	0.84	7.05
MBL	19	35.83	19.16	25.25	16.67	3.62	0.83	14.32
MBR	17	33.32	19.23	25.42	14.09	3.44	0.83	13.54
54	14	29.45	26.19	27.57	3.26	0.98	0.26	3.56
55	14	57.28	46.42	51.47	10.86	3.38	0.90	6.56
60	18	58.08	43.25	52.07	14.83	3.88	0.92	7.46
61	17	69.25	55.15	63.40	14.10	4.06	0.98	6.40
62	18	52.29	39.57	46.05	12.72	3.62	0.85	7.86
63	18	48.10	35.21	41.06	12.89	3.39	0.80	8.25
FC	20	103.00	67.27	92.75	35.73	7.22	1.61	7.78
FS	20	15.00	6.00	12.00	9.00	2.26	0.51	18.86
DC	15	25.27	19.24	22.93	6.03	2.06	0.53	8.98
32Ⅰ	11	88.00	71.00	82.36	17.00	5.43	1.64	6.59
32Ⅱ	11	83.00	64.00	75.73	19.00	6.25	1.88	8.25
32Ⅲ	11	54.00	44.00	48.36	10.00	2.80	0.85	5.79

续表

马丁号	例 数	最大值	最小值	平均值	极 差	标准差	标准误	变异系数
72	11	90.00	79.00	85.55	11.00	3.39	1.02	3.96
73	11	91.00	81.00	87.00	10.00	3.63	1.10	4.18
74	11	91.00	73.00	81.82	18.00	5.49	1.66	6.71
75 Ⅰ	7	78.00	59.00	69.57	19.00	6.21	2.35	8.93
75 Ⅱ	7	20.00	11.00	15.86	9.00	3.48	1.32	21.98
77	17	153.00	138.00	144.53	15.00	4.37	1.06	3.03
SSA	15	132.00	113.00	125.13	19.00	5.17	1.33	4.13
A∠	9	69.00	60.00	65.11	9.00	3.02	1.01	4.64
N∠	9	80.00	67.00	74.22	13.00	4.18	1.39	5.63
B∠	9	48.00	37.00	41.78	11.00	3.77	1.26	9.02
8∶1	19	83.52	72.68	76.92	10.85	2.68	0.62	3.49
17∶1	13	81.82	70.45	76.17	11.36	3.12	0.87	4.10
17∶8	13	105.26	84.35	98.60	20.91	5.71	1.58	5.79
9∶8	18	68.89	56.46	64.74	12.43	3.31	0.78	5.11
40∶5	9	96.81	75.78	91.02	21.03	6.53	2.18	7.18
47∶45	7	95.57	81.16	90.77	14.41	6.32	2.39	6.96
48∶45	9	58.46	48.97	55.42	9.49	3.50	1.17	6.31
48∶17	9	58.09	45.40	51.30	12.69	4.38	1.46	8.54
52∶51	15	86.60	75.30	81.55	11.30	3.03	0.78	3.72
52∶51a	14	90.56	75.34	83.86	15.22	4.08	1.09	4.87
54∶55	13	57.47	47.40	53.02	10.07	2.94	0.82	5.55
63∶62	18	103.80	82.71	90.56	21.09	5.56	1.31	6.14
61∶60	16	142.06	106.30	122.70	35.75	10.22	2.56	8.33
16∶7	14	91.14	70.96	80.82	20.17	5.48	1.46	6.78
65	19	131.83	101.15	119.27	30.68	6.85	1.57	5.74
66	20	120.39	89.40	100.90	30.99	7.32	1.64	7.25
67 Ⅰ	21	55.86	44.34	48.79	11.52	2.54	0.55	5.20
67 Ⅱ	21	69.00	56.00	61.62	13.00	3.53	0.77	5.73

续表

马丁号	例 数	最大值	最小值	平均值	极 差	标准差	标准误	变异系数
68 I	20	100.00	69.98	78.70	30.02	6.86	1.53	8.71
68 II	20	116.00	73.32	104.17	42.68	8.98	2.01	8.62
69	22	35.53	23.93	29.98	11.60	3.29	0.70	10.99
MBH I L	22	35.87	24.19	29.02	11.68	3.00	0.64	10.34
MBH I R	22	35.59	25.19	29.43	10.40	2.49	0.53	8.46
MBH II L	21	35.87	25.12	30.20	10.75	2.99	0.65	9.91
MBH II R	22	35.59	25.31	30.24	10.28	2.74	0.58	9.06
MBT I L	23	15.50	9.38	13.12	6.12	1.32	0.28	10.07
MBT I R	22	16.28	10.22	13.25	6.06	1.50	0.32	11.33
MBT II L	22	14.97	9.38	12.63	5.59	1.27	0.27	10.05
MBT II R	22	16.60	10.22	13.00	6.38	1.50	0.32	11.53
70L	22	71.65	56.52	64.13	15.13	4.09	0.87	6.38
70R	22	74.93	54.30	63.54	20.63	4.34	0.92	6.83
71L	22	47.90	39.24	44.10	8.66	2.54	0.54	5.76
71R	22	49.02	38.93	44.53	10.09	2.79	0.60	6.27
71aL	23	40.26	30.82	34.60	9.44	2.61	0.54	7.55
71aR	22	41.42	31.11	35.04	10.31	2.67	0.57	7.63
79	24	126.00	112.00	120.08	14.00	3.87	0.79	3.22
68∶65	20	98.86	56.26	66.89	42.60	9.18	2.05	13.73
71∶70	22	78.84	58.19	69.01	20.66	5.58	1.19	8.08

长子西南呈墓地出土铜器的初步科学分析

南普恒　罗武干*

西南呈墓地位于山西省长子县南漳镇西南呈村，2012～2016年山西省考古研究所、长治市文物旅游局与长子县文物旅游发展中心对其进行了考古发掘，清理遗迹现象110座，年代主要为西周中晚期。其中，M15、M18均带斜坡墓道，规模大、规格高，少见于晋东南地区。M15的殉车数量更是多达14辆，是迄今发现西周墓葬中墓道葬车数量最多者[1]，为研究西周中晚期墓道葬车和铜车马器形制、工艺特征提供了重要资料。

为进一步提取西南呈墓地出土铜器，尤其是铜车马器的材料工艺、矿料来源特征及所蕴含的科学信息，本文使用金相显微镜、X射线荧光能谱仪、电感耦合等离子发射光谱仪及电感耦合等离子体质谱仪等科学分析仪器对部分铜器样品的金相组织、合金成分、微量元素及铅同位素比值进行了科学分析，并结合对部分铜容器铸造工艺的考察，获取了出土铜器的合金材质、制作工艺及矿料来源等技术特征信息，以期为西周中晚期铜车马器的深入研究提供更多新的科学分析资料。

现将分析结果报告如下。

一、分析样品简况

本文对西南呈墓地出土铜器进行了有针对性的取样，共取样39件。所有样品均取自铜器残损之处或铸造范线，在满足科学分析的基本要求下，取样尽可能小，未对铜器外观产生影响。

西南呈墓地出土铜器中，有铜容器17件、铜鱼13件、铜车马器39件、铜镞5件。本次科学分析的39件铜器样品，共涉及出土铜器37件，占出土铜器的50%，包括铜容器5件、铜鱼1件、铜车马器31件、铜镞2件，年代均为西周晚期，具有一定的代表性（表一）。

---

* 南普恒，山西省考古研究院；罗武干，中国科学院大学考古学与人类学系。
[1] 山西省考古研究所：《山西长子县西南呈西周墓地发掘简报》，《考古》2016年第3期，第3～14页。

表一　西南呈墓地铜器取样样品简况表

序号	铜器类别	M15	M6	M16	M18	M20	M32	M34	M118
1	铜容器		1	1		1		1	1
2	铜鱼	1							
3	车马器	16			13		2		
4	铜镞	1					1		

二、金相组织鉴定

（一）分析方法

使用金相镶嵌机对所有待分析样品沿纵截面镶样，再使用金相砂纸按粒度从粗到细磨样，并对分析样品进行抛光处理。随后，使用3%的三氯化铁盐酸酒精溶液对分析样品进行浸蚀，并在日本OLYMPUS BX41M型金相显微镜下观察所有样品的金相组织，拍摄金相组织的显微特征照片。

同时，对部分样品使用扫描电镜进行电子显微形貌和微区成分分析。所用仪器为荷兰FEI-Quanta650扫描电镜（SEM）和OXFORD-X-MaxN50型能谱仪（EDS）。测试条件为无标样半定量分析，加速电压为20 kV，激发时间大于50 s。首先，将需进行扫描电镜分析的样品重新抛光，在未浸蚀状态下进行喷碳处理，然后将其置于扫描电镜样品仓进行无标样半定量成分分析和金相组织微区显微观察。为避免腐蚀、成分偏析等对科学分析结果的影响，在仪器低倍视场下选择多个较大分析面进行测试，并使用均一化处理后的平均值来代表样品合金成分。

（二）分析结果

1. M18铜车马器

金相组织鉴定结果显示，所分析的13件M18铜车马器的金相组织共有铸造组织和热锻组织两大类，可具体分为典型铸造组织、铸后受热组织、热锻组织及热锻镀锡组织四种类型。

现将其组织特征简述如下：

（1）典型铸造组织

具有典型铸造组织的铜车马器共2件，分别为铜车軏M18:42和铜车軎M18:52，均属三号车（图一、二）。

金相组织特征均为：α固溶体树枝晶，偏析明显；（α+δ）共析体数量较多，形态较粗大，呈岛屿状分布，局部互连成网；铅颗粒较少，多呈颗粒状弥散分布；少量蓝灰色铜硫化物夹杂，呈点状及不规则状分布于晶间或晶内。从金相组织特征来看，铜车軏M18:42和铜车軎M18:52均为典型的铅锡青铜铸造组织，铅含量较低。

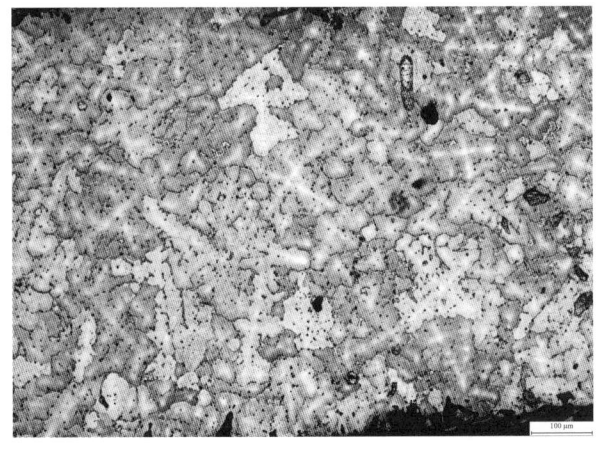

图一　铜车轭M18∶42金相组织

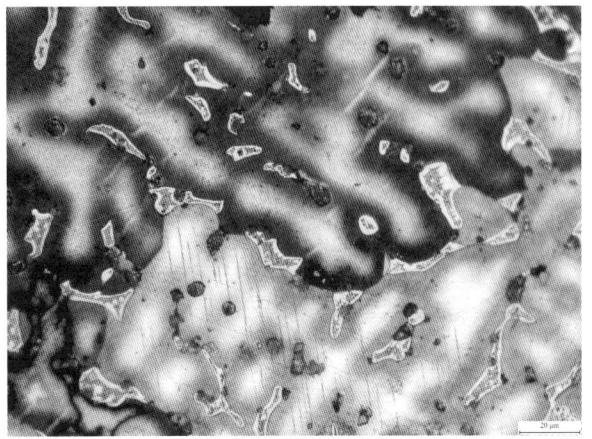

图二　铜车軎M18∶52金相组织

（2）铸后受热组织

具有铸后受热组织的铜车马器共9件，分别为铜车衡饰M18∶39、铜车辀头饰M18∶41、铜车轭M18∶43（2件样品）、铜笠毂M18∶44、铜笠毂M18∶45、铜軏套M18∶50、铜軏套M18∶51及铜笠毂M18∶60。其中，仅铜笠毂M18∶60属四号车，其余均属三号车。

金相组织特征多为：α固溶体，晶粒较大；铸造枝晶偏析消失或偏析不明显，局部晶粒粗大，显示出受热组织均匀化的特点，可能因使用或其他原因经火烧受热所致，且部分样品退火或受热程度较高，局部甚至为等轴晶。铜笠毂M18∶45等部分样品局部偶见（α+δ）共析体，数量较少，呈块状、岛屿状分布，局部可见α等轴晶，晶粒细小（图三）。铜笠毂M18∶60等部分样品一侧局部（α+δ）共析体数量较多，呈岛屿状分布（图四）。而铜笠毂M18∶44等部分样品则一侧为α等轴晶，局部可见孪晶，晶粒细小，另一侧则多为α固溶体，晶粒较大，局部可见（α+δ），数量较少，呈块状、岛屿状分布（图五、六）。铜车轭M18∶43等部分样品的金相组织甚至多为α等轴晶，局部可见孪晶，晶粒细小，（α+δ）共析体偶见，呈块状、岛屿状分布（图七、八）。不同的组织形态可能与受热程度大小和时间有一定关系。此外，金相组织中多见蓝灰色铜硫化物夹杂，呈点

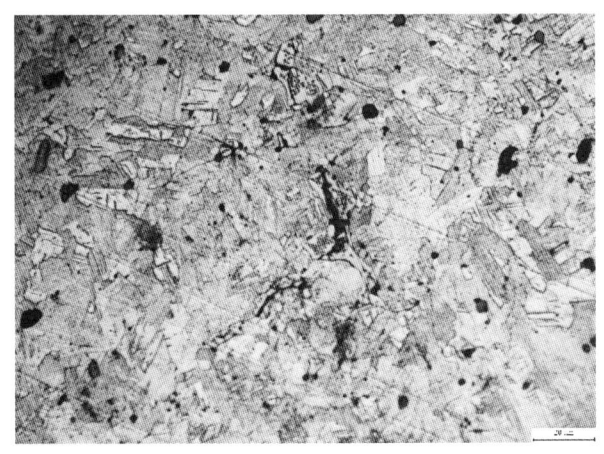

图三　铜笠毂M18∶45金相组织

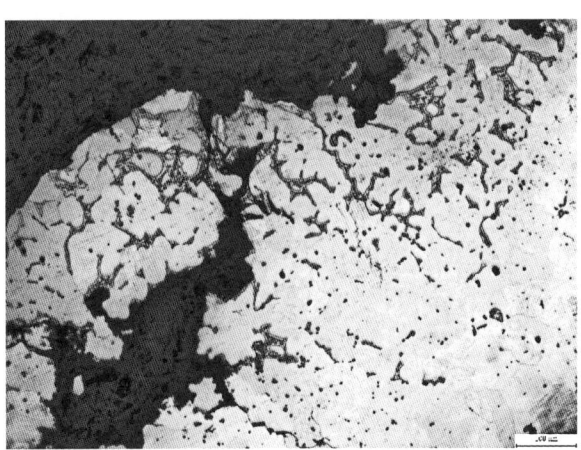

图四　铜笠毂M18∶60金相组织

状、颗粒状及不规则状分布于晶间或晶内（图九）。

从金相组织特征来看，除铜车衡饰M18∶39金相组织中可见较多呈颗粒状、块状及不规则状分布的铅颗粒（图一〇），为铅锡青铜铸造组织外，其余样品均未见到明显的铅颗粒，当为锡青铜铸造组织。

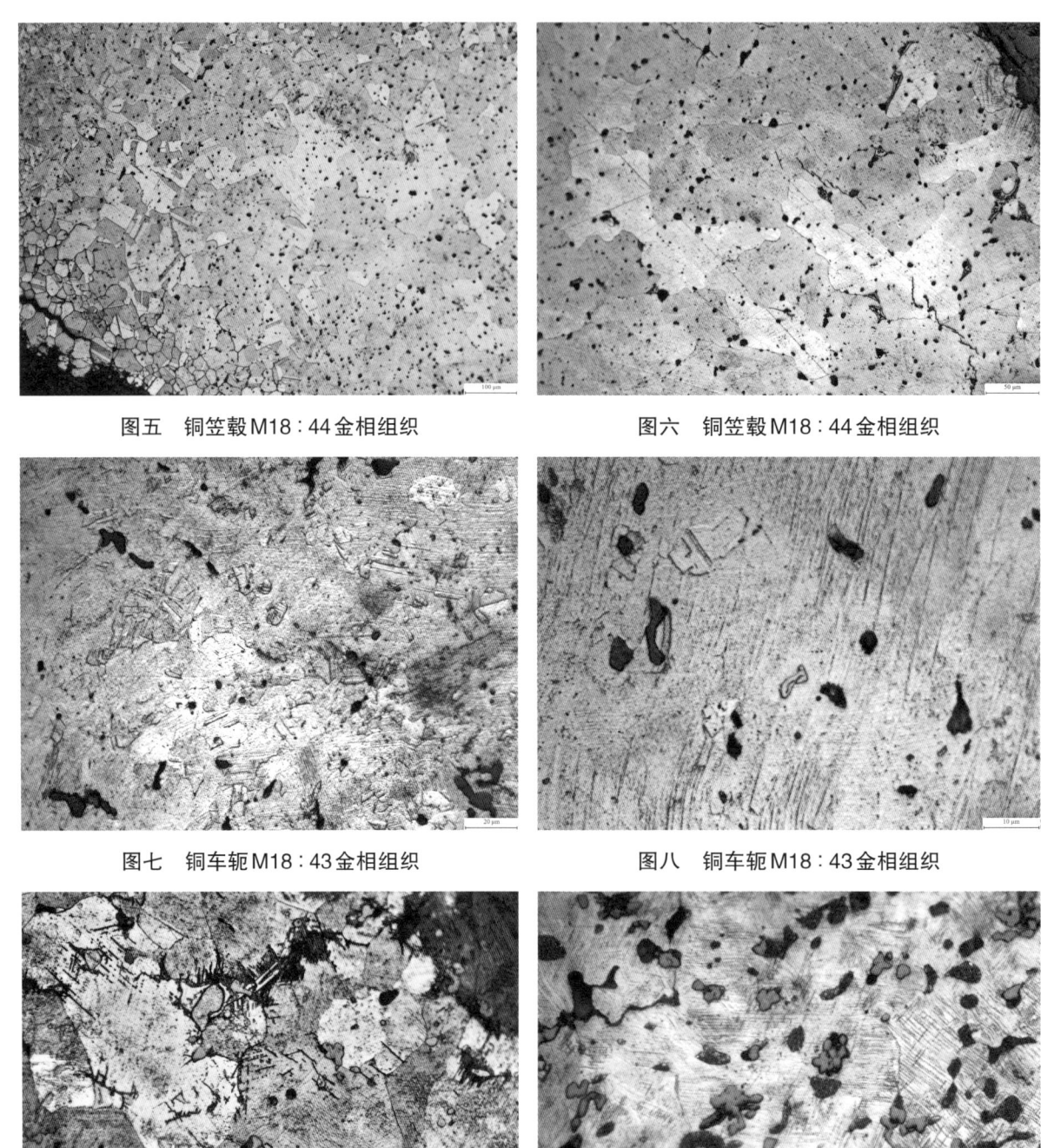

图五　铜笠毂M18∶44金相组织　　　　　图六　铜笠毂M18∶44金相组织

图七　铜车軎M18∶43金相组织　　　　　图八　铜车軎M18∶43金相组织

图九　铜车軎头饰M18∶41金相组织　　　图一〇　铜车衡饰M18∶39金相组织

（3）热锻组织

具有热锻组织的铜车马器仅有1件，为铜笠毂M18∶59，属四号车。其金相组织为α等轴晶及孪晶，晶粒细小（图一一、一二）。从金相组织特征来看，其应为锡青铜热锻组织。

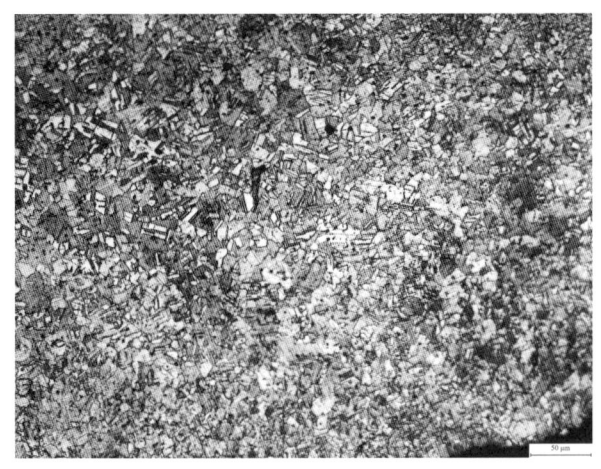

图一一　铜笠毂M18∶59金相组织

图一二　铜笠毂M18∶59金相组织

（4）热锻镀锡组织

具有热锻冷加工组织的铜车马器仅有1件，为铜车軏M18∶65，属五号车。其金相组织为：α等轴晶及孪晶，局部晶粒较大，弯曲部位晶粒较小（图一三），局部晶内可见滑移线。从金相组织特征来看，样品中未见较为明显的铅颗粒，应为锡青铜热锻组织。

然而，值得注意的是，此件样品表层局部可见较多的（α+δ）共析体（图一四），且与金属基体存在一定程度的分离缝隙，应为镀锡而成。

图一三　铜车軏M18∶65金相组织

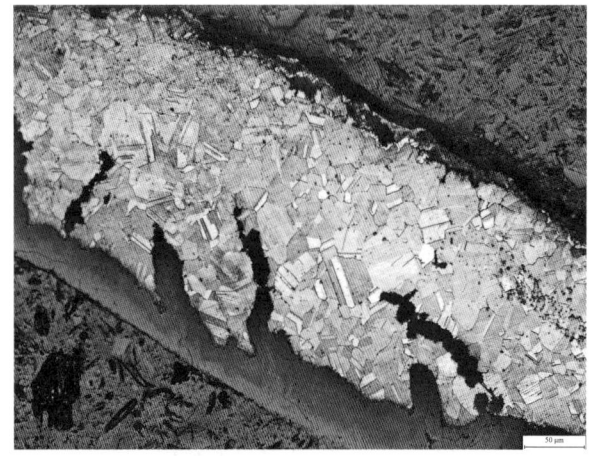

图一四　铜车軏M18∶65金相组织

2. M15铜车马器

金相组织鉴定结果显示，所分析16件M15铜车马器和1件箭镞的金相组织共有铸造组织和热锻组织两大类,可具体分为典型铸造组织、铸后受热组织、热锻组织及热锻镀锡组织四种类型。

现将其组织特征简述如下:

(1)典型铸造组织

具有典型铸造组织的铜车马器共有11件,分别为铜络饰M5:116、铜十字节约M5:120、铜车䡅M15:149、铜车䡅M15:150、铜车䡅M15:155、铜车䡅M15:160、铜车軏M15:161、铜车軏钉M15:169、铜车軏M15:176、铜车䡅M15:178及铜车䡅M15:171,分别属于三号车、五号车、六号车、八号车、十二号车及十四号车。另外箭镞M15:125也为典型的铸造组织。

其金相组织特征均为:α固溶体树枝晶,偏析明显;(α+δ)共析体数量较多,形态因锡含量不同可大体分为两种。一种形态较小,呈岛屿状分布(图一五、一六),锡含量略低。另一种形态较粗大,连接成网(图一七、一八),锡含量较高;铅则多呈小颗粒状弥散分布,少量未见明显的铅颗粒;少量蓝灰色铜硫化物夹杂呈点状、颗粒状及不规则状分布于晶间或晶内(图一九)。

此外,铜车軏钉M15:169金相组织中发现存在较多自由铜沉淀(图二〇)。从金相组织特征来看,M15铜车马器和箭镞多为铅含量较低的铅锡青铜铸造组织,部分可能为锡青铜铸造组织。

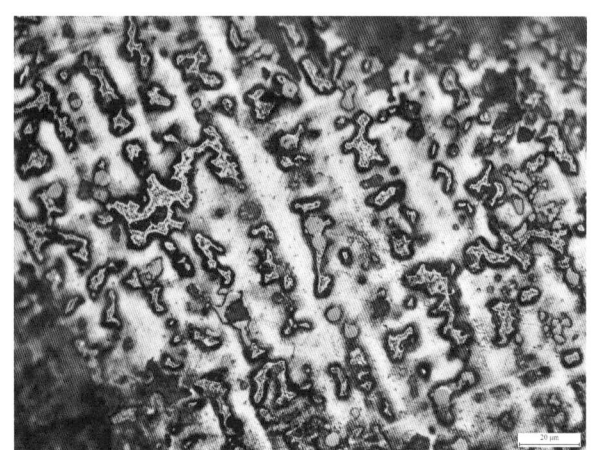

图一五　铜十字节约M15:120金相组织

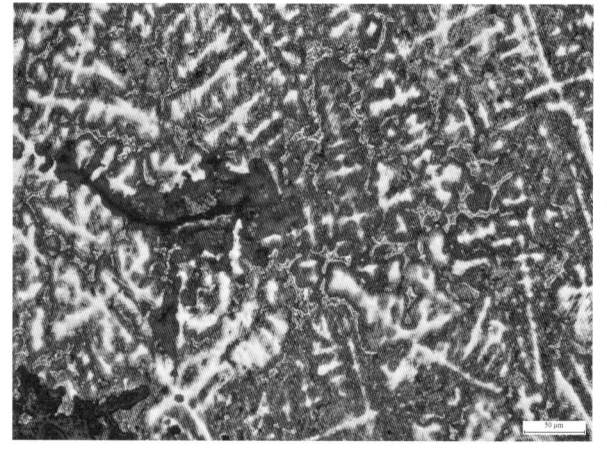

图一六　铜车軏M15:161金相组织

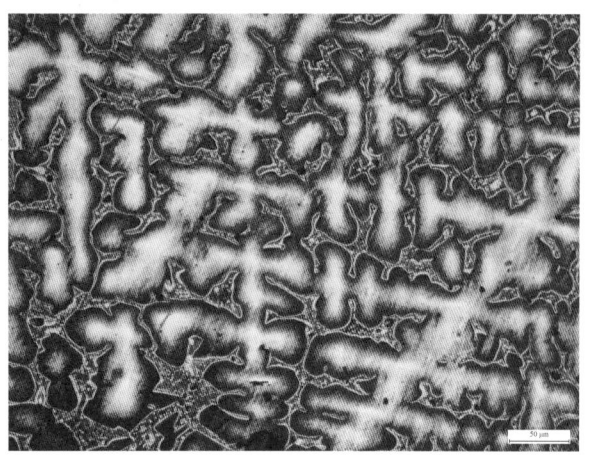

图一七　铜车䡅M15:163金相组织

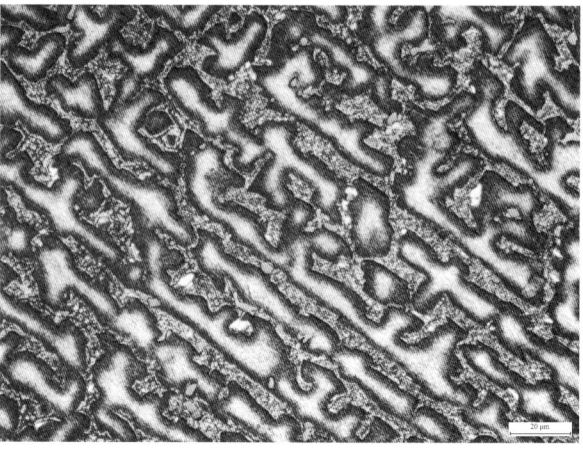

图一八　铜箭镞M15:125金相组织

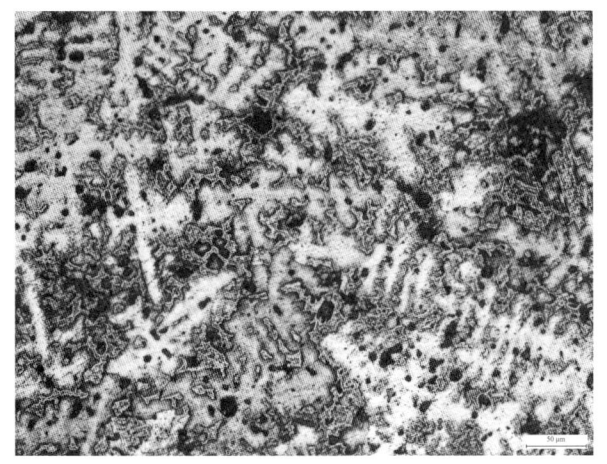
图一九　铜车軎M15∶178金相组织

图二〇　铜车軛铸钉M15∶169金相组织

（2）铸后受热组织

具有铸后受热组织的铜车马器共有2件，分别为铜车饰M15∶165和铜车軛M115∶177，其中铜车饰M15∶165属八号车，铜车軛M115∶177属十二号车。

金相组织略有差异。铜车饰M15∶165金相组织为α固溶体，晶粒较大，偏析不明显（图二一、二二），受热程度较大；铜车軛M115∶177金相组织为α固溶体树枝晶，偏析较明显，部分为α固溶体，偏析不明显。(α+δ)共析体数量较多，形态较小，边缘较圆钝（图二三、二四），受热程度略小。少量蓝灰色铜硫化物夹杂呈点状、颗粒状及不规则状分布于晶间或晶内（图二五、二六）。

从金相组织特征来看，铜车饰M15∶165和铜车軛M115∶177金相组织均未见到明显铅颗粒，可能均为锡青铜铸造组织。

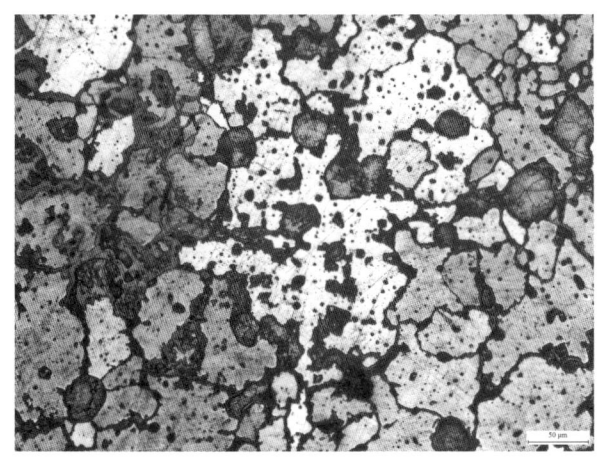
图二一　铜车饰M15∶165金相组织

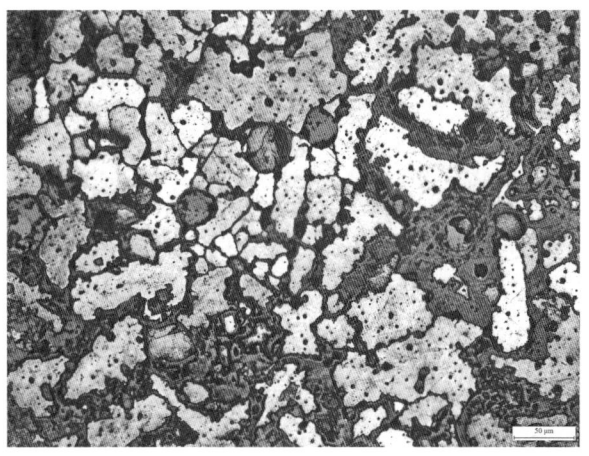
图二二　铜车饰M15∶165金相组织

图二三　铜车轭 M15∶177 金相组织

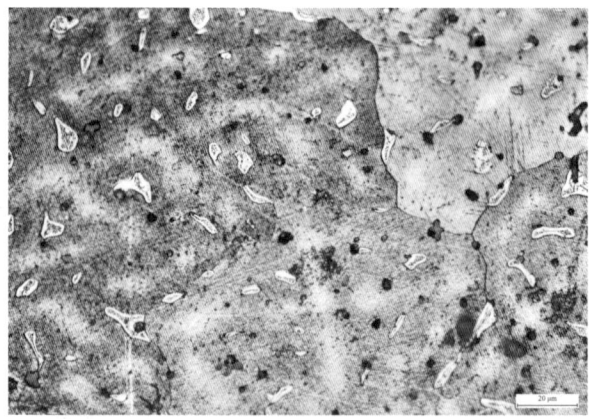
图二四　铜车轭 M15∶177 金相组织

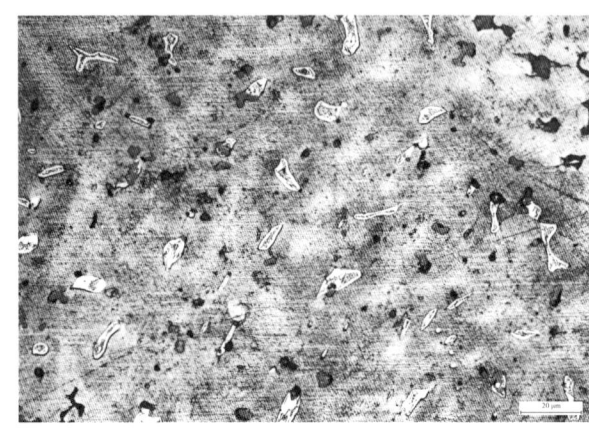
图二五　铜车轭 M15∶177 金相组织

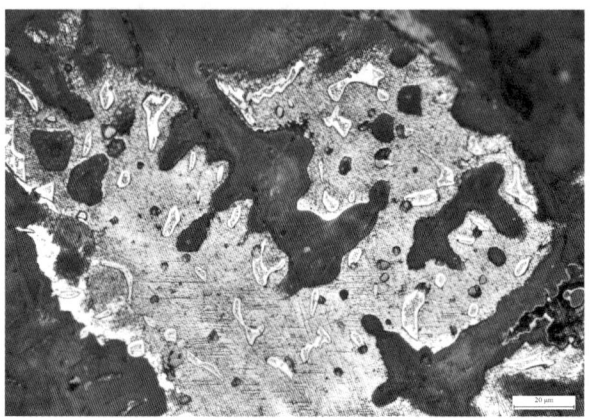
图二六　铜车轭 M15∶177 金相组织

（3）热锻组织

具有热锻组织的铜车马器仅有 2 件，分别为九号车铜车轭 M15∶167 和十号车铜车轭 M15∶170。两件铜车轭金相组织均为 α 等轴晶及孪晶，但晶粒细小略有不同（图二七至三〇）。从金相组织特征来看，其均为锡青铜热锻组织。

图二七　铜车轭 M15∶167 金相组织

图二八　铜车轭 M15∶167 金相组织

图二九　铜车軎 M15∶170 金相组织　　　　　图三○　铜车軎 M15∶170 金相组织

（4）热锻镀锡组织

具有热锻镀锡金相组织的铜车马器仅有 1 件，为铜车軎 M15∶169，属十号车。其金相组织为 α 等轴晶及孪晶（图三一），晶粒细小，且表面有一层（α+δ）共析体（图三二），似为镀锡而成。从金相组织特征来看，样品中未见较明显的铅颗粒，应为锡青铜热锻组织。

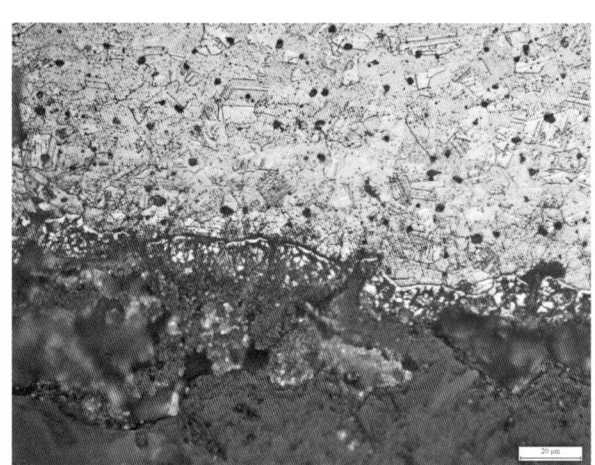 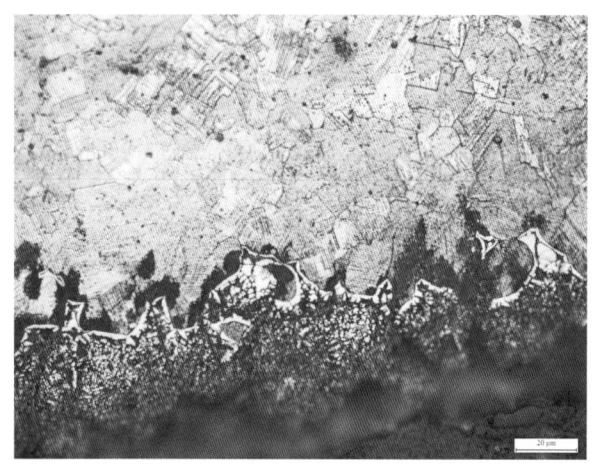

图三一　铜车軎 M15∶169 金相组织　　　　　图三二　铜车軎 M15∶169 金相组织

3. 其他墓葬铜器

除 M18 和 M15 的铜车马器外，还对 M6、M20、M34、M118 铜鼎和 M16 铜簋，以及 M32 铜镞、当卢及节约进行了金相组织鉴定。由于各墓葬铜器样品较少，故归于一类。金相组织鉴定结果显示，8 件铜器金相组织均为铸造组织，可具体分为典型铸造组织和铸后冷加工受热组织两种类型。

现将其组织特征简述如下：

（1）典型铸造组织

具有典型铸造组织的铜器共有 7 件，分别为 M16 铜簋、M20 铜鼎、M34 铜鼎、M118 铜鼎、M32

图三三　M16铜簋金相组织　　　　　　　图三四　M32铜镞金相组织

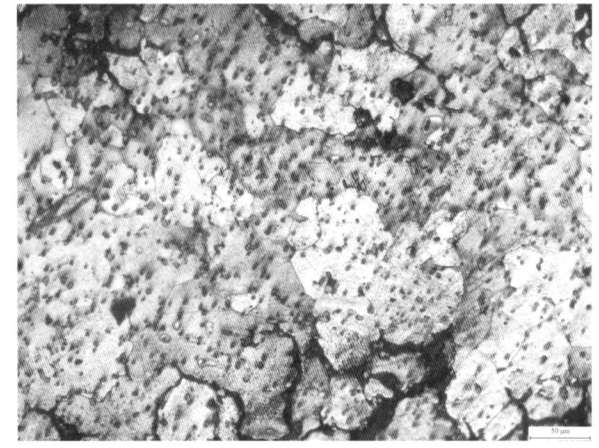 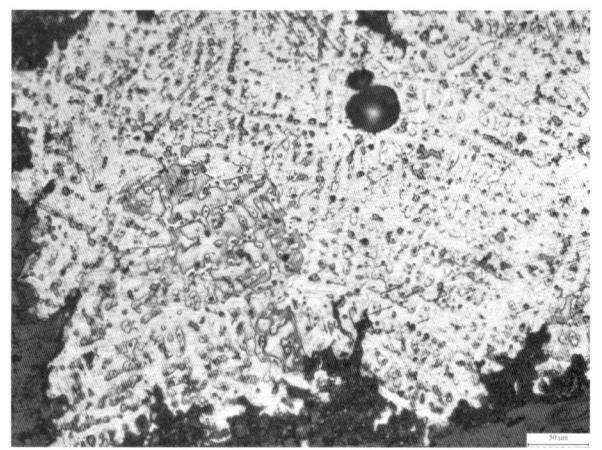

图三五　M34铜鼎金相组织　　　　　　　图三六　M20铜鼎金相组织

铜镞及铜节约M32：11和铜当卢M32：17，金相组织特征差异较大。其中，M16铜簋、M32铜镞及铜节约M32：11和铜当卢M32：17金相组织为α固溶体树枝晶，偏析明显，(α+δ)共析体数量较多，呈岛屿状分布，多数形态较粗大（图三三），仅M32铜镞较细小（图三四）；M20铜鼎、M34铜鼎及M118铜鼎金相组织为α固溶体（图三五）或α固溶体树枝晶（图三六），偏析明显，(α+δ)共析体数量较少。多数铜器铅颗粒较少，呈颗粒状弥散分布，仅铜节约M32：11和铜当卢M32：17组织中铅颗粒较多（图三七），呈小球状弥散分布。多数铜器都具有少量蓝灰色铜硫化物夹杂（图三八），呈点状及不规则状分布于晶间或晶内。从金相组织特征来看，铜鼎多为锡青铜或红铜铸造组织，铜镞为锡青铜铸造组织，M32铜节约、当卢均为铅锡青铜铸造组织。

（2）铸后冷加工受热组织

具有铸后冷加工受热组织的铜器仅有M6铜鼎1件，其金相组织为中央多为α固溶体，晶粒较大，偏析不明显，两侧晶粒小，局部可见等轴晶及孪晶（图三九至四一），局部可见滑移线。(α+δ)共析体数量偶见，形态较小，呈块状分布。铅颗粒较少，呈小颗粒状弥散分布。少量蓝灰色铜硫化物夹杂（图四二），呈点状、颗粒状及不规则状分布于晶间或晶内。从金相组织特征来

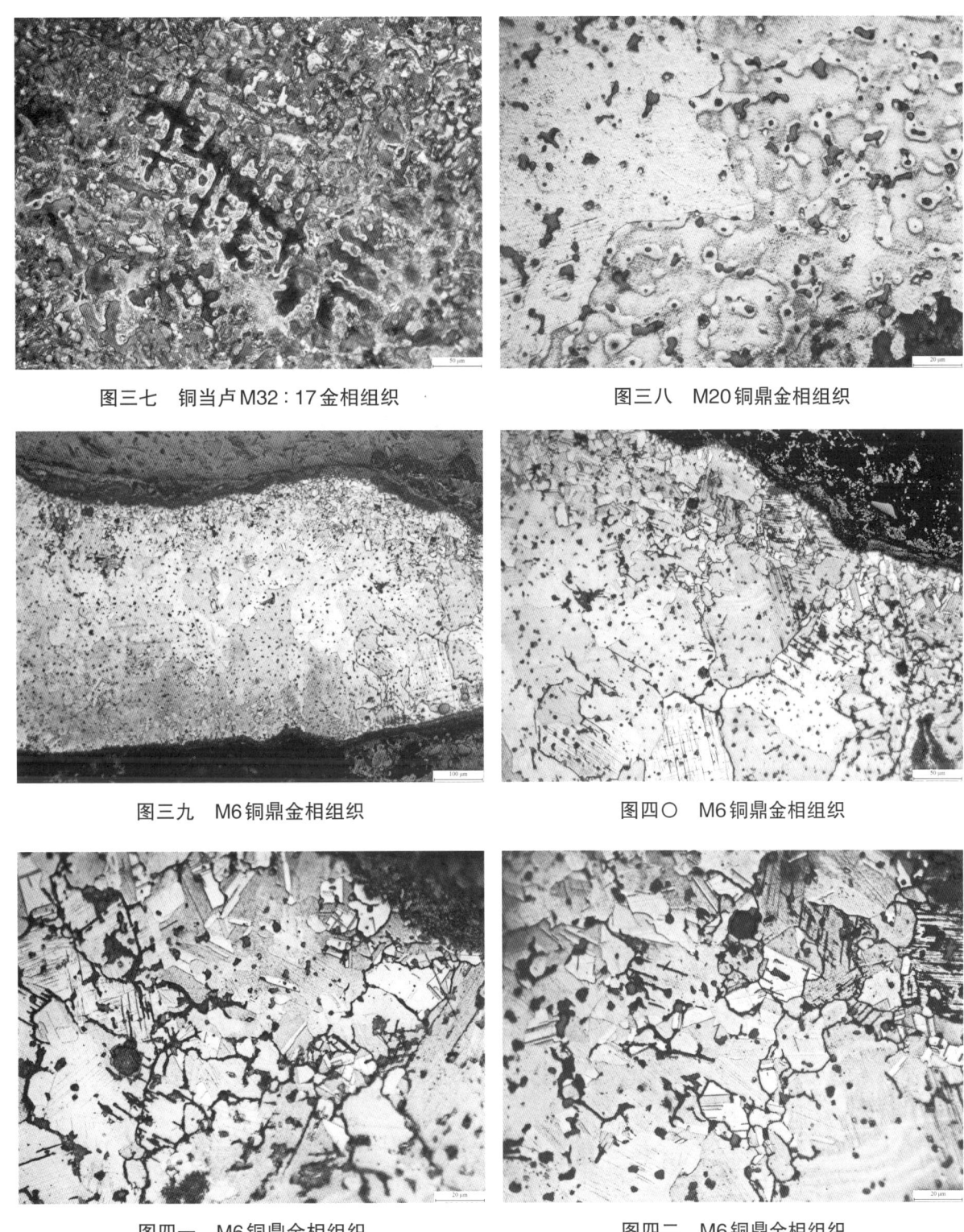

图三七　铜当卢M32:17金相组织

图三八　M20铜鼎金相组织

图三九　M6铜鼎金相组织

图四〇　M6铜鼎金相组织

图四一　M6铜鼎金相组织

图四二　M6铜鼎金相组织

看，M6铜鼎当为铅含量较低的铅锡青铜铸造组织，表面等轴晶及孪晶组织当为使用过程中戗磨后受热所致。

4. 镀锡青铜器

金相组织鉴定结果显示，铜车軎M18∶65、M15∶169表面均存在镀锡层，银白色高锡层与青铜器基体之间存在较为清晰的分界线，而且内外的锡含量差异极大，当属极为少见的镀锡青铜器。

为进一步揭示此类铜器的材质和工艺特征，使用扫描电镜对铜车軎M15∶169样品又进行了显微形貌和微区成分分析，分析结果如图四三至四八和表二所示。

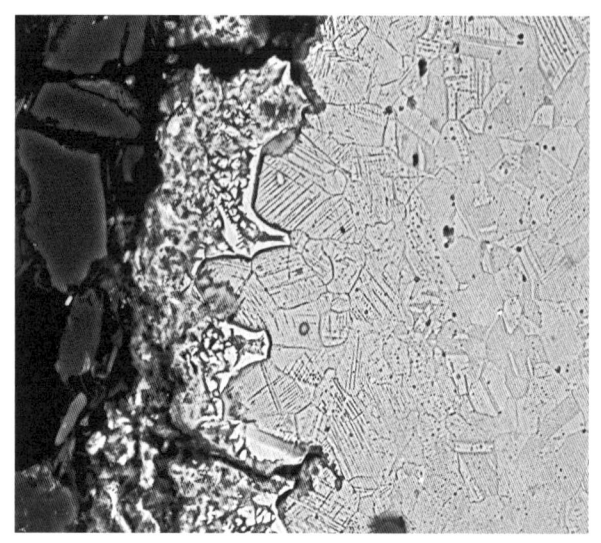

图四三　铜车軎M15∶169显微形貌

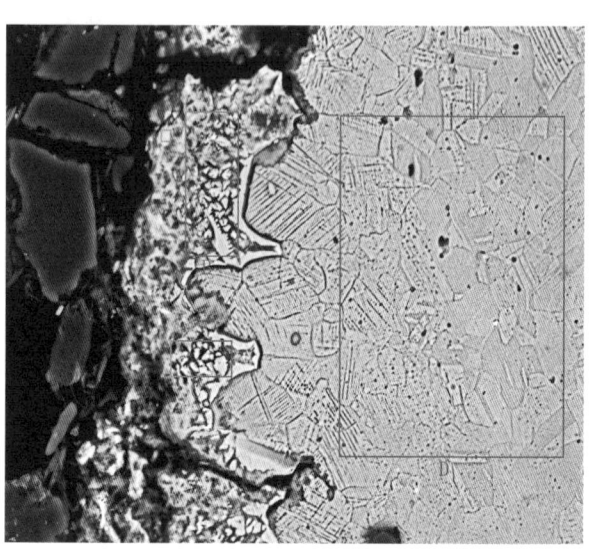

图四四　铜车軎M15∶169微区成分分析

表二　M15∶169铜车軎SEM-EDS微区成分分析结果

备注	Cu	Sn	Pb	Fe	S	总量
图四四-A	35.4	61.6		2.7	0.3	100
图四四-B	68.5	31.2		0.3	0.1	100
图四四-C	69.0	30.6		0.3	0.1	100
图四四-D	85.3	13.8	0.2	0.7	0.1	100

SEM-EDS分析结果显示，铜车軎M15∶169样品基体为等轴晶或孪晶组织，但表面附着一层$(\alpha+\delta)$相，且此部分锡含量为30%左右，也在$(\alpha+\delta)$共析体相的理论值范围之内，应为镀锡层。

（三）小结

金相组织鉴定结果显示，西南呈墓地M18和M15铜车马器多为铸造成型，仅少量铜笠毂、车軎为热锻成型，而M6、M16、M20、M34、M118铜鼎和M32铜箭镞和铜车马器节约、当卢则均为铸造成型。

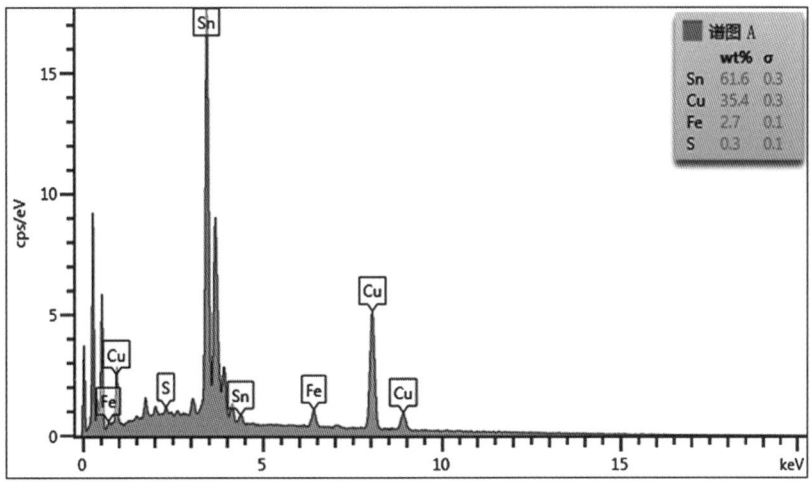

图四五　M15∶169铜车軎A微区成分分析谱图

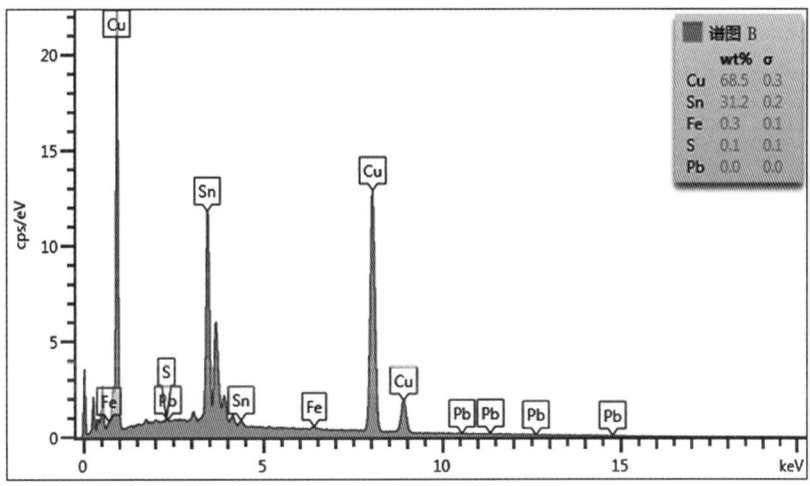

图四六　M15∶169铜车軎B微区成分分析谱图

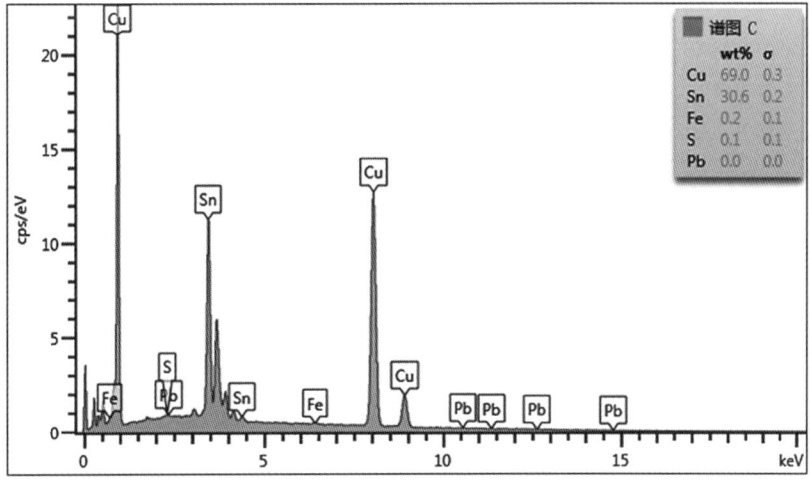

图四七　M15∶169铜车軎C微区成分分析谱图

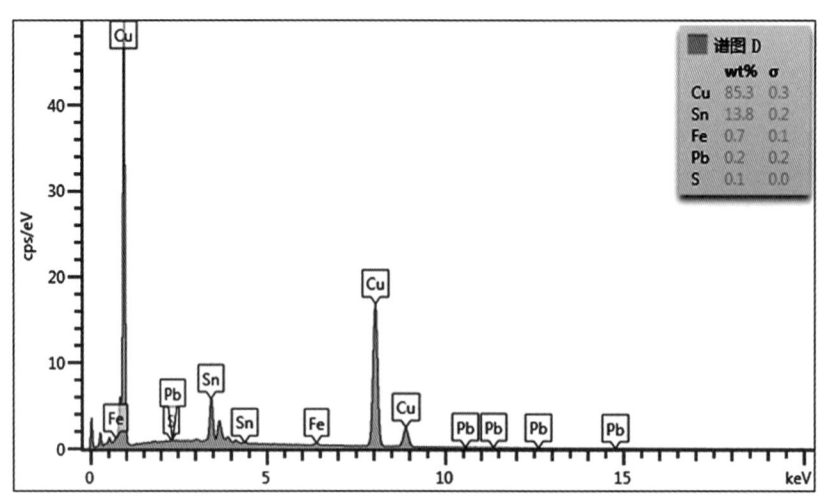

图四八　M15∶169铜车軎D微区成分分析谱图

另外,值得关注的是,M18中属于三号车的铜车马器多数经历过受热的过程,仅1件铜车軎和1件铜车軏为典型的铸造组织。锻制成型的铜车马器均为锡青铜组织,且分属四号车和五号车。而M15铜车马器中,铸造成型的铜车马器多数未经受加热,仅八号车的铜车饰M15∶165和十二号车的铜车軏M15∶177铸造成型后曾受热。M18和M15铜车马器金相组织的差异表明其可能有不同的来源。

三、合金成分分析

(一)分析方法

西南呈墓地出土铜器合金成分分析采用ED-XRF进行,所用仪器为美国EDAX Orbis Micro-EDXRF能量色散X射线荧光光谱仪。测试条件为:铑靶,激发电压40 kV,电流300～800 μA,CPS12000左右,有效时间100 s,死时间30%以内,测试光斑300 μm、1 mm及2 mm,无标样基本参数法。

首先,对经过金相组织鉴定的镶嵌样品重新抛光,随后在未浸蚀状态下使用ED-XRF对其进行无标样定量成分分析。考虑到出土铜器样品多数会存在腐蚀和成分偏析问题,在进行合金成分分析时,借助能谱仪彩色双CCD观察系统(10倍、100倍),避开锈蚀区域的同时,尽可能在低倍视场下选择2 mm或1 mm光斑尺寸作为分析面,并在样品截面选择3个不同部位分别测试,取平均值作为铜器合金成分分析结果。

(二)分析结果

使用ED-XRF共对39件铜器样品进行了合金成分分析,分析结果详见附表二。各墓葬出土铜器的合金成分分析结果简述如下:

1. M18铜车马器

M18中的13件铜车马器进行了合金成分分析,多数样品属于三号车,少量样品属于四号车或五号车,计有铜䡇毂4、铜车軏4、铜軏套2、铜车輨头饰1、铜车衡饰1及铜车軎1。

分析结果（表三）显示，此13件铜车马器中，10件为锡青铜材质，3件为铅锡青铜材质，合金材质以锡青铜为主。从合金比例来看，锡青铜材质铜车马器的锡含量为12.1%～17.5%，多集中于12%～15%，而铅锡青铜材质铜车马器的锡含量为11.8%～16.5%，多集中于16%，铅含量则为3.4%～7.5%，均低于8%。两种材质铜车马器的锡含量差异不大。

表三 长子西南呈墓地M18部分铜车马器ED-XRF合金成分分析结果

实验编号	器物编号	器物名称	位置	Cu	Sn	Pb	Fe	S	合金材质
XNC1	M18:44	铜笠毂	三号车	83.2	14.7	1.1	0.6	0.4	锡青铜
XNC2	M18:45	铜笠毂	三号车	82.6	15.1	1.0	1.0	0.4	锡青铜
XNC3	M18:43	铜车軏	三号车	86.2	12.3	0.4	0.6	0.5	锡青铜
XNC4	M18:42	铜车軏	三号车	78.9	16.5	3.4	0.8	0.5	铅锡青铜
XNC5	M18:43	铜车軏	三号车	85.8	12.1	0.4	1.2	0.5	锡青铜
XNC6	M18:50	铜轭套	三号车	85.4	13.0	0.6	0.5	0.5	锡青铜
XNC7	M18:39	铜车衡饰	三号车	79.3	11.8	7.5	0.3	1.1	铅锡青铜
XNC8	M18:52	铜车軎	三号车	79.4	16.2	4.0	0.2	0.2	铅锡青铜
XNC9	M18:41	铜车辀头饰	三号车	83.2	14.6	0.9	0.5	0.7	锡青铜
XNC10	M18:51	铜轭套	三号车	86.2	12.9	0.3	0.2	0.3	锡青铜
XNC11	M18:59	铜笠毂	四号车	86.4	12.6	0.3	0.3	0.3	锡青铜
XNC12	M18:60	铜笠毂	四号车	83.7	14.4	0.4	0.8	0.6	锡青铜
XNC21	M18:65	铜车軏	五号车	81.7	17.5	0.7	0.1	0.1	锡青铜

此外，结合金相组织鉴定结果，不难看出M18铜车马器的合金材质和加工工艺具有以下两个技术特点：

1）三号车中，锡青铜材质铜车马器铸造成型后均经受过不同程度的受热，而铅锡青铜材质铜车马器铸造成型后多数未受热。

2）锻制成型铜车马器的合金材质均为含锡12%～18%的锡青铜，且分别属四号车和五号车。

2. M15铜车马器

M15中，对14件铜车马器进行了合金成分分析，计有三号车1件、五号车1件、六号车1件、七号车1件、八号车2件、九号车1件、十号车4件、十二号车2件、十四号车1件，且多为铜车軎、车軏及车饰。同时，对M15出土的1件铜络饰、1件铜十字节约、1件铜镞及1件锡鱼样品也进行了合金成分分析。

分析结果显示（表四），16件铜车马器中，8件为铅锡青铜材质，8件为锡青铜材质。从合金比例来看，锡青铜材质铜车马器的锡含量为15.7%～18.2%，而铅锡青铜材质铜车马器的锡含量为10.2%～16.4%，多低于15%，铅含量则为2.0%～6.2%，均低于7%。相对而言，锡青铜材质铜车马器的锡含量略高于铅锡青铜材质铜车马器；另外，铜镞材质为含锡19.7%的锡青铜，锡含量高于铜车马器,而锡鱼材质则为含锡99.0%的纯锡金属。

表四　长子西南呈墓地M15部分铜器ED-XRF合金成分分析结果

实验编号	器物编号	器物名称	位置	Cu	Sn	Pb	Fe	S	合金材质
XNC22	M15:116	铜络饰		84.0	13.5	2.0	0.4	0.1	铅锡青铜
XNC23	M15:120	铜十字节约		81.0	12.5	5.4	0.4	0.7	铅锡青铜
XNC24	M15:125	铜箭镞	锋翼	78.1	19.7	0.7	0.7	0.8	锡青铜
XNC27	M15:149	铜车軎	3号车	79.8	17.2	1.7	1.1	0.1	锡青铜
XNC28	M15:150	铜车軎	5号车	82.0	16.3	0.9	0.7	0.1	锡青铜
XNC29	M15:155	铜车軎	6号车	80.5	16.1	2.6	0.5	0.3	铅锡青铜
XNC30	M15:163	铜车軎	8号车	80.9	18.2	0.5	0.1	0.4	锡青铜
XNC31	M15:165	铜车饰	8号车	79.6	15.0	4.6	0.1	0.7	铅锡青铜
XNC32	M15:161	铜车軏（小）	7号车	82.6	13.8	2.6	0.9	0.2	铅锡青铜
XNC33	M15:167	铜车軏锻	9号车	81.2	17.4	0.5	0.5	0.4	锡青铜
XNC34	M15:169	铜车軏锻	10号车	82.3	15.7	0.5	1.1	0.5	锡青铜
XNC35	M15:169	铜车軏铸钉	10号车	81.5	15.9	1.9	0.3	0.4	锡青铜
XNC36	M15:170	铜右车軏锻	10号车	82.4	16.4	0.6	0.2	0.4	锡青铜
XNC37	M15:176	铜车軏（小）	12号车	79.9	14.9	4.4	0.4	0.3	铅锡青铜
XNC38	M15:177	铜车軏（大）	12号车	82.1	15.9	0.8	0.5	0.6	锡青铜
XNC39	M15:178	铜右车軎	14号车	75.7	16.4	6.2	0.7	1.1	铅锡青铜
XNC40	M15:171	铜车軎	10号车	84.7	10.2	4.1	0.6	0.4	铅锡青铜
XNC25	M15:127	锡鱼		0.2	99.0	0.5	0.1	0.2	锡金属

此外,结合金相组织鉴定结果,可以看出M15铜车马器的合金材质和加工工艺具有以下两个技术特点:

1）铸造成型的铜车马器多数未经受热,仅个别铜车马器铸造成型后经过加热,锡青铜材质和铅锡青铜材质均各有1例。

2）锻制成型的铜车马器材质均为含锡15%～18%的锡青铜。

3. 其他墓葬铜器

使用ED-XRF分别对M6铜鼎、M16铜簋、M20铜鼎、M34铜鼎、M118铜鼎及M32铜镞、铜节约、铜当卢样品进行了合金成分分析。

分析结果（表五）显示:5件铜容器中,M6铜鼎为铅锡青铜材质,M16铜簋和M20铜鼎为锡青铜材质,而M34和M118铜鼎均为红铜材质。从合金比例来看,M6铜鼎含锡13.3%,含铅3%,其铅含量远低于M32的节约和当卢。M16铜簋含锡16.2%,而M20铜鼎锡含量却仅为2.5%。M34和

M118铜鼎铜含量均为95%以上,铅、锡含量均低于1.8%,属红铜材质,较为特殊;M32铜镞为含锡11.3%的锡青铜材质,而铜当卢和铜节约均为铅锡青铜材质,锡含量为12.7%～15.9%,铅含量为10.3%～16.6%,其锡含量与M18、M15铜车马器相当,但铅含量则略高于M18、M15铜车马器。

表五 长子西南呈墓地其他墓葬部分铜器ED-XRF合金成分分析结果

实验编号	器物编号	器物名称	Cu	Sn	Pb	Fe	S	合金材质
XNC13	M6	铜鼎	82.5	13.3	3.0	0.5	0.6	铅锡青铜
XNC14	M16	铜簠	80.8	16.2	1.6	0.8	0.6	锡青铜
XNC15	M20	铜鼎	94.4	2.5	1.6	0.3	1.2	锡青铜
XNC16	M34	铜鼎	95.5	1.8	1.6	0.3	0.8	红铜
XNC17	M32	铜箭镞	87.7	11.3	0.3	0.2	0.5	锡青铜
XNC18	M32:11	铜节约	76.3	12.7	10.3	0.2	0.5	铅锡青铜
XNC19	M32:17	铜当卢	66.8	15.9	16.6	0.2	0.5	铅锡青铜
XNC20	M118	铜鼎	95.5	1.6	1.0	0.7	1.2	红铜

此外,结合金相组织鉴定结果,可以看出M6铜鼎铸后曾经过冷加工和受热,其余铜鼎均为铸造成型。

(三)小结

合金成分分析结果表明,M18、M15铜车马器具有较为接近的合金成分,但差异也较为明显,整体而言共性特征大于个性特征。M18铜车马器多为含锡12%～18%的锡青铜或含锡11%～17%、含铅3%～8%的铅锡青铜,而M15铜车马器则多为含锡15%～18%的锡青铜或含锡10%～15%、含铅2%～7%的铅锡青铜,锡含量均高于10%,铅含量均低于8%,属高锡或高锡低铅的合金类型。但是相对而言,M15铜车马器的锡含量略高于M18铜车马器,略有差异。

从合金材质角度来看,两者差异也较为明显,M18铜车马器中,锡青铜材质占有绝对优势,而M15铜车马器中,锡青铜和铅锡青铜材质的比例相当;M32两件铜车马器均为铅锡青铜材质,含锡量12%～16%、含铅量10%～16%。相比M18、M15,锡含量接近,但铅含量则较高,差异也较为明显;五件铜鼎的含铅量均低于3%,但锡含量差异却较大。M6和M16铜鼎锡含量为13%～17%,而M20、M34及M118铜鼎锡含量则均低于3%。从合金材质角度来看,M6属铅锡青铜,M16和M20均属锡青铜,M34和M118则均属红铜材质,其合金材质类型较为多元。

整体而言,除个别铜器以外,西南呈墓地铜车马器多为含锡10%～18%、含铅8%以下的锡青铜或铅锡青铜,具有较为明显的高锡低铅特征。而不同墓葬所属铜器合金成分或材质的差异,表明其具有不同的生产背景或来源,也可能与铜器年代的细微差异有关。

此外,M18和M15铜车马器中,锻制成型的铜车軎、笠毂材质均为含锡12%～18%的锡青铜,且

M15中3件锻制成型铜车轭M15∶167、M15∶170及M15∶169的合金成分极为接近,应属同批次生产。

四、铸造工艺考察

(一)分析方法

本文使用肉眼观察的方法,详细观察和记录铜器表面的合范范线,以及不同部位的连接关系,并对部分铜鼎的分范方式、连接方式等范铸特征进行了判别分析。

(二)分析结果

1. 铜车马器

铜车马器铸造工艺较为简单,多为双合范或双合范和一泥芯组成。然而,值得关注的是,铜车轭M18∶65、M15∶167及M15∶170胎体轻薄,颇具韧性,多为两件搭接后以铜钉铆接(图四九至五四),冲孔清晰可见。随后,插入轭角之中,并以铜钉与木质轭身铆接。结合金相组织鉴定和合金成分分析结果,可知其均为锡青铜锻制而成,而铜钉则为铅锡青铜铸造而成。

图四九　铜车轭M18∶65正面

图五〇　铜车轭M18∶65背面

图五一　铜车轭M15∶167与轭角连接部位

图五二　铜车轭M15∶167残件

图五三　铜车軎M15∶170与軎角连接

图五四　铜车軎M15∶170连接部位

商周时期，铜车軎多见铸造而成，胎体也多较厚重，而锻制而成，且胎体较轻薄者较为少见，其源流和分布值得进一步深入探讨。

2. 铜容器

对M6、M11、M20、M34、M90及M118铜鼎等6件铜容器进行了铸造工艺考察，其范铸特征和铸型结构简述如下：

（1）M6铜鼎

无盖铜鼎，沿耳，腹部有一周斜角云纹。器足截面呈U形，内侧开口，可见泥芯（图五五），外侧中央均可见一条竖直范线贯通器腹直至沿底（图五六）。耳孔内大外小（图五七），铸型当由腹部泥芯自带。器底有三条范线，呈略内弧三角形（图五八），局部略宽厚，当为浇冒口所在。其中，每两足之间的横向范线与相邻器足内侧范线相接。器底三角形范线内部可见三角形加强筋。

根据器表范铸特征，可知此件铜鼎为浑铸成型。器身三分外范，铸型由3块腹范、1块底范及1块腹芯组成。器足铸型在腹范和底范中。器耳铸型在腹芯中。浇冒口在器底。

图五五　M6铜鼎器底三角形范线

图五六　M6铜鼎器足、器腹竖直范线

图五七　M6铜鼎器耳耳孔外小内大

图五八　M6铜鼎器底三角形范线

（2）M11铜鼎

无盖铜鼎，沿耳，腹部有一道凸弦纹。器足内侧较平，外侧中央均可见一条竖直范线贯通器腹直至沿底（图五九、六〇）；耳孔内大外小（图六一），铸型当由腹部泥芯自带。器底有三条范线，呈外弧三角形（图六二），局部略宽厚，当为浇冒口所在。其中，每两足之间的横向范线，与相邻器足内侧范线相接。器底三角形范线内部可见内弧三角形加强筋。

根据器表范铸特征，可知此件铜鼎为浑铸成型。器身三分外范，铸型由3块腹范、1块底范及1块腹芯组成。器足铸型在腹范和底范中。器耳铸型在腹芯中。浇冒口在器底。

（3）M20铜鼎

无盖铜鼎，沿耳，光素。器足截面呈U形，内侧开口（图六三），可见泥芯，外侧中央均可见一条竖直范线贯通器腹直至沿底（图六四）。器耳外侧较平，与沿唇位于同一平面，内侧斜向耳孔方向内收（图六五），铸型当由腹部泥芯自带。器底有三条范线，呈略弧三角形（图六六），局部略宽

图五九　M11铜鼎器腹、器足竖直范线

图六〇　M11铜鼎器足、器腹及沿底沿线

图六一　M11铜鼎耳孔外小内大

图六二　M11铜鼎器底三角形范线

图六三　M20铜鼎截面呈U形的器足

图六四　M20铜鼎器腹与器足范线

图六五　M20铜鼎器耳耳孔外小内大

图六六　M20铜鼎器底三角形范线

厚，当为浇冒口所在。其中，每两足之间的横向范线，均与相邻器足内侧范线相接。

　　根据器表范铸特征，可知此件铜鼎为浑铸成型。器身三分外范，铸型由3块腹范、1块底范及1块腹芯组成。器足铸型在腹范和底范中。器耳铸型在腹芯中。浇冒口在器底。

(4) M34 铜鼎

无盖铜鼎,沿耳,光素。器足截面呈U形,内侧开口,可见泥芯,外侧中央均可见一条竖直范线贯通器腹直至沿底(图六七)。器耳不详,待核实。器底有三条范线,呈略外弧三角形(图六八),局部略宽厚,当为浇冒口所在。其中,每两足之间的横向范线,均与相邻器足内侧范线相接。

图六七　M34铜鼎器腹与器足范线

图六八　M34铜鼎器底范线

根据器表范铸特征,可知此件铜鼎为浑铸成型。器身三分外范,铸型由3块腹范、1块底范及1块腹芯组成。器足铸型在腹范和底范中。器耳铸型在腹芯中。浇冒口在器底。

(5) M90 铜鼎

无盖铜鼎,沿耳,腹部有一道凸弦纹。器足外侧中央均可见一条竖直范线贯通器腹直至沿底(图六九),内侧有两条竖直范线,与器底两足之间的横向范线相接(图七〇)。耳孔内大外小,铸型当由腹部泥芯自带。器底有三条范线,呈外弧三角形(图七一),局部略宽厚,当为浇冒口所在。器底三角形范线内部可见Y字形加强筋(图七二)。

图六九　M90铜鼎器足范线

图七〇　M90铜鼎器腹、沿底范线

图七一　M90铜鼎器底范线

图七二　M90铜鼎器底Y字形加强筋

根据器表范铸特征，可知此件铜鼎为浑铸成型。器身三分外范，铸型由3块腹范、1块底范及1块腹芯组成。器足铸型在腹范和底范中。器耳铸型在腹芯中。浇冒口在器底。

（6）M118铜鼎

无盖铜鼎，沿耳，光素。器足截面呈U形，内侧开口，可见泥芯，外侧中央均可见一条竖直范线（图七三），贯通器腹直至沿底。器耳外侧较平，与沿唇位于同一平面，内侧斜向耳孔方向内收（图七四），铸型当由腹部泥芯自带。器底有三条范线，呈略弧三角形，局部略宽厚，当为浇冒口所在。其中，每两足之间的横向范线均与相邻器足内侧范线相接。

根据器表范铸特征，可知此件铜鼎为浑铸成型。器身三分外范，铸型由3块腹范、1块底范及1块腹芯组成。器足铸型在腹范和底范中。器耳铸型在腹芯中。浇冒口在器底。

图七三　M118铜鼎器腹、器底范线

图七四　M118铜鼎器耳耳孔外小内大

（三）小结

铸造工艺考察结果显示，M18、M15铜车軎有两种制作方法，一种为铸造成型，另一种为热锻成型，热锻成型者应包裹木器使用。另外，铜鼎的铸造特征较为一致，腹范三分，底范三角形，均为浑铸而成,但其形制差异较大,且部分外底可见三角形加强筋,表明其年代和来源应有所不同。

五、微量元素分析

(一)分析方法

微量元素分析在北京大学考古文博学院科技考古实验室完成,所用仪器为美国LEEMAN LABS公司生产的Prodigy SPEC型ICP-AES。

检测之前,首先使用锉刀、砂纸等对样品进行严格的去锈处理,直至露出金属基体,使用超声波清洗机清洗,并在清洗之后使用电子天平进行称重和记录。随后,加入一定体积的无机酸,加热使铜器样品完全溶解,转移定容至100 ml容量瓶中,摇匀。最后,使用ICP-AES测试青铜器样品的微量元素。

实验条件为:RF功率1.1 kW,氩气流量20 L/min,雾化器压力30 psig,蠕动泵速率1.2 ml/min,积分时间30 sec/time。此外,ICP-AES检测时所用标准溶液由钢铁研究总院研制的单一国家标准溶液配制而成。

(二)分析结果

共对21件铜器样品进行了微量元素分析,其中M18铜车马器样品7件,M15铜车马器样品7件和锡鱼样品1件,M6、M20、M118铜鼎和M16铜簋样品各1件,M32铜当卢和节约样品各1件,分析数据如表六所示。

表六 长子西南呈墓地部分铜器微量元素分析结果

实验编号	器物编号	器物名称	微量元素 μg/g									
			As	Sb	Ag	Ni	Co	Bi	Se	Te	Au	Fe
XNC1	M18:44	铜筶毂	1 661	1 005	1 557	302	157	1 520	93	443	21	4 928
XNC3	M18:43	铜车軎	1 199	556	2 076	391	97	1 296	92	359	35	5 614
XNC4	M18:42	铜车軎	3 166	1 291	1 537	354	55	844	0	256	31	6 708
XNC6	M18:50	铜軏套	965	467	1 514	289	73	746	115	265	26	3 935
XNC8	M18:52	铜车軎	2 956	3 252	1 585	282	51	809	0	303	25	1 725
XNC11	M18:59	铜筶毂	475	674	220	294	162	549	112	367	0	2 781
XNC21	M18:65	铜车軎	1 392	504	3 179	347	26	745	232	344	84	1 167
XNC13	M6	铜鼎	600	509	913	132	78	804	91	252	21	4 273
XNC14	M16	铜铜簋	629	541	1 887	244	129	2 143	267	406	43	7 273
XNC15	M20	铜鼎	743	418	2 184	336	68	1 638	165	387	45	2 295
XNC18	M32:11	铜节约	56 416	735	446	162	11	1 076	192	284	3	1 550

续表

实验编号	器物编号	器物名称	微量元素 μg/g									
			As	Sb	Ag	Ni	Co	Bi	Se	Te	Au	Fe
XNC19	M32:17	铜当卢	363	998	26	571	464	489	87	313	0	18 244
XNC20	M118	铜鼎	2 253	206	826	253	143	881	112	434	29	8 861
XNC25	M15:127	锡鱼	86	6 216	6	8	0	126	185	0	0	692
XNC30	M15:163	铜车䡇	50	900	1 055	23	1	569	181	77	2	951
XNC33	M15:167	铜车軏	54	1 198	340	22	17	327	155	212	0	4 812
XNC35	M15:169	铜车軏	118	1 317	1 660	14	6	768	16	245	4	1 734
XNC36	M15:170	铜车軏	53	1 154	330	24	17	300	54	247	0	3 951
XNC37	M15:176	铜车軏	485	1 798	2 511	19	7	659	132	251	8	3 210
XNC38	M15:177	铜车軏	112	990	1 841	33	8	857	127	256	29	4 420
XNC39	M15:178	铜车䡇	148	2 228	1 255	21	8	673	108	195	0	6 225

ICP-AES分析结果显示，西南呈墓地M18铜车马器的微量元素含量与M15铜车马器的微量元素含量差异较大。其中，M18铜车马器的As元素含量为475～3 166 μg/g、Sb元素含量为467～3 252 μg/g、Ag元素含量为220～3 179 μg/g、Ni元素含量为282～391 μg/g、Co元素含量为26～162 μg/g、Bi元素含量为549～1 520 μg/g、Se元素含量为0～232 μg/g、Te元素含量为265～443 μg/g、Au元素含量为0～84 μg/g，而M15铜车马器的As元素含量为50～485 μg/g、Sb元素含量为900～2 228 μg/g、Ag元素含量为330～2 511 μg/g、Ni元素含量为14～33 μg/g、Co元素含量为1～17 μg/g、Bi元素含量为300～768 μg/g、Se元素含量为16～181 μg/g、Te元素含量为77～256 μg/g、Au元素含量为0～29 μg/g。

相对而言，M18铜车马器具有较高的As、Ni、Co及Au含量，而M15铜车马器的As、Sb、Ni及Au含量则相对较低。两座墓葬铜车马器的微量元素差异较为显著（图七五至七七），表明其生产所用铜料应具有不同的来源。

另外，M16、M20、M6、M118铜鼎和M32铜节约和当卢的微量元素含量与M18铜车马器微量元素含量较为接近，而与M15铜车马器微量元素含量差异较大。M15锡鱼具有极高的Sb元素和较高的Se元素，As、Ag、Ni、Co、Bi、Te及Au元素含量均较低，具有高Sb的微量元素特征。

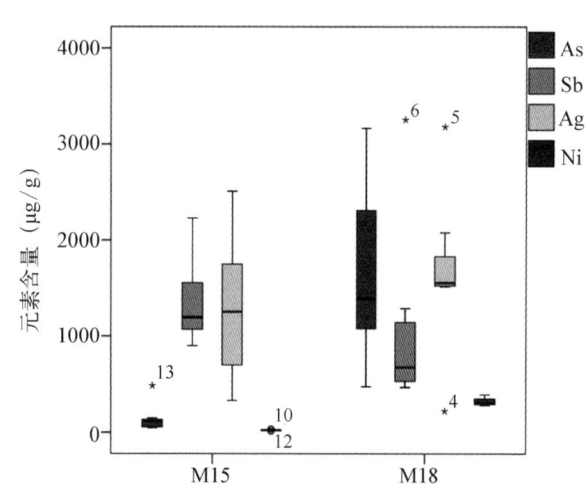

图七五　西南呈墓地M15、M18部分铜器微量元素含量箱式图（As、Sb、Ag、Ni）

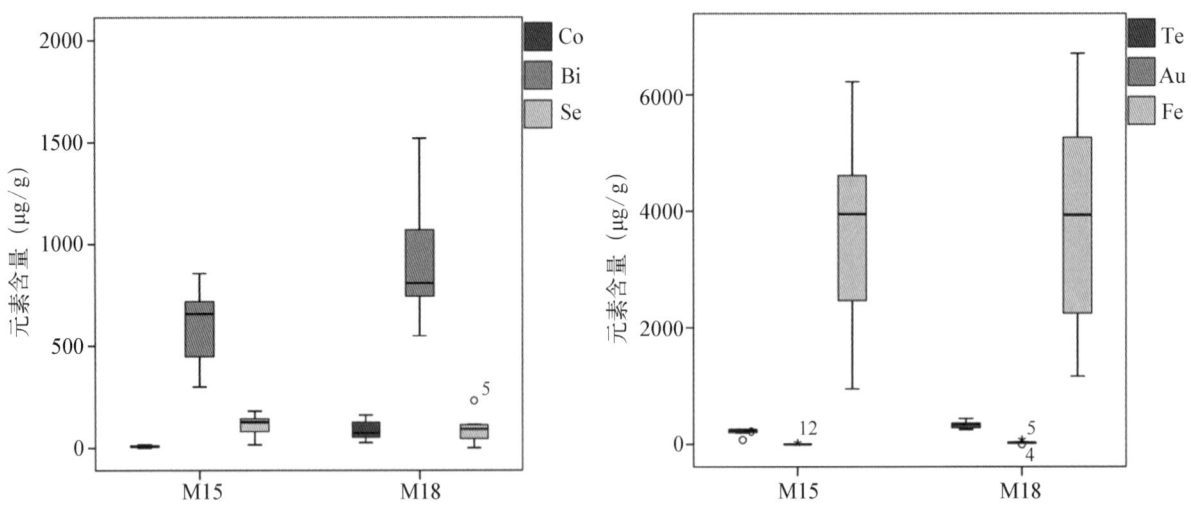

图七六　西南呈墓地M15、M18部分铜器微量元素含量箱式图（Co、Bi、Se）

图七七　西南呈墓地M15、M18微量元素含量箱式图（Te、Au、Fe）

从微量元素含量来看，各墓葬出土铜器之间似乎无明显差异，但各分析样品的微量元素折线图（图七八至八一）却显示，部分样品与其他样品略有差异，表明其铜器生产所用铜料可能与其他铜器有一定的差异。

为进一步分析此批铜器所用铜料的相关性，选择对铜料来源具有指征意义的As、Sb、Ag、Ni、Co、Bi、Se、Te及Au九种示踪元素作为变量，使用社会科学统计软件SPSS对其进行了因子分析。

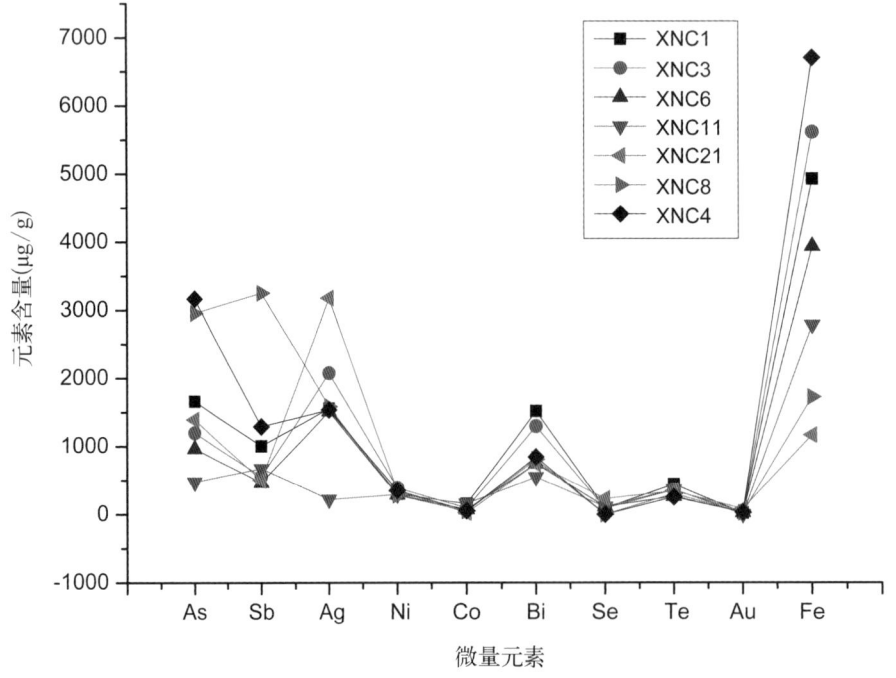

图七八　西南呈墓地M18铜车马器微量元素含量折线图

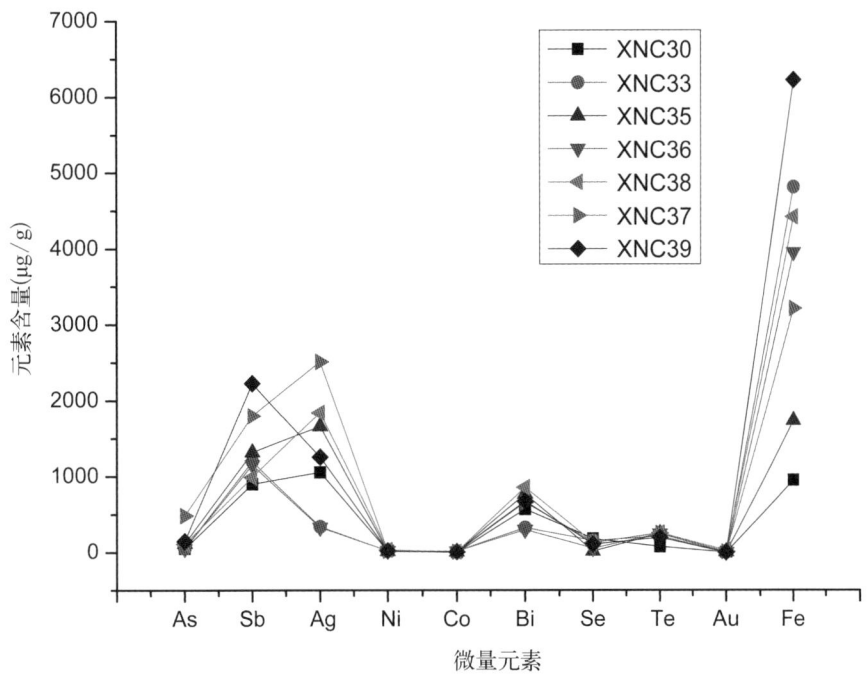

图七九　西南呈墓地M15铜车马器微量元素含量折线图

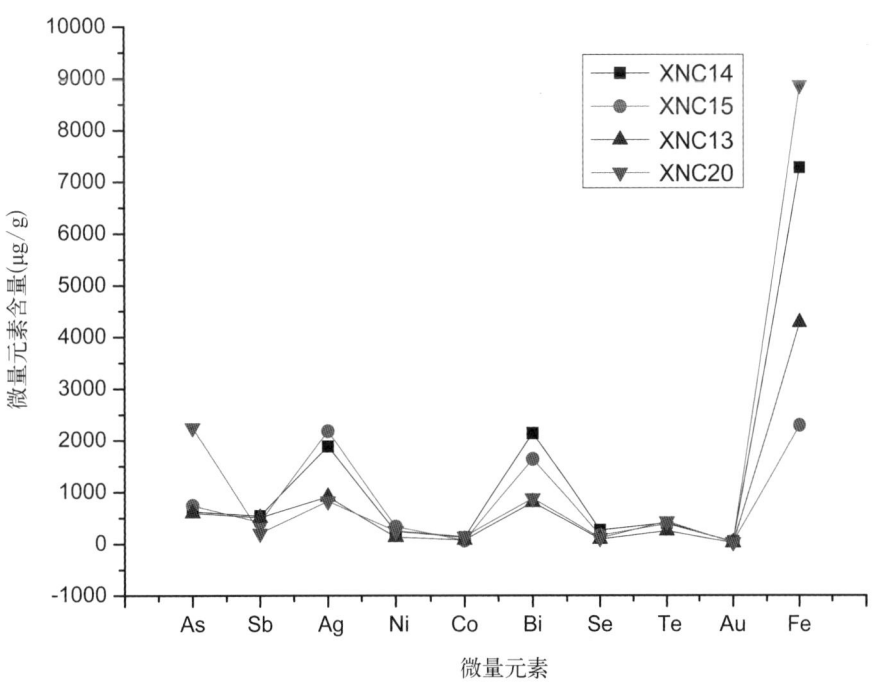

图八〇　西南呈墓地M6铜鼎等铜容器微量元素含量折

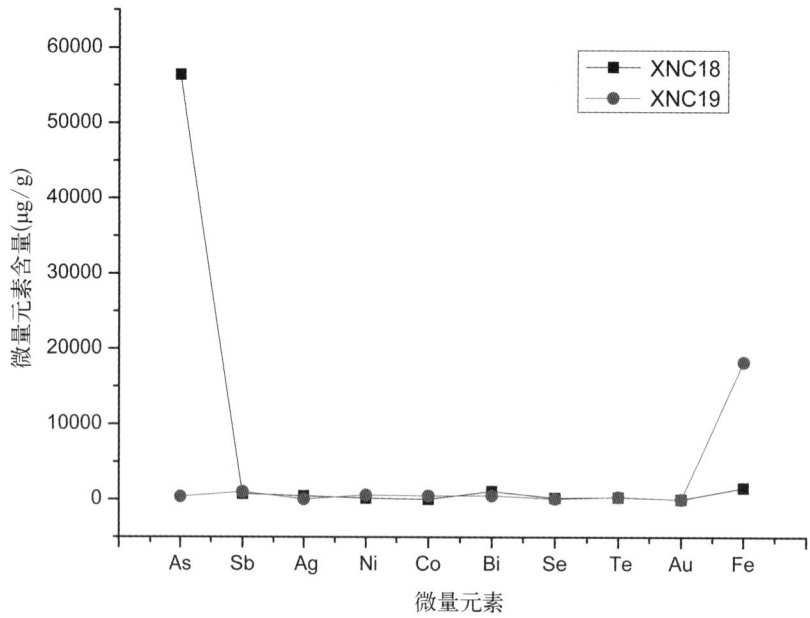

图八一　西南呈墓地M32铜车马器微量元素含量折线图

因子分析（图八二）显示，此批铜器微量元素数据较为分散，尤其是M18和M15铜器分别聚集于不同区域，表明其铜料来源可能较为多样，其余铜器则更接近M18铜器的分布区域。

因此，为清晰显示M18和M15铜器的微量元素差异，去除M6、M20、M16等铜容器及M32车马器的微量元素数据，选择As、Sb、Ag、Ni、Co、Bi、Se、Te及Au九种示踪元素作为变量，使用SPSS软

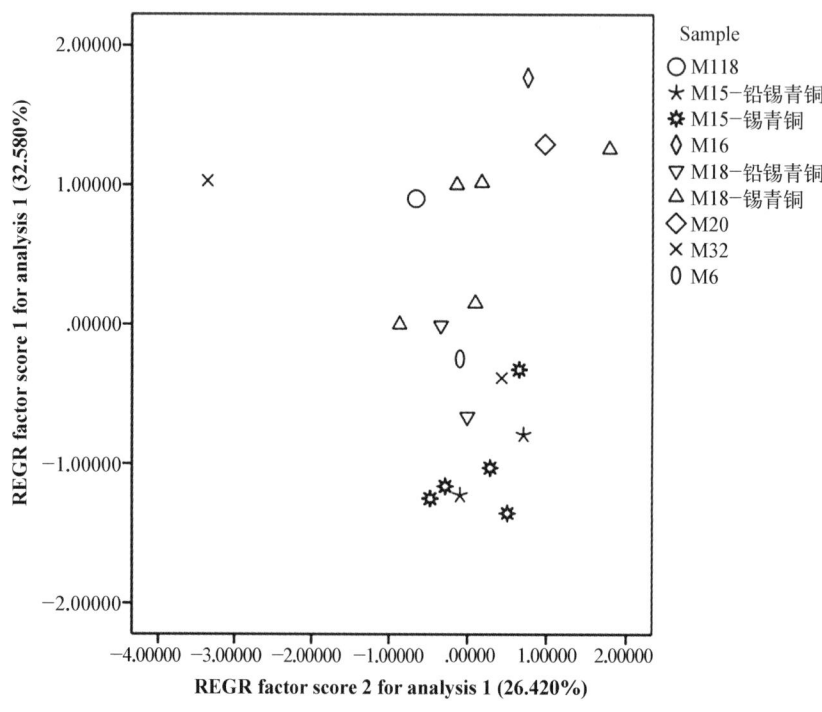

图八二　西南呈墓地部分青铜器因子分析散点图

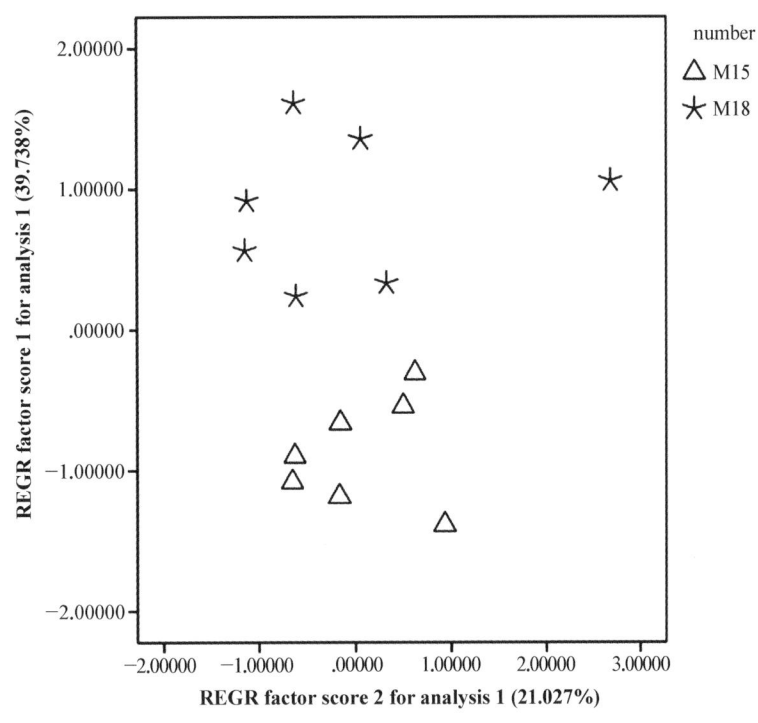

图八三　西南呈墓地M15、M18青铜器因子分析散点图

件对其他7件样品再次进行了因子分析。因子分析(图八三)显示,M18和M15铜器的微量元素数据分别分布于不同的区域,并且各区域均相对集中,与之前的分析结果基本吻合。

另外,牛津大学考古与艺术史实验室通过一系列的实验和研究,根据As、Sb含量会随回收重熔等高温过程的不断进行逐渐下降,而Ag、Ni含量则会不变或上升的原理,提出选择以0.1%为标准,根据As、Sb、Ag、Ni四种微量元素的有无将铜器分为16个分组,并基于微量元素的分组类别及比重来探究微量元素特征如何随地域、时代、器物类型及考古背景的迁移而变化,进而追溯金属原料的流通及成品的流向等[1-2]。由于此方法是一种定性分析,且0.1%的定性标准也已超过ICP-AES、ICP-MS、NAA等常用微量元素分析仪器的检出限和仪器误差,也就为不同数据之间的比较分析提供了可能。

本文利用微量元素分组的方法,对西南呈墓地M18、M15、M32车马器及M6、M16、M20、M118铜容器进行了微量元素分组研究(表七)。其中,M18铜车马器数据7例,M15铜车马器数据7例,M32铜车马器数据2例,M6、M16等铜容器数据4例。虽然,各墓葬铜器微量元素数据均较少,但仍可大致反映出各时期铜器的微量元素分组特征及变化趋势。

---

[1] 黎海超:《试论盘龙城遗址的区域特征》,《南方文物》2016年第1期,第89~93页;马克·波拉德、彼得·布睿、彼得·荷马等:《牛津研究体系在中国古代青铜器研究中的应用》,《考古》2017年第1期,第95~106页。

[2] P. Bray and A.M. Pollard, A New Interpretative Approach to the Technology, *Antiquity*, Vol.86. 2012. pp.853-867. A.M. Pollard, P. Bray, C. Gosden, Is There Something Missing in Scientific Provenance Studies of Prehistoric Artefacts? *Antiquity*, Vol.88. 2014. pp.625-631.

表七　西南呈墓地部分铜器微量元素分组统计

类　别	微量元素组合							数据量
	一组	二组	三组	四组	七组	九组	十二组	
M18铜车马器	1			1		2	3	7
M15铜车马器			2	2	3			7
M32铜车马器	1	1						2
M6等铜容器	1	1		2				4

微量元素分组统计结果显示，M18和M15铜车马器的微量元素分组特征差异较大，而与M32铜车马器和M6等铜容器的微量元素特征较为接近。M18铜车马器的微量元素分组主要为第九组和第十二组，M15铜车马器的微量元素分组主要为第三组、第四组及第七组，M32铜车马器的微量元素分组主要为第一组和第二组，而M6等铜容器的微量元素分组则主要为第四组。从微量元素的分组特征来看，M18和M15铜车马器之间的关系较为疏远，应具有不同的铜料来源，与因子分析的结果吻合。

（三）小结

微量元素分析结果显示，M18、M15两座墓葬的铜车马器的微量元素含量、元素分布及微量元素分组等特征的差异较为显著，表明其生产所用铜料应具有不同的来源。

六、铅同位素分析

（一）分析方法

为进一步探索西南呈墓地出土铜器的矿料来源，对进行了微量元素分析的样品又同时进行了铅同位素比值分析。铅同位素比值分析在北京大学地球与空间学院造山带与地壳演化教育部重点实验室进行，使用仪器为MC-ICP-MS（VG Elemental型）。

测试时，采用直接酸溶解的方法对样品进行前处理。具体分析步骤如下：取10 mg左右样品，用超纯硝酸（BM Ⅷ级）溶解，滤除不溶物，并将溶液定容至100 ml；使用电感耦合等离子原子发射光谱仪（ICP-AES）测定定容后清液中铅含量数值，并根据测量结果添加去离子水将其均稀释到400～1 000 ppb左右，使用电感耦合等离子质谱仪（ICP-MS）进行铅同位素比值分析。在测试过程中，使用国际铅同位素标准溶液NBS SRM981对仪器进行外部校正，每测试2或3个样品即测试一次SRM981。

（二）分析结果

ICP-MS分析结果显示，长子西南呈西周墓地铜器$^{208}Pb/^{204}Pb$比值在37.903 7～38.998 3之间，$^{207}Pb/^{204}Pb$比值在15.522 4～15.726 8之间，$^{206}Pb/^{204}Pb$比值在17.633 2～18.642 6之间，$^{208}Pb/^{206}Pb$比

值在2.086 2～2.150 2之间，^{207}Pb/^{206}Pb比值在0.842 5～0.880 3之间。可以看出，其^{207}Pb/^{206}Pb比值均大于0.84，^{206}Pb/^{204}Pb比值均小于20，铜器中所含铅应均属普通铅范围。

合金成分分析结果表明，经铅同位素比值分析的铜器有红铜、锡青铜及铅锡青铜多种材质。一般而言，铅青铜或铅锡青铜铜器的铅同位素比值数据反映的是其铅料来源的信息，而红铜或锡青铜则更多反映的是其铜料来源的信息。因此，按照铜器材质的不同，将其铅同位素比值特征分别论述。

1. 锡青铜和红铜材质铜器

铅同位素比值关系图（图八四）显示，13件红铜和锡青铜材质铜器分布极为分散，聚合度不一。其中，M18的5件铜车马器分布均较为分散，表明其铜器生产所用铜料具有多个来源，也表明此批铜车马器可能并非同批生产，尤其是同为M18中三号车的M18∶50、M18∶44及M18∶43；M15的5件铜车马器中，仅M15∶163分布较远，其余4件铜器相对集中，表明其铜器生产所用铜料也具有多个来源，但多数铜车马器的铜料具有相近的来源，也表明多数铜器可能为同批生产；M118、M20铜鼎分布较为集中，但与M16铜鼎相距较远，表明其铜器生产所用铜料具有多个来源。另外，3件铜鼎风格差异较大，可能具有不同的来源。

值得关注的是，除了M15∶163和M18∶50具有相近的铅同位素比值特征之外，M18和M15其余铜车马器均具有不同的铅同位素比值特征，表明其铜器生产所用铜料具有不同的来源，也说明其并非同批次生产，应具有不同的来源。此外，M15和M18的铜车马器多数分散分布，尤其是M18铜车马器分布更为离散，表明同墓葬中不同车中的车马器并非专为随葬而统一制作。

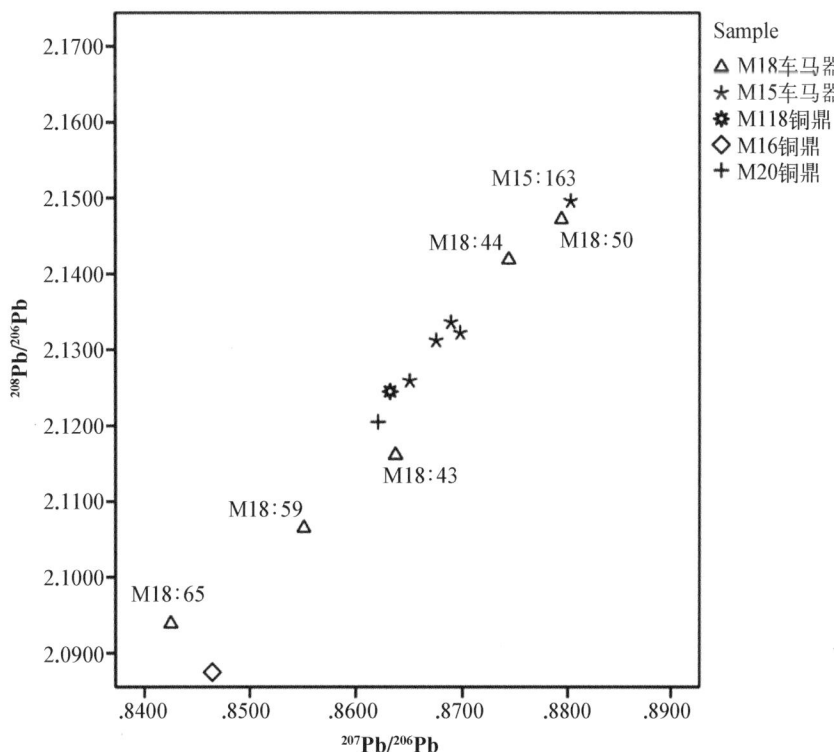

图八四　长子西南呈墓地锡青铜和红铜材质铜器的^{208}Pb/^{206}Pb-^{207}Pb/^{206}Pb散点图

2. 铅锡青铜材质铜器

铅同位素比值关系图（图八五）显示，7件铅锡青铜材质铜器的分布也极为分散，聚合度不一。其中，M18中的2件铜车马器分布极为分散，表明其铜器生产所用铅料具有不同的来源，也说明其虽同属三号车，但并非同批次生产而成，应具有不同的来源。

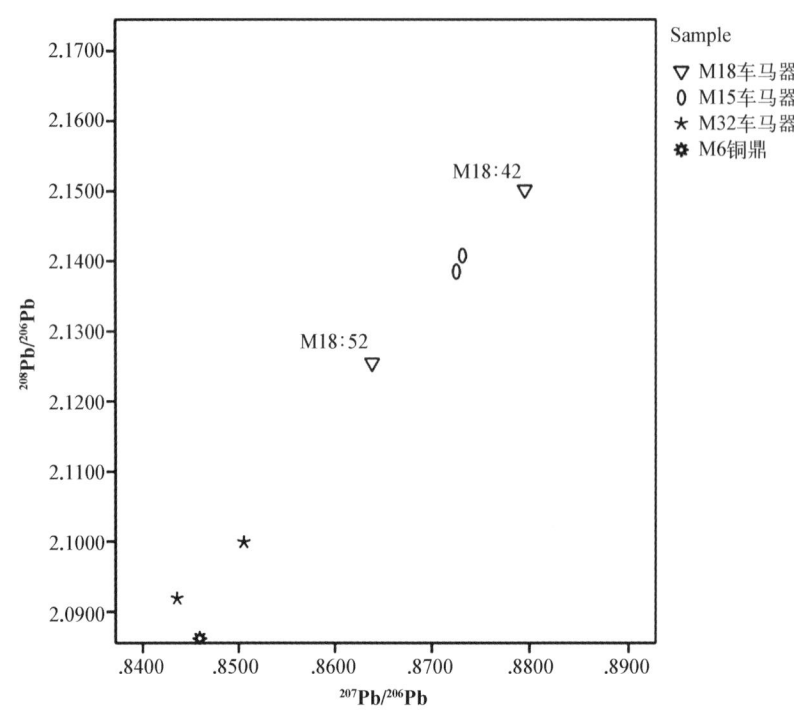

图八五　长子西南呈墓地铅锡青铜材质铜器的$^{208}Pb/^{206}Pb-^{207}Pb/^{206}Pb$散点图

相对而言，M15、M32铜车马器分布相对集中，尤其是M15的2件铜车马器铅同位素比值特征极为接近，表明其铜器生产所用铅料应相同或较为接近，但M15和M32铜车马器的铅同位素比值特征却差异较大，其铜器生产所用铅料应具有不同的来源。

另外，M6铜鼎的铅同位素比值特征与M18、M15及M32铜车马器均具有较大差异，分布于不同的区域，表明此件铜鼎生产所用铅料与M18、M15及M32均不相同，也表明应具有不同的来源。

此外，不同墓葬铜器、同墓葬铜器及铜容器和铜车马器的铅同位素比值特征均有差异，表明铜器生产所用铅料来源不同，同时也表明铜器的来源极为复杂。

3. 锡器

目前，经过铅同位素比值分析的西周时期锡器主要有天马—曲村遗址、翼城大河口墓地、绛县横水墓地及宝鸡強国墓地等，所分析的锡器数量也较少。为探索此时期青铜器生产所用锡料的铅同位素比值特征，将西南呈墓地锡鱼的铅同位素比值与天马—曲村遗址、大河口墓地、横水墓地及強国墓地锡器数据一同分析。

从铅同位素比值关系图（图八六）中可以看出，临汾盆地的天马—曲村遗址、大河口墓地及横水墓地锡器分布较为集中，而与长治盆地和关中西南部強国墓地锡器却均相距较远，表明西周

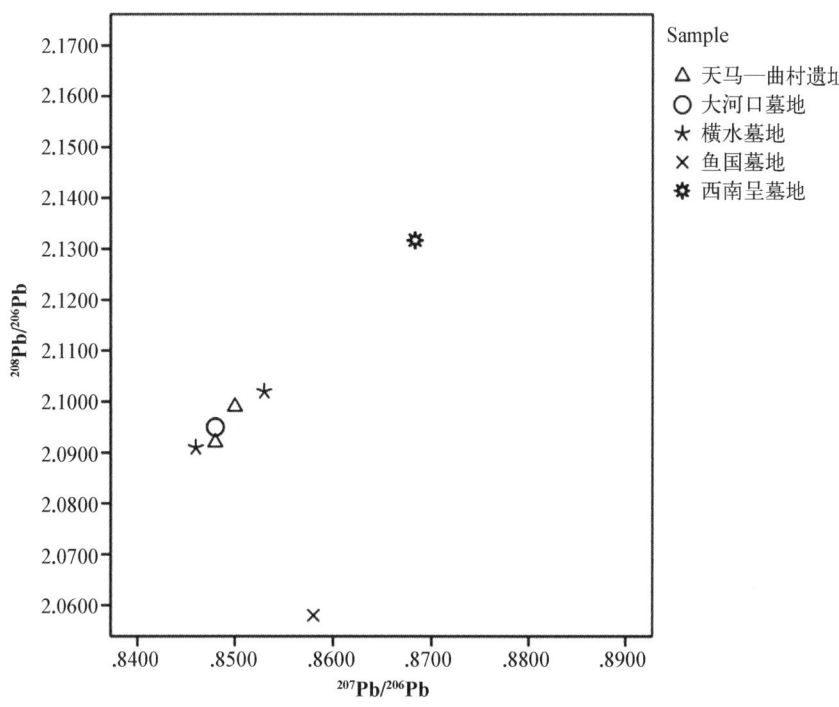

图八六　长子西南呈墓地锡器的 $^{208}Pb/^{206}Pb - ^{207}Pb/^{206}Pb$ 散点图

时期铜器生产所用锡料应具有多个来源。另外，天马—曲村遗址、大河口墓地及横水墓地锡器的铅同位素比值数据分布较为集中，表明晋国、倗国及霸国部分青铜器生产所用锡料具有相同或相近的来源，暗示其部分铜器可能具有相同的来源或生产背景。

（三）小结

铅同位素比值分析结果显示，M18铜车马器分布均较为分散，表明其铜器生产所用铜料具有多个来源，说明此批铜车马器可能并非同批生产，而M15铜车马器则分布相对集中，表明多数铜车马器的铜料具有相近的来源，也说明多数铜器可能为同批生产，两者原料来源差异较大。

七、结语

综合以上分析结果，可得到以下初步认识：

1. 西南呈墓地铜器主要为含锡10%～18%、含铅8%以下的锡青铜或铅锡青铜铸造而成，具有较为明显的高锡低铅特征，尤其是铜车马器，仅少量铜笠毂和铜车軎为含锡12%～17%的锡青铜热锻而成，红铜器仅见M118铜鼎和M34铜鼎2例。

2. M18多数铜车马器的金相组织表现出较为明显的铸后受热特征，其微量元素和铅同位素比值也与M15铜车马器不同，表明两座墓葬出土铜车马器应具有不同的来源。

3. M6、M16、M20、M34及M118铜鼎的材质有锡青铜、铅锡青铜及红铜三种，以锡青铜和红铜为主，其微量元素和铅同位素比值特征差异也较大，表明其应具有不同的生产背景和来源。

附表一　长子西南呈西周墓地出土部分青铜器金相组织鉴定结果表

序号	实验编号	器物编号	器物名称	采样部位	金相组织	材质	加工工艺	备注
1	XNC01	M18:44	铜笠毂		一侧为 α 等轴晶，局部可见孪晶，晶粒细小。另一侧多为 α 固溶体，晶粒较大，局部可见（α+δ）共析体，数量较少，呈块状、岛屿状分布。	Cu-Sn	铸后受热	图版一〇,1
2	XNC02	M18:45	铜笠毂		α 固溶体，晶粒较大，偏析不明显，局部偶见（α+δ）共析体，晶粒细小。	Cu-Sn	铸后受热	图版一〇,2
3	XNC03	M18:43	铜车軎		α 固溶体，偏析不明显。偶见（α+δ）共析体，形态较小，呈块状、岛屿状分布。少量蓝灰色铜硫化物夹杂，呈点状、颗粒状及不规则状分布于晶间内。	Cu-Sn	铸后受热	图版一〇,3
4	XNC04	M18:42	铜车軎		α 固溶体枝晶，偏析明显。（α+δ）共析体数量较多，形态较粗大，呈岛屿状分布。少量蓝灰色铜硫化物夹杂，呈颗粒状弥散分布、呈点状、颗粒状及不规则状分布于晶间或晶内。	Cu-Sn-Pb	铸造（典型）	图版一一,1
5	XNC05	M18:43	铜车軎		α 等轴晶，局部可见孪晶，晶粒细小。（α+δ）共析体偶见，呈块状、岛屿状分布。	Cu-Sn	铸后受热	图版一一,2
6	XNC06	M18:50	铜轭套		α 固溶体，晶粒较大，局部较小，偏析不明显。少量蓝灰色铜硫化物夹杂，呈点状、颗粒状及不规则状分布于晶间内。	Cu-Sn	铸后受热	图版一一,3
7	XNC07	M18:39	铜车衡饰		α 固溶体，偏析不明显。偶见（α+δ）共析体，呈颗粒状、块状及不规则状分布于晶间内。蓝灰色铜硫化物夹杂，呈点状、块状及不规则状分布于干晶间或晶内。	Cu-Sn-Pb	铸后受热	图版一二,1
8	XNC08	M18:52	铜车軎		α 固溶体树枝晶，偏析明显。（α+δ）共析体数量较多，形态较粗大，呈岛屿状分布，局部互连成网。铅呈颗粒状弥散分布，少量蓝灰色铜硫化物夹杂，呈点状及不规则状分布于干晶间或晶内。	Cu-Sn-Pb	铸造（典型）	图版一二,2
9	XNC09	M18:41	铜车辀头饰		α 固溶体，晶粒较大，偏析不明显，局部可见（α+δ）共析体，呈岛屿状分布。较多蓝灰色铜硫化物夹杂，呈点状、颗粒状及不规则状分布于干晶间内。	Cu-Sn	铸后受热	图版一二,3
10	XNC10	M18:42	铜车軎		α 固溶体，晶粒较大，偏析不明显，局部可见 α 等轴晶，晶粒细小。岛屿状分布较少，呈块状、岛屿状分布。	Cu-Sn	铸后受热	图版一三,1

续表

序号	实验编号	器物编号	器物名称	采样部位	金 相 组 织	材 质	加工工艺	备注
11	XNC11	M18:59	铜笠毂		α 等轴晶及孪晶，晶粒细小。（冷加工或受热）	Cu–Sn	热锻	图版一三,2
12	XNC12	M18:60	铜笠毂		α 固溶体，晶粒较大，偏析不明显。一侧局部（α+δ）共析体数量较多，呈岛屿状分布。较多蓝灰色铜硫化物夹杂，呈点状，颗粒状及不规则状分布于晶间或晶内。	Cu–Sn	铸后受热（典型）	图版一三,3
13	XNC13	M6	铜鼎	底部	中央多为 α 固溶体，晶粒较大，偏析不明显，两侧晶粒小，局部可见等轴晶及孪晶，局部可见滑移线。（α+δ）共析体数量偶见，呈小颗粒状弥散分布。少量蓝灰色铜硫化物夹杂，呈点状，颗粒状及不规则状分布于晶间或晶内。	Cu–Sn–Pb	铸后冷加工受热	图版一四,1
14	XNC14	M16	铜鼎	底部	α 固溶体树枝晶，偏析明显。（α+δ）共析体数量较多，形态粗大，呈岛屿状分布，局部互连成网。少量蓝灰色铜硫化物夹杂，呈点状及不规则状分布于晶间或晶内。	Cu–Sn	铸造（典型）	图版一四,2
15	XNC15	M20	铜鼎	足部	α 固溶体树枝晶，晶粒较大。较多蓝灰色铜硫化物夹杂，呈点状及不规则状分布于晶间或晶内。	Cu–Sn	铸造	图版一四,3
16	XNC16	M34	铜鼎	底部	α 固溶体树枝晶，偏析明显。（α+δ）共析体数量较小，形态较小，呈点状，颗粒状及不规则状分布于晶间或晶内。	Cu	铸造	图版一五,1
17	XNC17	M32	铜箭镞		α 固溶体，晶粒较大，偏析明显。（α+δ）共析体数量较多，形态粗大，呈岛屿状分布，局部互连成网。铅呈颗粒状分数，数量较少。少量蓝灰色铜硫化物夹杂，呈点状，颗粒状及不规则状分布于晶间或晶内。	Cu–Sn	铸造（典型）	图版一五,2
18	XNC18	M32:11	铜节约		α 固溶体树枝晶，偏析明显。（α+δ）共析体数量较多，铅颗粒较多，呈颗粒状，球状及不规则状分布于晶间或晶内。	Cu–Sn–Pb	铸造	图版一五,3
19	XNC19	M32:17	铜当卢		腐蚀严重。α 固溶体相大，呈岛屿状分布，铅颗粒较大，形态较粗大，呈颗粒状，球状及不规则状分布于晶间或晶内。	Cu–Sn–Pb	铸造	图版一六,1
20	XNC20	M118	铜鼎	底部	α 固溶体树枝晶，偏析明显。较多蓝灰色铜硫化物夹杂，呈点状及不规则状分布于晶间或晶内。	Cu	铸造	图版一六,2

续表

序号	实验编号	器物编号	器物名称	采样部位	金相组织	材质	加工工艺	备注
21	XNC21	M18:65	铜车軎		α等轴晶及孪晶，局部晶粒较大，弯曲部相对晶粒小。局部晶内可见滑移线。表层局部有（α+δ）共析体。	Cu-Sn	热锻镀锡	图版一六,3
22	XNC22	M15:116	铜络饰		α固溶体树枝晶，偏析明显。（α+δ）共析体数量较多，形态较小，铝呈岛屿状分布。少量蓝灰色铜硫化物夹杂，呈点状，颗粒状及不规则状分布于晶间或晶内。	Cu-Sn-Pb	铸造（典型）	图版一七,1
23	XNC23	M15:120	铜十字节约		α固溶体树枝晶，偏析明显。（α+δ）共析体数量较多，形态较小，铝呈岛屿状分布。少量蓝灰色铜硫化物夹杂，呈点状，颗粒状及不规则状分布于晶间或晶内。	Cu-Sn-Pb	铸造（典型）	图版一七,2
24	XNC24	M15:125	铜筒前饰		α固溶体树枝晶，偏析明显。（α+δ）共析体数量较多，形态较粗大，连接成网。少量蓝灰色铜硫化物夹杂，呈点状，颗粒状及不规则状分布于晶间或晶内。	Cu-Sn	铸造	图版一七,3
25	XNC25	M15:127	鱼（锡）		含锡99%的锡器，金相未做，应为铸造。	Cu-Sn	铸造	
26	XNC27	M15:149	铜车軎		α固溶体树枝晶，偏析明显。（α+δ）共析体数量较多，形态较粗大，连接成网。少量蓝灰色铜硫化物夹杂，呈点状，颗粒状及不规则状分布于晶间或晶内。	Cu-Sn	铸造	图版一八,1
27	XNC28	M15:150	铜车軎		α固溶体树枝晶，偏析明显。（α+δ）共析体数量较多，形态较粗大，连接成网。少量蓝灰色铜硫化物夹杂，呈点状，颗粒状及不规则状分布于晶间或晶内。	Cu-Sn	铸造	图版一八,2
28	XNC29	M15:155	铜车軎		α固溶体树枝晶，偏析明显。（α+δ）共析体数量较多，形态较小，铝呈小颗粒状弥散分布。少量蓝灰色铜硫化物夹杂，呈点状，颗粒状及不规则状分布于晶间或晶内。	Cu-Sn-Pb	铸造	图版一八,3
29	XNC30	M15:163	铜车軎		α固溶体树枝晶，偏析明显。（α+δ）共析体数量较多，形态较粗大，连接成网。少量蓝灰色铜硫化物夹杂，呈点状，颗粒状及不规则状分布于晶间或晶内。	Cu-Sn	铸造（典型）	图版一九,1
30	XNC31	M15:165	铜车饰		α固溶体，晶粒较大，偏析不明显。固溶体优先腐蚀。	Cu-Sn-Pb	铸后受热	图版一九,2

续表

序号	实验编号	器物编号	器物名称	采样部位	金相组织	材质	加工工艺	备注
31	XNC32	M15:161或162	铜车軎		α固溶体树枝晶，偏析明显。(α+δ)共析体数量较多，形态较小，呈岛屿状分布。铅呈小颗粒状弥散分布，少量蓝灰色铜硫化物夹杂，呈点状、颗粒状及不规则状分布于晶间或晶内。	Cu-Sn-Pb	铸造	图版一九，3
32	XNC33-1	M15:167或168	铜车軎		α等轴晶及孪晶，晶粒细小。	Cu-Sn-Pb	热锻	图版二〇，1，2
	XNC33-2				α等轴晶及孪晶，晶粒细小。			
33	XNC34-1	M15:169	铜车軎		α等轴晶及孪晶，晶粒细小。	Cu-Sn	热锻镀锡	图版二〇，3
	XNC34-2				α等轴晶及孪晶，晶粒细小。表面有一层(α+δ)共析体。			
34	XNC35	M15:169	铜车軎铸钉		α固溶体树枝晶，偏析明显。(α+δ)共析体数量较多，形态较小，呈岛屿状分布。少量蓝灰色铜硫化物夹杂，呈点状、颗粒状及不规则状分布于晶间或晶内。有较多自由铜沉淀。	Cu-Sn	铸造自由铜	图版二一，1，2
35	XNC36	M15:170	铜车軎		α等轴晶，晶粒较大，个别较小。	Cu-Sn	热锻	图版二一，1
36	XNC37	M15:176	铜车軎(小)		α固溶体树枝晶，偏析明显。(α+δ)共析体数量较多，形态较小，呈岛屿状分布。少量蓝灰色铜硫化物夹杂，呈点状、颗粒状及不规则状分布于晶间或晶内。	Cu-Sn-Pb	铸造	图版二一，2
37	XNC38	M15:177	铜车軎(大)		固溶体树枝晶，偏析明显。(α+δ)共析体数量较多，形态较小，边缘均较圆钝。少量蓝灰色铜硫化物夹杂，呈点状、颗粒状及不规则状分布于晶间或晶内。	Cu-Sn	铸后受热	图版二二，3
38	XNC39	M15:178	铜车軎		α固溶体树枝晶，偏析明显。(α+δ)共析体数量较多，形态粗大，呈连接成网。铅呈小颗粒状弥散分布，少量蓝灰色铜硫化物夹杂，呈点状、颗粒状及不规则状分布于晶间或晶内。	Cu-Sn-Pb	铸造	图版二二，1
39	XNC40	M15:171	铜车軎		α固溶体树枝晶，偏析明显。(α+δ)共析体数量较少，形态也较小，呈岛屿状弥散分布。铅呈小颗粒状分布。少量蓝灰色铜硫化物夹杂，呈点状、颗粒状及不规则状分布于晶间或晶内。	Cu-Sn-Pb	铸造	图版二三，2

附表二 山西长子西南呈墓地部分铜器合金成分分析结果表

样品编号	器物编号	器物名称	墓葬年代	位置	合金成分					材 质	加工工艺
					Cu	Sn	Pb	Fe	S		
XNC1	M18:44	铜笠毂		3号车	83.2	14.7	1.1	0.6	0.4	锡青铜	铸后受热
XNC2	M18:45	铜笠毂		3号车	82.6	15.1	1.0	1.0	0.4	锡青铜	铸后受热
XNC3	M18:43	铜车軏		3号车	86.2	12.3	0.4	0.6	0.5	锡青铜	铸后受热
XNC4	M18:42	铜车軏		3号车	78.9	16.5	3.4	0.8	0.5	铅锡青铜	铸造
XNC5	M18:43	铜车軏		3号车	85.8	12.1	0.4	1.2	0.5	锡青铜	铸后受热
XNC6	M18:50	铜軏套		3号车	85.4	13.0	0.6	0.5	0.5	锡青铜	铸后受热
XNC7	M18:39	铜车衡饰		3号车	79.3	11.8	7.5	0.3	1.1	铅锡青铜	铸后受热
XNC8	M18:52	铜车軎		3号车	79.4	16.2	4.0	0.2	0.2	铅锡青铜	铸造
XNC9	M18:41	铜车軔头饰		3号车	83.2	14.6	0.9	0.5	0.7	锡青铜	铸后受热
XNC10	M18:51	铜軏套		3号车	86.2	12.9	0.3	0.3	0.3	锡青铜	铸后受热
XNC11	M18:59	铜笠毂		4号车	86.4	12.6	0.3	0.3	0.3	锡青铜	铸后冷加工受热
XNC12	M18:60	铜笠毂		4号车	83.7	14.4	0.4	0.8	0.6	锡青铜	铸后受热
XNC21	M18:65	铜车軏		5号车	81.7	17.5	0.7	0.1	0.1	锡青铜	热锻冷加工镀锡
XNC13	M6	铜鼎	西周中期		82.5	13.3	3.0	0.5	0.6	铅锡青铜	铸后冷加工受热
XNC14	M16	铜鼎			80.8	16.2	1.6	0.8	0.6	锡青铜	铸造
XNC15	M20	铜鼎			94.4	2.5	1.6	0.3	1.2	锡青铜	铸造
XNC16	M34	铜鼎			95.5	1.8	1.6	0.3	0.8	红铜	铸造
XNC17	M32	铜箭镞			87.7	11.3	0.3	0.2	0.5	锡青铜	铸造
XNC18	M32:11	铜节约			76.3	12.7	10.3	0.2	0.5	铅锡青铜	铸造
XNC19	M32:17	铜当卢			66.8	15.9	16.6	0.2	0.5	铅锡青铜	铸造
XNC20	M118	铜鼎			95.5	1.6	1.0	0.7	1.2	红铜	铸造
XNC22	M15:116	铜络饰	西周晚期		84.0	13.5	2.0	0.4	0.1	铅锡青铜	铸造
XNC23	M15:120	铜十字节约	西周晚期		81.0	12.5	5.4	0.4	0.7	铅锡青铜	铸造
XNC24	M15:125	铜箭镞	西周晚期	锋翼	78.1	19.7	0.7	0.7	0.8	锡青铜	铸造
XNC25	M15:127	鱼（锡）	西周晚期		0.2	99.0	0.5	0.1	0.2	锡金属	铸造

续表

样品编号	器物编号	器物名称	墓葬年代	位置	合金成分					材质	加工工艺
					Cu	Sn	Pb	Fe	S		
XNC27	M15:149	铜车軎	西周晚期	3号车	79.8	17.2	1.7	1.1	0.1	锡青铜	铸造
XNC28	M15:150	铜车軎	西周晚期	5号车	82.0	16.3	0.9	0.7	0.1	锡青铜	铸造
XNC29	M15:155	铜车軎	西周晚期	6号车	80.5	16.1	2.6	0.5	0.3	铅锡青铜	铸造
XNC30	M15:163	铜车軎	西周晚期	8号车	80.9	18.2	0.5	0.1	0.4	锡青铜	铸造
XNC31	M15:165	铜车饰	西周晚期	8号车	79.6	15.0	4.6	0.1	0.7	铅锡青铜	铸后受热
XNC32	M15:161	铜车軏	西周晚期	7号车	82.6	13.8	2.6	0.9	0.2	铅锡青铜	铸造
XNC33	M15:167	铜车軏	西周晚期	9号车	81.2	17.4	0.5	0.5	0.4	锡青铜	热锻
XNC34	M15:169	铜车軏	西周晚期	10号车	82.3	15.7	0.5	1.1	0.5	锡青铜	热锻(镀锡)
XNC35	M15:169	铜车軏铸钉	西周晚期	10号车	81.5	15.9	1.9	0.3	0.4	锡青铜	铸造
XNC36	M15:170	铜车軏	西周晚期	10号车	82.4	16.4	0.6	0.2	0.4	锡青铜	热锻
XNC37	M15:176	铜车軏(小)	西周晚期	12号车	79.9	14.9	4.4	0.4	0.3	铅锡青铜	铸造
XNC38	M15:177	铜车軏(大)	西周晚期	12号车	82.1	15.9	0.8	0.5	0.6	锡青铜	铸后受热
XNC39	M15:178	铜车軎	西周晚期	14号车	75.7	16.4	6.2	0.7	1.1	铅锡青铜	铸造
XNC40	M15:171	铜车軎	西周晚期	10号车	84.7	10.2	4.1	0.6	0.4	铅锡青铜	铸造

中原地区先商至周朝饮食及社会地位转变*

李 昕　张山佳　卢敏霞　仇梦晗　文少卿　马敏敏**

一、引言

史前与历史时期人与环境的相互作用过程是很复杂的。气候变化是导致公元前3千纪至公元前1千纪社会变化的重要原因[1]。但是,在某些情况下,古代社会对气候变化表现出很大的适应性,例如中国西北[2]、印度河流域[3]、玛雅文明[4]、西南亚[5]和古丝绸之路沿线[6]。在公元前3千纪至公元前1千纪,技术创新及其广泛影响在社会变革和人与环境的相互作用中发挥了重

---

* 原文以"Dietary shift and social hierarchy from the Proto-Shang to Zhou Dynasty in the Central Plains of China"为标题发表在2020年2月18日的Environmental Research Letters上。
** 李昕,兰州大学资源环境学院西部环境教育部重点实验室、兰州大学公共卫生学院;张山佳、卢敏霞、仇梦晗、马敏敏,兰州大学资源环境学院西部环境教育部重点实验室;文少卿,复旦大学科技考古研究院。

[1] Weiss H, Courty M A, Wetterstrom W, Guichard F, Senior L, Meadow R and Curnow A 1993 The genesis and collapse of third millennium north Mesopotamian civilization Science 261 995–1004. Staubwasser M, Sirocko F, Grootes P M and Segl M 2003 Climate change at the 4.2 ka BP termination of the Indus valley civilization and Holocene south Asian monsoon variability Geophys. Res. Lett. 30 71–4. Wu W X and Liu T S 2004 Possible role of the 'Holocene Event 3' on the collapse of Neolithic Cultures around the Central Plain of China Quat. Int. 117 153–66. Kuper R and Kröpelin S 2006 Climate-controlled Holocene occupation in the Sahara: motor of Africa's evolution Science 313 803–7.

[2] Ma M M, Dong G H, Jia X, Wang H, Cui Y F and Chen F H 2016 Dietary shift after 3600 cal yr BP and its influencing factors in northwestern China: evidence from stable isotopes Quat. Sci. Rev. 145 57–70. Berger E and Wang H 2017 Bioarchaeology of adaptation to a marginal environment in bronze age western China Am. J. Human Biol. 29 e22956.

[3] Petrie C A et al 2017 Adaptation to variable environments, resilience to climate change: investigating land, water and settlement in Indus Northwest India Curr. Anthropol. 58 1–30.

[4] Dunning N P, Beach T P and Luzzadder-Beach S 2012 Kax and kol: collapse and resilience in lowland Maya civilization Proc. Natl Acad. Sci. 109 3652–7.

[5] Flohr P, Fleitmann D, Matthews R, Matthews W and Black S 2016 Evidence of resilience to past climate change in Southwest Asia: early farming communities and the 9.2 and 8.2 ka events Quat. Sci. Rev. 136 23–39.

[6] Yang L E, Bork H R, Fang X and Mischke S 2019 Socio-Environmental Dynamics along the Historical Silk Road (Heidelberg: Springer-Nature).

要作用[1]。

中国的古代文明是世界上最古老的文明之一,在公元前2千纪即中原的先商和商时期出现并发展起来。在随后的周朝(前1046—前221年),包括西周(前1046—前771年)和东周(前770—前221年)时期,古代中国的领土显著扩张。约前2000至前221年社会经济的发展为秦汉帝国(前221—220年)的形成奠定了基础。但是,中原地区经济格局的时空变化及其机理尚缺乏严谨的研究。

商周时期的人类生存策略可以根据历史文献中的零星记载来作出一些推断,如《诗经》和《尚书》。但是,遗存的文献太少,很难完整揭示这一时期人类的生活方式。考古学是重建史前和历史时期人类生存策略的可行方法。例如,植物考古学和动物考古学被用于研究人类对动植物的利用策略[2],而遗址中出土的人骨稳定同位素分析已成功用于研究先民的食谱和生存策略[3]。这些方法已经被越来越多地应用到从先商至秦的中原地区社会经济体系的研究中[4]。这些工作大部分关注的是当地人群的生存策略,包括对社会结构的解释[5]。然而,由于缺少西周时期的样品,加上考古学家和地理学家之间跨学科的交流有限,人类生存策略的时空变化及其与气候变化的关系尚未得到详细讨论。

本文对西南呈墓地出土的人和动物骨骼进行了碳、氮稳定同位素和放射性测年分析。经考古学家鉴定这些骨骼属于西周时期。此外,将结果与其他考古数据,并和来自中国北方的公海、岱海湖相沉积记录的古气候信息相结合[6],探讨了中原地区从先商至秦时期先民生存策略的时

---

[1] Diamond J and Bellwood P 2003 Farmers and their languages: the first expansions Science 300 597−603. Chen F H et al 2015 Agriculture facilitated permanent human occupation of the Tibetan Plateau after 3600 B.P. Science 347 248−50. Dong G H, Liu F W and Chen F H 2017 Environmental and technological effects on ancient social evolution at different spatial scales Sci. China Earth Sci. 60 2067−77.

[2] Zeder M A and Hesse B 2000 The initial domestication of goats (Capra hircus) in the Zagros mountains 10,000 years ago Science 287 2254−7. Zhao Z J 2011 New archaeobotanic data for the study of the origins of agriculture in China Curr. Anthropol. 52 S295−306. 袁靖:《中国动物考古学》,文物出版社,2015年。

[3] Kohn M J 1999 You are what you eat Science 283 335−6. Hedges R E M and Reynard L M 2007 Nitrogen isotopes and the trophic level of humans in archaeology J. Archaeol. Sci. 34 1240−51. Hu Y W, Wang S G, Luan F S, Wang C S and Richards M P 2008 Stable isotope analysis of humans from Xiaojingshan site: implications for understanding the origin of millet agriculture in China J. Archaeol. Sci. 35 2960−5. Ma Y, Fuller B T, Wei D, Shi L, Zhang X Z, Hu Y W and Richards M P 2016 Isotopic perspectives ($\delta^{13}C$, $\delta^{15}N$, $\delta^{34}S$) of diet, social complexity, and animal husbandry during the proto-Shang period (ca. 2000−1600 BC) of China Am. J. Phys. Anthropol. 160 433−45.

[4] Yuan J and Flad R 2005 New zooarchaeological evidence for changes in Shang Dynasty animal sacrifice J. Anthropol. Archaeol. 24 252−70. Hou L L et al 2013 Human subsistence strategy at Liuzhuang site, Henan, China during the proto-Shang culture (~2000−1600 BC) by stable isotopic analysis J. Archaeol. Sci. 40 2344−51.

[5] Cheung C, Jing Z C, Tang J G, Yue Z W and Richards M P 2017 Examining social and cultural differentiation in early Bronze Age China using stable isotope analysis and mortuary patterning of human remains at Xin'anzhuang, Yinxu Archaeol. Anthropol. Sci. 9 799−816. Zhou L G, Garvie-Lok S J, Fan W Q and Chu X L 2017 Human diets during the social transition from territorial states to empire: stable isotope analysis of human and animal remains from 770 BCE to 220 CE on the Central Plains of China J. Archaeol. Sci.: Rep. 11 211−23.

[6] Xu Q H, Xiao J L, Li Y C, Tian F and Nakagawa T 2010 Pollen-based quantitative reconstruction of Holocene climate changes in the Daihai Lake area, InnerMongolia, China J. Clim. 23 2856−68. Chen F H et al 2015 East Asian summer monsoon precipitation variability since the last deglaciation Sci. Rep. 5 11186.

空变化以及应对气候变化的社会适应能力。

二、研究区概况

(一)考古背景

本文的中原地区包括陕西的关中平原、山西和河北南部、山东西部以及河南北部。该区域见证了中国古代文明的起源与发展,包括先商(约前2000—前1600年)、商朝(前1600—前1046年)、西周(前1046—前771年)、东周(前770—前221年)和崛起的秦汉帝国(前221—220年)。这一时期建立了严格的社会等级制度。例如墓葬形制和随葬品质量等可以反映个体的社会经济地位。

(二)西南呈墓地

西南呈墓地位于黄土高原东南缘的山西省长子县。2012至2016年,山西省考古研究所对该墓地进行了发掘,出土了陶器、青铜器、玉器、石器、贝壳和其他随葬品。根据墓葬形制,所有墓葬均属于西周中晚期[1]。

三、材料和方法

(一)数据搜集

本文对西南呈墓地出土的62个人骨和3个动物骨骼(2马、1狗)样品进行了同位素分析。另外整理了已发表的人骨同位素数据(附表一),用来追踪中原地区从先商至秦时期的先民食谱变化。

再从这些遗址中选择13个遗址的人骨同位素数据(包括西南呈墓地),来追踪中原地区从先商至秦时期的先民食谱特征反映的社会经济地位差异(附表一)。根据以下几个标准,将个体的等级划分为高等级和低等级:(1)没有随葬品的墓葬划分为低等级,有玉石、青铜器或贝壳的墓葬划分为高等级;(2)俘虏,包括被处死的人划分为低等级,其余的为高等级;(3)没有器皿陪葬的划分为低等级,有器皿陪葬的为高等级;(4)小型墓葬划分为低等级,大中型墓葬为高等级。

(二)骨胶原制取和测试

骨胶原中的碳、氮稳定同位素反映了个体长期食谱的同位素组成,可应用于过去人类食谱和生存策略的研究中[2]。喂养实验[3]结果显示,骨胶原$\delta^{15}N$值与个体营养水平密切相关,而$\delta^{13}C$值则

---

[1] 山西省考古研究所:《山西长子县西南呈西周墓地发掘简报》,《考古》2016年第3期,第3—14页;李钊:《山西长子县西南呈西周墓地人骨研究》,吉林大学2017年硕士学位论文。

[2] Hedges R E M and Reynard L M 2007 Nitrogen isotopes and the trophic level of humans in archaeology J. Archaeol. Sci. 34 1240 -51. Hu Y W, Wang S G, Luan F S, Wang C S and Richards M P 2008 Stable isotope analysis of humans from Xiaojingshan site: implications for understanding the origin of millet agriculture in China J. Archaeol. Sci. 35 2960-5. Ma M M, Dong G H, Jia X, Wang H, Cui Y F and Chen F H 2016 Dietary shift after 3600 cal yr BP and its influencing factors in northwestern China: evidence from stable isotopes Quat. Sci. Rev. 145 57-70.

[3] Ambrose S H and Norr L 1993 Isotopic composition of dietary protein and energy versus bone collagen and apatite: purified diet growth experiments Molecular Archaeology of Prehistoric Human Bone (Prehistoric Human Bone-Archaeology at the Molecular Level) ed J B Lambert and G Grupe (Berlin: Springer)

受食谱中C_3和C_4类植物比例的影响。本研究在制取骨胶原时，基于Richards和Hedges[1]的方法，进行了一些修改[2]。碳、氮稳定同位素分析在兰州大学西部环境教育部重点实验室进行。骨胶原样品在连接到Thermo Finnigan Flash DELTAplus XL质谱仪的全自动碳氮分析仪中进行处理。所有的碳氮同位素比值均与V-PDB和AIR标准样品进行比较。碳氮同位素比值的精度均优于0.2‰。

（三）放射性碳测年

本文从高等级和低等级个体中共选取了8个产率高的样品，在北京大学进行加速器质谱（AMS）放射性碳测年。^{14}C测年结果用OxCal v.4.3.2软件[3]中的IntCal13校准曲线[4]进行校准。所有年代用"cal BCE"表示。

（四）统计分析

使用SPSS 22.0软件进行统计分析，独立样本t检验用于检验两组独立样本之间的差异性。

四、结果

（一）年代

表一为8个人骨样品在68.2%和95.4%置信区间的^{14}C年代结果。样品年代在1013—811 cal BCE（95.4%），这与考古类型学推断的结果相吻合[5]。遗址属于西周中晚期。

表一 西南呈墓地^{14}C年代测定结果

样品编号	墓号	实验室编号	^{14}C年代（yr BP）	校正年代（cal BCE）	
				68.2%	95.4%
SX08	M17	LZU17222P	2805 ± 25	996—922	1023—897
SX20	M80	LZU17227	2750 ± 25	916—844	972—829
SX21	M58	LZU17228	2745 ± 25	910—843	970—826
SX29	M124	LZU17229	2700 ± 20	893—814	897—811
SX58	M32	LZU17230	2755 ± 25	921—845	974—831

---

[1] Richards M P and Hedges R E M 1999 Stable isotope evidence for similarities in the types of marine foods used by late Mesolithic humans at sites along the Atlantic coast of Europe J. Archaeol. Sci. 26 717–22.
[2] Ma M M, Dong G H, Jia X, Wang H, Cui Y F and Chen F H 2016 Dietary shift after 3600 cal yr BP and its influencing factors in northwestern China: evidence from stable isotopes Quat. Sci. Rev. 145 57–70.
[3] Bronk Ramsey C 2017 OxCal version 4.3.2 (https://c14.arch.ox.ac.uk/oxcal.html).
[4] Reimer P J et al 2013 IntCal13 andmarine13 radiocarbon age calibration curves 0–50,000 Years cal BPRadiocarbon 55 1869–87.
[5] 山西省考古研究所：《山西长子县西南呈西周墓地发掘简报》，《考古》2016年第3期，第3—14页；李钊：《山西长子县西南呈西周墓地人骨研究》，吉林大学2017年硕士学位论文。

续表

样品编号	墓 号	实验室编号	¹⁴C年代(yr BP)	校正年代(cal BCE)	
				68.2%	95.4%
SX03	M101	LZU17222S	2750±25	916—844	972—829
SX11	M106	LZU17224	2775±25	975—856	996—845
SX15	M109	LZU17225	2770±25	972—852	994—840

（二）人与动物骨胶原结果

表二和图一列出了各个样品的同位素值和骨胶原质量，表三总结了两个等级样品的同位素值。所有骨胶原样品的C∶N在3.1—3.4，样品保存较好。图一，a为西南呈墓地人与动物同位素值的散点图。由于中国北方地区的自然植被为C_3类[1]，因此C_4类食物（即粟黍）主要与人类活动有关。狗的$\delta^{13}C$值显示了C_4食谱信号，说明大量摄入了粟黍类作物，这可能源于人类剩余的食物。1个马的样品（SX65）的$\delta^{13}C$值（-9.2‰）显示了强烈的C_4食谱信号，但是另一个马的样品（SX68）结果显示其既食用了野生作物（如草和水果），又食用了驯化作物（如粟黍），活动范围更自由。

表二　西南呈墓地人和动物骨骼碳氮同位素

样品编号	墓号	$\delta^{13}C$(‰)	$\delta^{15}N$(‰)	C%	N%	C/N	种属	等 级
SX07	M15	-10.4	10.8	43.2	16	3.2	人	高等级
SX08	M17	-9.3	9.4	42.5	15.6	3.2	人	高等级
SX67	M18	-9	10.9	43.7	15.7	3.2	人	高等级
SX02	M59	-8.4	8.7	43.4	15.9	3.2	人	高等级
SX17	M64	-9.8	9.4	43.7	16	3.2	人	高等级
SX19	M25	-8.6	9.6	42.6	15.5	3.2	人	高等级
SX20	M80	-9.2	9.9	42.5	15.5	3.2	人	高等级

[1] Gu Z Y, Liu Q, Xu B, Han J M, Yang S L, Ding Z L and Liu T S 2003 Climate as the dominant control on C_3 and C_4 plant abundance in the Loess Plateau: organic carbon isotope evidence from the last glacial-interglacial loess-soil sequences Chin. Sci. Bull. 48 1271-6. Wang G A, Han J M and Liu D S 2003 The carbon isotope composition of C_3 herbaceous plants in loess area of northern China Sci. China Ser. D-Earth Sci. 46 1069-76. Auerswald K, Wittmer M H O M, Männel T T, Bai Y F, Schäufele R and Schnyder H 2009 Large regional-scale variation in C_3/C_4 distribution pattern of Inner Mongolia steppe is revealed by grazer wool carbon isotope composition Biogeosciences 6 795-805.刘恋、周鑫、于严严、郭正堂：《黄土高原自然植被的土壤有机碳同位素证据》，《第四纪研究》2011年第3期，第506—513页。

续表

样品编号	墓号	δ¹³C(‰)	δ¹⁵N(‰)	C%	N%	C/N	种属	等级
SX21	M58	−10.8	8.2	43.2	15.7	3.2	人	高等级
SX29	M124	−8.5	9.4	42.4	15.4	3.2	人	高等级
SX57	M74	−8	7.6	44	16.2	3.2	人	高等级
SX58	M32	−9	10.2	42.5	15.5	3.2	人	高等级
SX59	M84	−8	10.1	42	15.5	3.2	人	高等级
SX63	M24	−9.9	9.5	42	15.4	3.2	人	高等级
SX03	M101	−8.2	7.8	43.1	15.9	3.2	人	低等级
SX04	M99	−8.6	9	42.6	15.5	3.2	人	低等级
SX06	M63	−8.2	7.8	40.1	14.5	3.2	人	低等级
SX09	M103	−8.6	9.8	41.3	14.8	3.2	人	低等级
SX11	M106	−8.3	8.9	41.6	15.1	3.2	人	低等级
SX12	M111	−7.4	8.9	43.4	16	3.2	人	低等级
SX13	M112	−8.8	9	43.2	15.7	3.2	人	低等级
SX14	M100	−8.6	8.7	42.2	15.2	3.2	人	低等级
SX16	M26	−8.8	7.7	43.1	15.4	3.3	人	低等级
SX18	M92	−8.1	9.4	43.2	15.6	3.2	人	低等级
SX22	M120	−9.4	9.3	43	15.8	3.2	人	低等级
SX23	M41	−7.7	9.1	41.8	15.3	3.2	人	低等级
SX24	M20	−9.5	8	42.3	15	3.3	人	低等级
SX25	M118	−8.2	8.8	43	15.6	3.2	人	低等级
SX26	M51	−8.3	8.8	43.7	15.9	3.2	人	低等级
SX27	M66	−8.1	7.9	43	15.6	3.2	人	低等级
SX28	M87	−7.6	8	42.8	15.6	3.2	人	低等级
SX30	M61	−8.2	9	41.4	15	3.2	人	低等级
SX31	M79	−8.1	9	43.4	16.1	3.1	人	低等级
SX32	M102	−8.3	9.8	42.9	15.8	3.2	人	低等级
SX33	M86	−8.2	9.2	41.6	15	3.2	人	低等级
SX34	M77	−8.2	8.7	41.3	15.1	3.2	人	低等级
SX35	M21	−7.8	7.9	43.1	15.8	3.2	人	低等级

续表

样品编号	墓号	$\delta^{13}C(‰)$	$\delta^{15}N(‰)$	C%	N%	C/N	种属	等 级
SX36	M36	−7.8	9.3	42.9	15.8	3.2	人	低等级
SX37	M83	−8	8.7	41.2	15	3.2	人	低等级
SX38	M119	−8.5	9.2	41.6	15.2	3.2	人	低等级
SX39	M114	−8	8.1	43.5	16	3.2	人	低等级
SX40	M85	−7.7	8.7	42	15.4	3.2	人	低等级
SX41	M69	−8.3	8.9	42.1	15.4	3.2	人	低等级
SX42	M46	−7.9	9.9	43.4	16.1	3.2	人	低等级
SX43	M71	−8.1	8.9	42.5	15.7	3.2	人	低等级
SX44	M54	−9	9.8	42.8	15.6	3.2	人	低等级
SX45	M65	−8.3	8.7	41.4	15.1	3.2	人	低等级
SX46	M94	−7.9	8.2	43.9	16.1	3.2	人	低等级
SX47	M23	−7.9	9.5	39.8	14.6	3.2	人	低等级
SX48	M89	−8.2	9.2	42.5	15.6	3.2	人	低等级
SX49	M117	−8.6	9.2	39.5	14.4	3.2	人	低等级
SX50	M104	−8	8.2	44	16.2	3.2	人	低等级
SX51	M115	−7.5	8.3	41.1	15	3.2	人	低等级
SX52	M97	−8.6	8.2	41.5	15.2	3.2	人	低等级
SX53	M60	−8.2	9	37.9	14	3.2	人	低等级
SX54	M95	−8.8	9	42.7	15.6	3.2	人	低等级
SX55	M90	−7.9	8.8	43.8	16.2	3.1	人	低等级
SX56	M88	−7.7	9.9	43.3	15.9	3.2	人	低等级
SX60	M48	−8.4	9	42.3	15.5	3.2	人	低等级
SX61	M42	−7.8	8.4	43.3	16	3.2	人	低等级
SX62	M116	−8	8.4	43.6	15.9	3.2	人	低等级
SX64	M34	−8.1	8.5	44	15.7	3.3	人	低等级
SX01	M108	−8.7	8.9	40.3	14.3	3.3	人	低等级
SX65	M43	−9.2	5.8	42.4	14.7	3.4	马	
SX66	M81	−8.1	5.6	43.3	15.5	3.4	狗	
SX68	M62	−16.1	4.4	42.2	14.7	3.4	马	

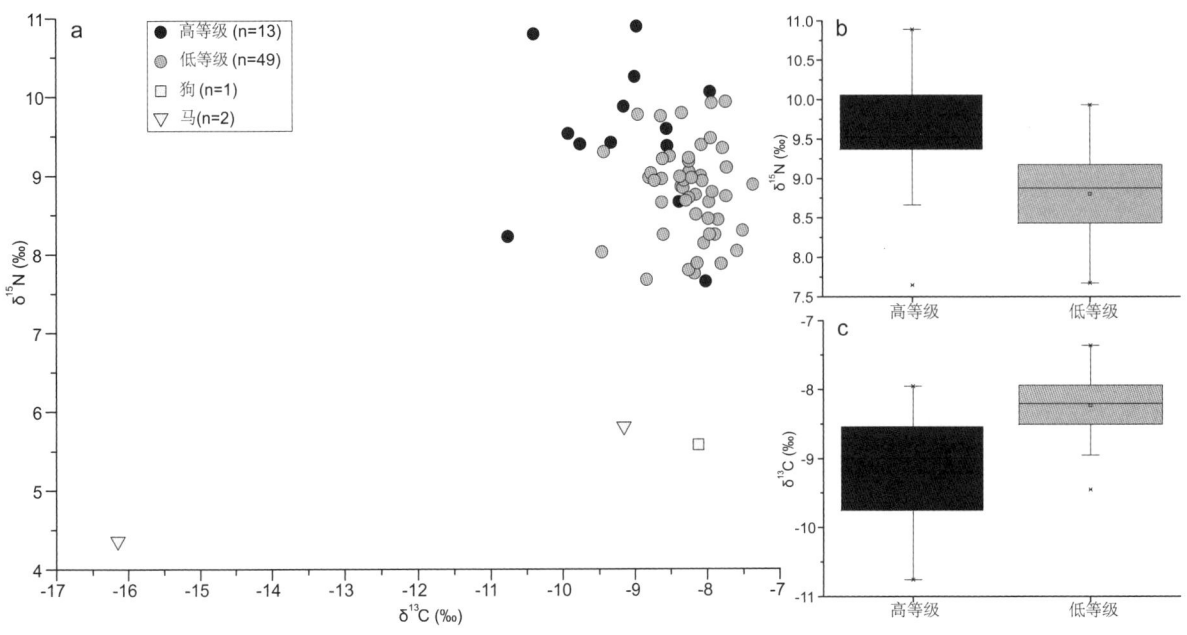

图一 人和动物骨骼碳氮同位素散点图和箱式图

a. 人和动物骨骼同位素的散点图　b、c. 人骨骼同位素箱式图（反映不同的社会地位）

所有个体的 $\delta^{13}C$ 和 $\delta^{15}N$ 范围分别在 -10.8～-7.4‰（均值 =-8.4‰±0.7‰），7.6～10.9‰（均值 =9.0±0.7‰），说明西南呈墓地所有个体均以 C_4 类食物（粟黍或以粟黍为食的动物蛋白）为主。此外，等级高的个体 $\delta^{13}C$ 值显著负于等级低的个体（均值 -9.1‰ vs -8.2‰，p=0.003，图一，b、c 和表三），说明等级高的个体更多地食用了 C_3 类作物。等级高的个体 $\delta^{15}N$ 值高于等级低的个体（均值 9.5‰ vs 8.8‰，p=0.001，图一，b、c 和表三），说明其摄入了更多的蛋白质。

表三　西南呈墓地个体稳定同位素结果总结和显著性检验

等级	数量	$\delta^{13}C$（‰）			p	$\delta^{15}N$（‰）			p
		平均值	标准差	范围		平均值	标准差	范围	
高	13	-9.1	0.9	-10.8～-8.0	0.003*	9.5	0.9	8.2～10.9	0.001*
低	49	-8.2	0.4	-9.5～-7.4		8.8	0.6	7.7～9.9	

* The mean difference is significant at the 0.05 level.

（三）食谱信号反映的社会经济地位差异

先商时中原地区不同社会经济等级的先民骨骼碳、氮同位素值没有明显差异（附表三），说明高等级人群（n=47）和低等级人群（n=102）食谱差异不大。但是从商朝至周朝，先民 $\delta^{13}C$ 和 $\delta^{15}N$ 值有显著差异（附表三）。商朝至西周时期，高等级人群（n=64）的 $\delta^{13}C$ 值明显负于低等级人群（n=121）（附表三），说明高等级人群更多地食用了 C_3 类作物。另外，这一时期高等级人群拥有更高的 $\delta^{15}N$ 值，说明其食用了更多的动物蛋白。但是，东周时期低等级人群（n=45）的 $\delta^{13}C$ 值明显负于高等级人群（n=112）（附表三），说明其食用了更多的 C_3 类作物。同样的，东周时低等级人群的 $\delta^{15}N$ 值更低，说明与高等级人群相比，低等级人群食用了较少的动物蛋白。

五、讨论

（一）前1046—前771年山西东南部先民食谱和生存策略

人骨胶原反映的 C_4、C_3/C_4 混合和 C_3 食谱信号的 $\delta^{13}C$ 值范围分别为-6‰～-12‰，-12‰～-18‰和-18‰～-23‰[1]。西南呈墓地所有个体的 $\delta^{13}C$ 值(-10.8‰～-7.4‰)显示，在西周时期该墓地先民为 C_4 食谱。由于黄土高原的自然植被是 C_3 类植物[2]，所以西南呈墓地的先民主要以粟黍为主食，并严重依赖于粟作农业。小麦（*Triticum aestivum*）最早在前2500年传入中国，可能是通过Zhao[3]提出的欧亚草原路线、古丝绸之路和海洋路线中的一条路线传入的。中国考古遗址出土的和传统耕作的小麦都是六倍体小麦[4]。植物考古数据显示，西周时期粟黍在人类食谱中占据重要地位，小麦和水稻的地位较低。新石器时期粟黍是山西地区的主食[5]。尽管先商至西周时期作物种类有所增加，有了小麦、水稻和大豆[6]，但这些新的作物品种在农业生产中只是辅助地位，粟黍仍是中原地区的主食[7]。

---

[1] Pechenkina E A, Ambrose S H, Ma X L and Benfer R A Jr 2005 Reconstructing northern Chinese Neolithic subsistence practices by isotopic analysis J. Archaeol. Sci. 32 1176-89. Barton L, Newsome S D, Chen F H, Wang H, Guilderson T P and Bettinger R L 2009 Agricultural origins and the isotopic identity of domestication in northern China Proc. Natl Acad. Sci. 106 5523-8. Ma M M, Dong G H, Lightfoot E, Wang H, Liu X Y, Jia X, Zhang K R and Chen F H 2014 Stable isotope analysis of human and faunal remains in the Western Loess Plateau, approximately 2000 cal BC Archaeometry 56 237-55.

[2] Wang G A, Han J M and Liu D S 2003 The carbon isotope composition of C_3 herbaceous plants in loess area of northern China Sci. China Ser. D-Earth Sci. 46 1069-76.

[3] Zhao Z J 2009 Eastward spread of wheat into China-New data and new issues Chin. Archaeo. 9 1-9.

[4] Fuller D Q and Lucas L 2014 Wheats: origins and development ed C Smith Encyclopedia of Global Archaeology (New York: Springer). Stevens C J, Murphy C, Roberts R, Lucas L, Silva F and Fuller D Q 2016 Between China and South Asia: A Middle Asian corridor of crop dispersal and agricultural innovation in the Bronze Age Holocene 26 1541-55.

[5] Song J X, Wang L Z and Fuller D Q 2019 A regional case in the development of agriculture and crop processing in northern China from the Neolithic to Bronze Age: archaeobotanical evidence from the Sushui River survey, Shanxi province Archaeol. Anthropol. Sci. 11 667-82.

[6] Lee G A, Crawford G W, Liu L and Chen X 2007 Plants and people from the early Neolithic to Shang periods in North China Proc. Natl Acad. Sci. 104 1087-92. Song J X, Wang L Z and Fuller D Q 2019 A regional case in the development of agriculture and crop processing in northern China from the Neolithic to Bronze Age: archaeobotanical evidence from the Sushui River survey, Shanxi province Archaeol. Anthropol. Sci. 11 667-82.

[7] 赵志军、方燕明：《登封王城岗遗址浮选结果及分析》，《华夏考古》2007年第2期，第78—89页；吴文婉、张继华、靳桂云：《河南登封南洼遗址二里头到汉代聚落农业的植物考古证据》，《中原文物》2014年第1期，第109—117页。Zhou L G and Garvie-Lok S J 2015 Isotopic evidence for the expansion of wheat consumption in northern China Archaeol. Res. Asia 4 25-35. Lu M X, Wang J X, Liu R L, Yang Y, Wei M and Dong G H 2019 A brief history of wheat utilization in China Front. Agr. Sci. Eng. 6 288-95.

西南呈墓地动物遗存的数量（n=3）和种类（n=2）都太少（表二），很难据此判断动物蛋白在人类饮食中的贡献大小。但是，已有的研究显示，人骨的$\delta^{15}N$值可能与个体的社会地位或者性别相关[1]。西南呈墓地人骨$\delta^{15}N$值范围较大（7.7‰—10.9‰），说明人群消耗了不同数量的动物蛋白。高等级人群的$\delta^{15}N$值显著高于低等级人群（p=0.001，表三和图一，b），说明食用了更多的肉类或者奶制品。高等级人群的$\delta^{13}C$值也显著负于低等级人群（p=0.003，表三和图一，c），说明食用了更多的C_3类作物（很可能是小麦或者以C_3类作物为食的动物蛋白）。商朝至西周时期，毗邻的河南遗址中也有同样的现象[2]。食谱上的相似性说明在约前1600—前771年，中原地区高等级人群可能食用了更多外来的C_3类作物（即小麦），因为小麦传入中国的早期难以购买且需要投入更多的劳动力[3]。

（二）生业模式的时空变化

为了研究中原地区先商至东周时期食谱的变化，将本文的结果与从先商至秦时期其他遗址人骨碳同位素值进行了比较（图二）。植物考古学证据和历史文献记载显示，先商至西周时期人类主要为C_4食谱（包括粟黍和以C_4为食的动物蛋白），且严重依赖于粟作农业。粟黍是最重要的主食，其他的作物如小麦和水稻则是辅食[4]。此外，先民也用粟黍和相关副产品喂养牲畜[5]。从碳稳定同位素结果看，不仅猪狗食用了大量的粟黍和相关副产品，羊和牛也食用了部分粟黍和相关

---

[1] Ambrose S H, Buikstra J and Krueger H W 2003 Status and gender differences in diet at Mound 72, Cahokia, revealed by isotopic analysis of bone J. Anthropol. Archaeol. 22 217-26. Linderholm A, Jonson C H, Svensk O and Lidén K 2008 Diet and status in Birka: stable isotopes and grave goods compared Antiquity 82 446-61. 张雪莲、仇士华、钟建、梁中合：《山东滕州市前掌大墓地出土人骨的碳、氮稳定同位素分析》，《考古》2012年第9期，第83—96页；张国文：《墓葬所体现社会等级分化的碳氮稳定同位素分析》，《南方文物》2015年第3期，第161—168页。Dong Y, Morgan C, Chinenov Y, Zhou L G, Fan W Q, Ma X L and Pechenkina K 2017 Shifting diets and the rise of male-biased inequality on the Central Plains of China during Eastern Zhou Proc. Natl Acad. Sci. 114 932-7.

[2] Cheung C, Jing Z C, Tang J G, Weston D A and Richards M P 2017 Diets, social roles, and geographical origins of sacrificial victims at the royal cemetery at Yinxu, Shang China: new evidence from stable carbon, nitrogen, and sulfur isotope analysis J. Anthropol. Archaeol. 48 28-45. Dong Y, Morgan C, Chinenov Y, Zhou L G, Fan W Q, Ma X L and Pechenkina K 2017 Shifting diets and the rise of male-biased inequality on the Central Plains of China during Eastern Zhou Proc. Natl Acad. Sci. 114 932-7. 张雪莲、徐广德、何毓灵、仇士华：《殷墟54号墓出土人骨的碳氮稳定同位素分析》，《考古》2017年第3期，第100—109页。

[3] 陈雪香：《中国青铜时代小麦种植规模的考古学观察》，《中国农史》2016年第3期，第3—9页。Long T W, Leipe C, Jin G Y, Wagner M, Guo R Z, Schroeder O and Tarasov P E 2018 The early history of wheat in China from ^{14}C dating and Bayesian chronological modelling Nat. Plants 4 272-9.

[4] 杨玉璋、袁增箭、张家强、程至杰、禤华丽、方方、张居中、顾万发：《郑州东赵遗址炭化植物遗存记录的夏商时期农业特征及其发展过程》，《人类学学报》2017第1期，第119—130页；赵志军、方燕明：《登封王城岗遗址浮选结果及分析》，《华夏考古》2007年第2期，第78—89页；吴文婉、张继华、靳桂云：《河南登封南洼遗址二里头到汉代聚落农业的植物考古证据》，《中原文物》2014年第1期，第109—117页；钟华、李素婷、李宏飞、赵志军：《河南省郑州市小双桥遗址浮选结果及分析》，《南方文物》2018年第2期，第163—169页。

[5] Barton L, Newsome S D, Chen F H, Wang H, Guilderson T P and Bettinger R L 2009 Agricultural origins and the isotopic identity of domestication in northern China Proc. Natl Acad. Sci. 106 5523-8.

副产品[1]。这进一步证明中原地区在先商至西周时期严重依赖粟作农业。

人骨 $\delta^{13}C$ 值在东周时期范围扩大且向 C_3 食谱信号转变（p=0，附表二和图二，a），这可能是由于东周时期小麦的消费量加大。植物考古数据显示，东周时期食谱中小麦的比重上升[2]，这表明该时期小麦的种植频率和普及性迅速增加[3]。文献记载也证实了这一现象。例如，据《左传》和《战国策》记载，东周时期政府鼓励小麦的种植。然而，先商至东周时期中原不同区域先民食谱和生存策略存在差异。东周时期，河南食谱由 C_4 为主转变为 C_3/C_4 混合（图二，b），山西和陕西仍主要以 C_4 食谱为主（图二，c、d）。这说明东周时期中原地区人群食谱发生了变化，但是这种变化在核心区域（即河南北部）更明显。

（三）气候变化背景下的社会适应力

气候和社会变化可能会导致人类生业模式的转变。气候变化被认为是影响过去人类生业模式发展的重要因素[4]。当气候恶化和人口压力增加导致自然资源减少时，人类会改变生业模式以提高社会适应能力。

驯化于中国北方的粟黍，是东周以前中原地区的主食。而驯化于西亚的小麦虽然在跨大陆文化交流背景下，于前2000年左右就传入了中原[5]，但作为外来作物，在东周以前的整个生业系

---

[1] Hou L L et al 2013 Human subsistence strategy at Liuzhuang site, Henan, China during the proto-Shang culture (~2000−1600 BC) by stable isotopic analysisJ. Archaeol. Sci. 40 2344−51. Dai L L, Li Z P, Zhao C Q, Yuan J, Hou L L, Wang C S, Fuller B T and Hu Y W 2016 An isotopic perspective on animal husbandry at the Xinzhai site during the initial stage of the legendary Xia Dynasty (2070−1600 BC) Int. J. Osteoarchaeol. 26 885−96. Ma Y, Fuller B T, Wei D, Shi L, Zhang X Z, Hu Y W and Richards M P 2016 Isotopic perspectives ($\delta^{13}C$, $\delta^{15}N$, $\delta^{34}S$) of diet, social complexity, and animal husbandry during the proto-Shang period (ca. 2000−1600 BC) of China Am. J. Phys. Anthropol. 160 433−45.

[2] Dong Y, Morgan C, Chinenov Y, Zhou L G, Fan W Q, Ma X L and Pechenkina K 2017 Shifting diets and the rise of male-biased inequality on the Central Plains of China during Eastern Zhou Proc. Natl Acad. Sci. 114 932−7. Zhou L G, Garvie-Lok S J, Fan W Q and Chu X L 2017 Human diets during the social transition from territorial states to empire: stable isotope analysis of human and animal remains from 770 BCE to 220 CE on the Central Plains of China J. Archaeol. Sci.: Rep. 11 211−23.

[3] 刘焕、宋国定、龚一鸣、蒋洪恩、王昌燧：《河南淅川申明铺遗址出土植物遗存的初步分析》，《华夏考古》2017年第1期，第54—61页；马方青：《山东邹城邾国故城（2015）东周至西汉植物考古观察》，山东大学2017年硕士学位论文。Deng Z H, Fuller D Q, Chu X L, Cao Y P, Jiang Y C, Wang L Z and Lu H Y 2019 Assessing the occurrence and status of wheat in late Neolithic central China: the importance of direct AMS radiocarbon dates from Xiazhai Veg. Hist. Archaeobot. 26 61−73.

[4] Ma M M, Dong G H, Jia X, Wang H, Cui Y F and Chen F H 2016 Dietary shift after 3600 cal yr BP and its influencing factors in northwestern China: evidence from stable isotopes Quat. Sci. Rev. 145 57−70. 宫玮、方辉、郭俊峰、陈雪香：《商末气候变化对于稻作农业的影响——基于济南大辛庄、刘家庄遗址商代植物遗存观察》，《第四纪研究》2019年第39期，第170—182页。

[5] Lee G A, Crawford G W, Liu L and Chen X 2007 Plants and people from the early Neolithic to Shang periods in North China Proc. Natl Acad. Sci. 104 1087−92. 赵志军：《中国古代农业的形成过程——浮选出土植物遗存证据》，《第四纪研究》2014年第1期，第73—84页；赵志军：《小麦传入中国的研究——植物考古资料》，《南方文物》2015年第3期，第44—52页。

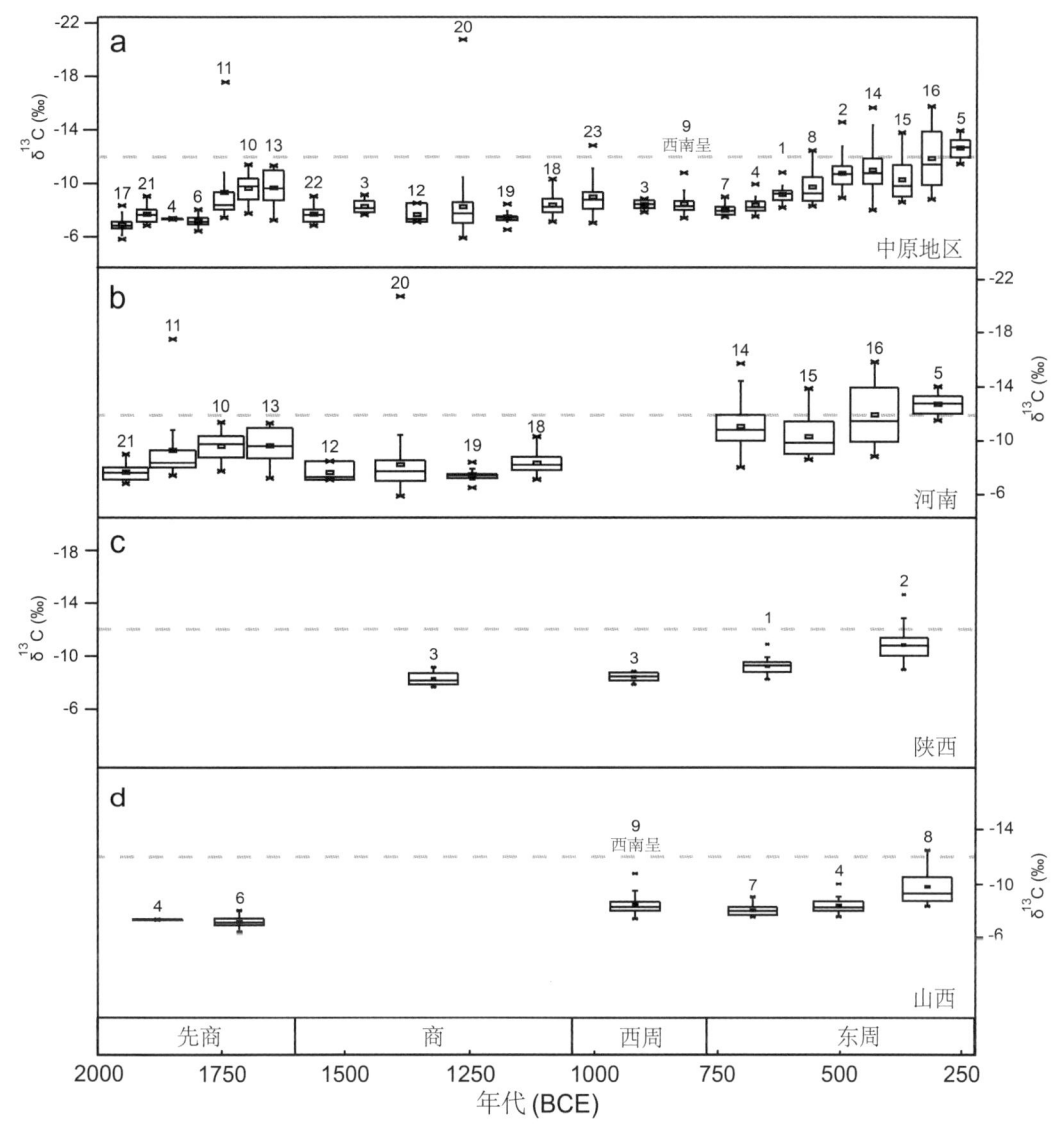

图二 中原地区先商至东周时期人骨骼碳同位素

（灰色虚线表示 $\delta^{13}C$ 的值为 $-12‰$）

统中的作用有限[1]。东周时期,根据碳氮稳定同位素数据显示,中原地区先民食用了更多的小麦,并且不同区域人群食谱的变化存在空间差异。

中原地区小麦在食谱中占比的增加很可能与商代晚期至东周早期气候的恶化有关。格陵兰岛的氧同位素记录显示,这一时期全球气候在变冷(图三,g)。王绍武[2]指出,在2.8—2.6 Ka BP 期间,干旱事件随着温度的降低而增加。尽管中国的气候模式更为复杂[3],但是总体的变化趋势

---

[1] 陈雪香:《中国青铜时代小麦种植规模的考古学观察》,《中国农史》2016年第3期,第3—9页。
[2] 王绍武:《全新世气候变化》,气象出版社,2011年。
[3] Wanner H, Solomina O, Grosjean M, Ritz S P and Jetel M 2011 Structure and origin of Holocene cold events Quat. Sci. Rev. 30 3109-23.

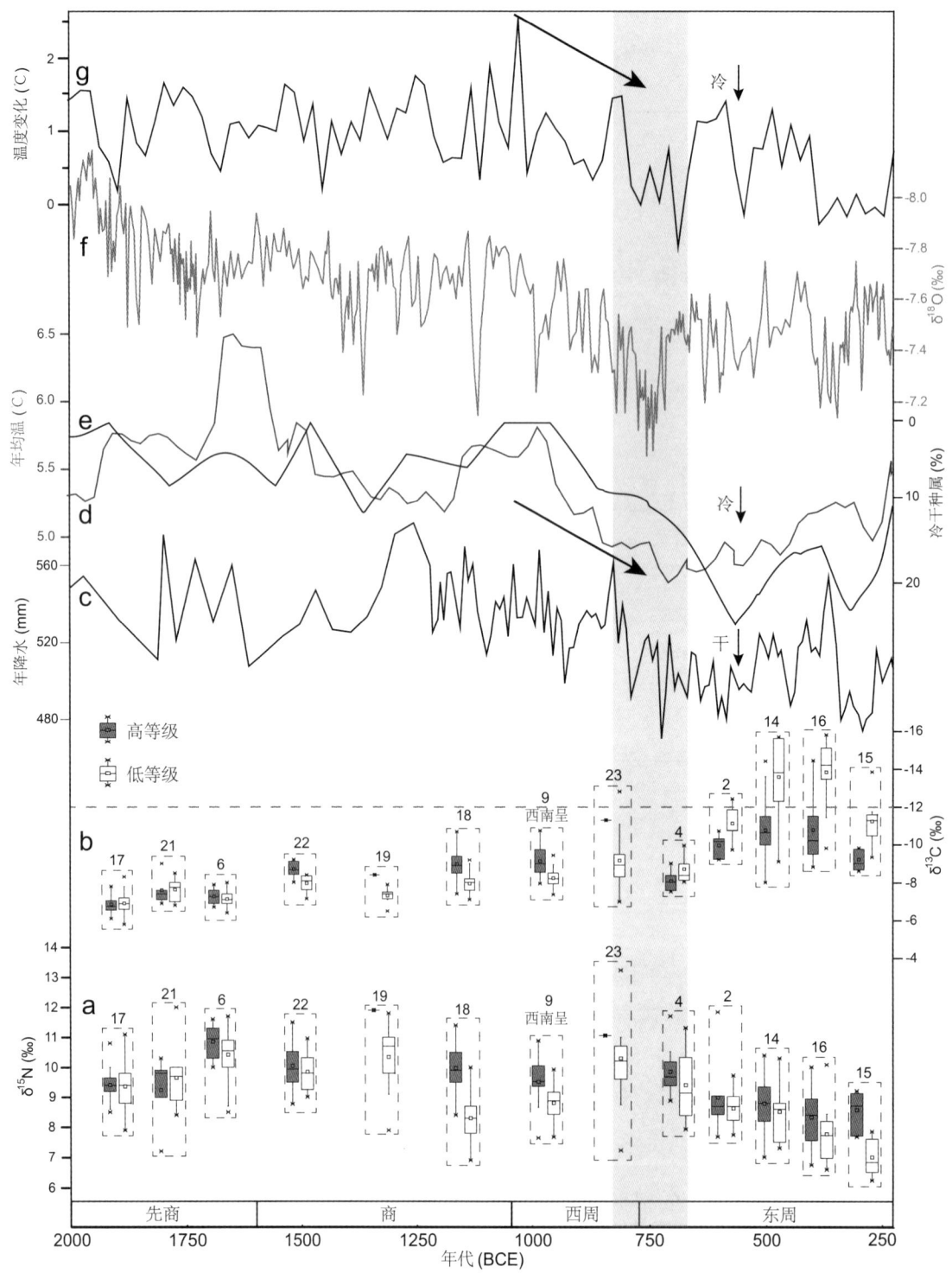

图三 中原地区不同等级人群的对比

(黑色的虚线框表示不同遗址的同位素数据。黑色箭头指示气候自晚商开始逐渐变得干冷,阴影表示干冷的气候事件)

a. 氮同位素与气候记录的对比;b. 碳同位素与气候记录的对比;c. 公海孢粉记录重建的年降水量(Chen et al 2015);d. 岱海孢粉记录重建的区域温度(Xu et al 2010);e. 公海摇蚊记录重建的温度(Wang et al 2018);f. 董哥洞石笋同位素重建的季风强度(Wang et al 2005);g. 格陵兰冰芯氧同位素重建的温度(Vinther et al 2009)

Chen F H et al 2015 East Asian summer monsoon precipitation variability since the last deglaciation Sci. Rep. 5 11186. Xu Q H, Xiao J L, Li Y C, Tian F and Nakagawa T 2010 Pollen-based quantitative reconstruction of Holocene climate changes in the Daihai Lake area, InnerMongolia, China J. Clim. 23 2856–68.Wang H P, Chen J H, Zhang S D, Zhang D D, Wang Z L, Xu Q H, Chen S Q, Wang S J, Kang S C and Chen F H 2018 A chironomid-based record of temperature variability during the past 4000 years in northern China and its possible societal implications Clim. Past 14 383–96.Wang Y J, Cheng H, Edwards R L, He Y Q, Kong X G, An Z S, Wu J Y, Kelly M J, Dykoski C A and Li X D 2005 The Holocene Asian monsoon: links to solar changes and North Atlantic climate Science 308 854–7.Vinther B M et al 2009 Holocene thinning of the Greenland ice sheet.

是相似的。董哥洞石笋 $\delta^{18}O$ 记录的亚洲夏季风转弱,似乎与商朝晚期至东周早期的冷干气候状况相一致(图三,f)。从区域来看,公海和岱海的三份古气候记录全部显示中原地区在这一时期气温和降水呈下降趋势(图三,c~e)。公海和岱海的两个高分辨率孢粉记录进一步显示,西周和东周交替之际出现了一个气温极低的时期,这与亚洲夏季风最弱的时期相一致(图三,f)。战国编年体史书《竹书纪年》记载,中原地区"九月,桃杏实","夏六月,陨霜",这也说明了周幽王(前795~前771年)统治时期气候异常寒冷。

粟黍耐旱但是不耐寒[1],因此自商朝以来,受恶劣气候影响可能开始减产(图三)。这种农业模式在西周晚期至东周早期的极端冷干气候中可能难以维持。粮食供给减少,难以养活大量的人口(2000万)。单一作物的农业体系易受环境变化的影响。为了应对气候压力,中原地区先民将耐寒的小麦加入传统粟作农业系统中,从而提高了生存和适应能力。另外,中原地区在前1046—前771年人口由1000万迅速增长至2000万[2],而小麦产量高于粟黍[3],这可能在一定程度上增强了社会对小麦生产的依赖性,尤其是在东周政权的核心区域——河南。到了汉朝(前202—220年),小麦在食品中的地位已略高于粟黍[4]。

为了比较高等级和低等级先民食谱的变化,本文分别绘制了不同等级人群 $\delta^{13}C$ 和 $\delta^{15}N$ 值的图片(图三,a、b)。可以看到,从商朝至西周时期高等级人群比低等级人群食用了更多的 C_3 类食物(图三,b,附表三),包括小麦或以 C_3 类作物为食的动物。这可能是由于小麦传入中国的早期难以购买或生产需要投入更多劳动力,因此这些外来作物(即小麦)主要供高等级人群食用。随着中原地区小麦的普及和种植面积的扩大[5],东周时期小麦在先民日常食谱中的比重逐渐提高,并且在农业生产中的重要性不断增强,尤其对低等级人群来说(附表三,图三,a、b)。这种情况的产生与小麦的普及有关。尽管小麦的口感不如粟黍,汉末以前中原地区主要采用蒸煮整粒谷物的方式食用小麦[6]。

人类社会采用了各种策略来应对环境变化和极端气候事件。迁徙和生存策略的改变是最受

---

[1] 王星玉:《中国黍稷》,中国农业出版社,1996年。

[2] 路遇、滕泽之:《中国人口通史》,山东人民出版社,2000年。

[3] 彭卫:《关于小麦在汉代推广的再探讨》,《中国经济史研究》2010第4期,第63—71页。

[4] Hou L L, Wang N, Lv P, Hu Y W, Song G D and Wang C S 2012 Transition of human diets and agricultural economy in Shenmingpu Site, Henan, from the Warring States to Han Dynasties Sci. China Earth Sci. 55 975-82. Deng Z H, Fuller D Q, Chu X L, Cao Y P, Jiang Y C, Wang L Z and Lu H Y 2019 Assessing the occurrence and status of wheat in late Neolithic central China: the importance of direct AMS radiocarbon dates from Xiazhai Veg. Hist. Archaeobot. 26 61-73.

[5] 马方青:《山东邹城邾国故城(2015)东周至西汉植物考古观察》,山东大学2017年硕士学位论文;唐森、王晓毅、侯侃、侯亮亮:《山西晋中小南庄墓地人骨的C、N稳定同位素:试析小麦在山西的推广》,《人类学学报》2018年第2期,第318—330页;钟华、李素婷、李宏飞、赵志军:《河南省郑州市小双桥遗址浮选结果及分析》,《南方文物》2018年第2期,第163—169页。Deng Z H, Fuller D Q, Chu X L, Cao Y P, Jiang Y C, Wang L Z and Lu H Y 2019 Assessing the occurrence and status of wheat in late Neolithic central China: the importance of direct AMS radiocarbon dates from Xiazhai Veg. Hist. Archaeobot. 26 61-73.

[6] 曾雄生:《论小麦在古代中国之扩张》,《中国饮食文化》2005年第1期,第99—133页。

关注的[1]。随着文明的发展，人类社会对环境压力的适应能力不断加强。本文的结果显示，中原地区在周朝时通过改变农作物结构而不是从根本上改变生存策略来应对环境压力。具体地说，这一时期开始种植更多的小麦来应对环境和人口压力。研究显示中国西北地区[2]、印度[3]和意大利[4]也有相似的现象。也就是说，社会的崩溃不是古代人类应对环境变化的唯一途径，在有些情况下人类可以通过改变农业生产策略来增强适应能力。自此，由于人类对环境变化的适应能力进一步提高，文明的兴衰更可能由人类社会本身而不是气候变化主导。

（六）结论

同位素和测年结果显示约前1000—前800年人类食用了大量C_4类食物（粟黍或以粟黍为食的动物），不同等级人群的食谱存在显著差异。与低等级人群相比，高等级人群食用了更多的动物蛋白和C_3类作物（很可能是小麦）。根据中原地区人骨稳定同位素数据和植物考古证据，东周时期人类食谱和生存策略发生了显著的变化，小麦的利用得到普及，这可以从低等级人群食谱中C_3类作物比重增加中得以论证。

西周晚期至东周早期气候恶化造成的生存压力的加大，是周朝（前1046—前221年）社会经济变化的重要因素。中原地区东周时期发展的麦粟混作农业体系是对环境和人口压力的响应，说明这一时期社会经济系统对气候变化有了一定程度的适应能力。本文综合气候变化、人骨同位素数据、墓葬形制的方法可以广泛用于中国和其他国家史前和历史时期考古研究，从而揭示人类对环境的适应及其关系。

---

[1] Kuper R and Kröpelin S 2006 Climate-controlled Holocene occupation in the Sahara: motor of Africa's evolution Science 313 803-7. Flohr P, Fleitmann D, Matthews R, Matthews W and Black S 2016 Evidence of resilience to past climate change in Southwest Asia: early farming communities and the 9.2 and 8.2 ka events Quat. Sci. Rev. 136 23-39. Lespez L, Glais A, Lopez-Saez J A, Le Drezen Y, Tsirtsoni Z, Davidson R, Biree L and Malamidou D 2016 Middle Holocene rapid environmental changes and human adaptation in Greece Quat. Res. 85 227-44. Dong G H, Li R, Lu M X, Zhang D J and James N 2019 Evolution of human-environmental interactions in China from the late Paleolithic to the Bronze Age Prog. Phys. Geog. 9 030913331987680.

[2] Ma M M, Dong G H, Jia X, Wang H, Cui Y F and Chen F H 2016 Dietary shift after 3600 cal yr BP and its influencing factors in northwestern China: evidence from stable isotopes Quat. Sci. Rev. 145 57-70. Yang Y S, Ren L L, Dong G H, Cui Y F, Liu R L, Chen G K, Wang H, Wilkin S and Chen F H 2019 Economic Change in the prehistoric Hexi Corridor (4800–2200 BP), North-West China Archaeometry 61 957-76.

[3] Pokharia A K, Agnihotri R, Sharma S, Bajpai S, Nath J, Kumaran R N and Negi B C 2017 Altered cropping pattern and cultural continuation with declined prosperity following abrupt and extreme arid event at~4200 yrs BP: Evidence from an Indus archaeological site Khirsara, Gujarat, western India PLoS One 12 e0185684.

[4] Primavera M, D'Oronzo C, Muntoni I M, Radina F and Fiorentino G 2017 Environment, crops and harvesting strategies during the II millennium BC: resilience and adaptation in socio-economic systems of Bronze Age communities in Apulia (SE Italy) Quat. Int. 436 83-95.

附表一　中原地区先商至东周时期已发表的人骨稳定同位素结果总结

图中序号	地区	遗址	时期	数量(C)	$\delta^{13}C$平均值	$\delta^{13}C$范围	数量(N)	$\delta^{15}N$平均值	$\delta^{15}N$范围	参考文献
7	山西	小南庄	东周	16	−8.0±0.4	−9.0~−7.5	16	10.5±0.9	9.0~11.7	唐淼等,2018
8	山西	余吾	东周	6	−9.8±1.6	−12.5~−8.3	6	8.8±0.6	7.9~9.5	薛鹏铭,2015
4	山西	内阳垣	东周	20	−8.4±0.7	−10.0~−7.5	20	9.7±1.0	7.9~11.7	裴德明等,2008
2	陕西	孙家南头	东周	25	−10.8±1.3	−14.6~−8.9	25	8.5±1.0	6.8~11.8	凌雪,2010
1	陕西	建河	东周	14	−9.2±0.7	−10.8~−8.2	14	8.7±0.5	7.8~9.4	凌雪,2010
5	河南	申明铺	东周	14	−12.7±0.8	−14.0~−11.5	14	8.7±1.2	6.2~10.4	Hou等,2012
16	河南	西亚斯	东周	30	−11.9±2.2	−15.8~−8.8	30	8.1±0.9	6.6~10.1	Dong等,2017
15	河南	畅馨园	东周	15	−10.3±1.4	−13.8~−8.6	15	7.7±1.0	6.2~9.2	Dong等,2017
14	河南	新郑	东周	75	−11.0±1.6	−15.7~−8.0	75	8.8±0.8	7.0~10.4	Zhou等,2017
9	山西	西南呈	西周	62	−8.4±0.7	−10.8~−7.4	62	9.0±0.7	7.6~10.9	本文
3	陕西	枣树沟脑	西周	15	−8.4±0.3	−8.8~−7.8	15	8.4±1.2	6.7~10.4	Peters,2016
23	山东	前掌大	西周	36	−8.9±1.4	−12.8~−7.0	48	10.0±1.2	7.2~13.2	张雪莲等,2012
18	河南	殷墟	商	103	−8.3±0.8	−10.7~−7.1	103	8.9±1.1	6.9~11.4	Cheung等,2017
19	河南	殷墟M54	商	9	−7.4±0.5	−8.4~−6.5	9	10.5±1.3	7.9~11.9	张雪莲等,2017
20	河南	安阳殷墟	商	39	−8.2±2.5	−20.7~−5.9	/	/	/	张雪莲等,2003
12	河南	偃师商城	商	3	−7.6±0.8	−8.5~−7.1	/	/	/	张雪莲等,2003
22	山东	刘家庄	商	20	−8.4±0.6	−9.2~−7.2	20	10.0±0.7	8.8~11.5	宫玮,2016
3	陕西	枣树沟脑	商	4	−8.2±0.6	−9.1~−7.6	4	9.0±0.2	8.8~9.1	Peters,2016
6	山西	聂店	先商	60	−7.1±0.3	−8.0~−6.4	60	10.5±0.7	8.5~11.7	王洋等,2014
4	山西	内阳垣	先商	2	−7.3±0.0	−7.4~−7.3	2	8.4±0.1	8.4~8.5	裴德明等,2008
11	河南	二里头	先商	22	−9.3±2.4	−17.5~−7.4	5	11.9±4.2	8.2~18.9	张雪莲等,2007
13	河南	新砦	先商	8	−9.6±1.4	−11.3~−7.2	8	9.0±1.0	7.8~10.5	吴小红等,2007

续表

图中序号	地区	遗址	时期	数量(C)	δ¹³C平均值	δ¹³C范围	数量(N)	δ¹⁵N平均值	δ¹⁵N范围	参考文献
10	河南	南寨	先商	9	-9.6 ± 1.3	$-11.4\sim-7.7$	/	/	/	张雪莲等,2007
21	河南	刘庄	先商	19	-7.6 ± 0.6	$-9.0\sim-6.8$	19	9.6 ± 1.0	$7.2\sim12.0$	Hou等,2013
17	河北	南城	先商	75	-6.9 ± 0.4	$-8.3\sim-5.8$	75	9.4 ± 0.6	$7.9\sim11.1$	Ma等,2016

参考文献

宫玮 2016 济南大辛庄、刘家庄商代先民食物结构研究——植物大遗存与碳、氮稳定同位素结果(山东：山东大学)

凌雪 2010 秦人食谱研究(陕西：西北大学)

裴德明,胡耀武,杨益民,张全超,张雯,田建文,王昌燧 2008 山西乡宁内阳垣遗址先民食物结构分析 人类学学报 27 379-384

唐淼,王晓毅,侯佩,侯亮亮 2018 山西晋中小南庄墓地人骨的C,N稳定同位素：试析小麦在山西的推广 人类学学报 37 318-330

王洋,南普恒,王晓毅,魏东,胡耀武,王昌燧 2014 相近社会等级先民的食物结构差异——以山西夏县遗址为例 人类学学报 33 82-89

吴小红,肖怀德,魏彩云,潘岩,黄蕴平,赵春青,徐晓梅,Ogrinc N 2007 河南新砦遗址人、猪食物结构与农业形态和家猪驯养的稳定同位素证据(中国社会科学院考古研究所考古科技中心.科技考古第二辑.北京：科学出版社)

薛鹏铭 2015 屯留余吾战国至两汉时期人骨的C,N稳定同位素分析(山西：山西大学)

张雪莲,仇士华,薄官成,王金霞,钟建 2007 二里头遗址、陶寺遗址部分人骨碳十三、氮十五分析(中国社会科学院考古研究所考古科技中心.科技考古第二辑.北京：科学出版社)

张雪莲,仇士华,钟建,梁中合 2012 山东滕州市前掌大墓地出土人骨的碳、氮稳定同位素分析 考古 9 83-90

张雪莲,王金霞,冼自强,仇士华 2003 古人类食物结构研究 考古 2 62-75

张雪莲,徐广德,何毓灵,仇士华 2017 殷墟54号墓出土人骨的碳氮稳定同位素分析 考古 3 100-109

Cheung C, Jing Z, C Tang J G, Weston D A and Richards M P 2017 Diets, social roles, and geographical origins of sacrificial victims at the royal cemetery at Yinxu, Shang China: new evidence from stable carbon, nitrogen, and sulfur isotope analysis *J. Anthropol. Archaeol.* 48 28-45

Dong Y, Morgan C, Chinenov Y, Zhou L G, Fan W Q, Ma X L and Pechenkina K 2017 Shifting diets and the rise of male-biased inequality on the Central Plains of China during Eastern Zhou *P. Natl. Acad. Sci. U.S.A.* 114 932-937

Hou L L, Hu Y W, Zhao X P, Li S T, Wei D, Hou Y F, Hu B H, Lv P, Li T, Song G D and Wang C S 2013 Human subsistence strategy at Liuzhuang site, Henan, China during the proto-Shang culture (~2000-1600 BC) by stable isotopic analysis *J. Archaeol. Sci.* 40 2344-2351

Hou L L, Wang N, Lü P, Hu Y W, Song G D and Wang C S 2012 Transition of human diets and agricultural economy in Shenmingpu site, Henan, from the Warring States to Han Dynasties *Sci. China Earth Sci.* 55 975-982

Ma Y, Fuller B T, Wei D, Shi L, Zhang X Z and Hu Y W and Richards M P 2016 Isotopic perspectives ($\delta^{13}C$, $\delta^{15}N$, $\delta^{34}S$) of diet, social complexity, and animal husbandry during the proto-shang period (ca. 2000-1600 BC) of China *Amer. J. Phy. Anthropol.* 160 433-445

Peters J, Lebrasseur O, Deng H and Larson G 2016 Holocene cultural history of Red jungle fowl (Gallus gallus) and its domestic descendant in East Asia *Quat. Sci. Rev.* 142 102-119

Zhou L G, Garvie-Lok S J, Fan W Q and Chu X L 2017 Human diets during the social transition from territorial states to empire: stable isotope analysis of human and animal remains from 770 BCE to 220 CE on the Central Plains of China *J. Archaeol. Sci.: Rep.* 11 211-23

附表二 中原地区东周前后人骨胶原碳同位素值显著性检验结果

时期	数量	$\delta^{13}C$(‰)		p
		平均值	标准差	
东周	218	−10.5	1.9	0*
西周,商和先商	482	−8.0	1.3	

* The mean difference is significant at the 0.05 level

附表三 中原地区先商至东周时期高等级和低等级人群骨胶原碳同位素值显著性检验结果

时期	序号	遗址	等级	数量	$\delta^{13}C$(‰)		p	参考文献
					平均值	标准差		
东周	16	西亚斯	高	19	−10.8	1.6	0*	Dong等,2017
			低	11	−13.8	1.8		
	15	畅馨园	高	7	−9.2	0.5	0.002*	Dong等,2017
			低	8	−11.2	1.3		
	14	新郑	高	68	−10.8	1.3	0.02*	Zhou等,2017
			低	7	−13.6	2.4		
	2	孙家南头	高	7	−9.9	0.6	0.005*	凌雪,2010
			低	10	−11.1	0.8		
	4	内阳垣	高	11	−8.1	0.5	0.03*	裴德明等,2008
			低	9	−8.7	0.7		
西周	9	西南呈	高	13	−9.1	0.9	0.003*	本文
			低	49	−8.2	0.4		
商	18	殷墟	高	39	−8.9	0.7	0*	Cheung等,2017
			低	64	−7.9	0.5		
	22	刘家庄	高	12	−8.7	0.4	0.001*	宫玮,2016
			低	8	−7.9	0.5		
先商	6	聂店	高	6	−7.3	0.5	0.36	王洋等,2014
			低	54	−7.1	0.3		
	21	刘庄	高	5	−7.6	0.8	0.94	Hou等,2013
			低	10	−7.6	0.6		
	17	南城	高	36	−6.9	0.4	0.64	Ma等,2016
			低	38	−6.9	0.5		

* The mean difference is significant at the 0.05 level.

参考文献

宫玮 2016 济南大辛庄、刘家庄商代先民食物结构研究——植物大遗存与碳、氮稳定同位素结果（山东：山东大学）

凌雪 2010 秦人食谱研究（陕西：西北大学）

裴德明,胡耀武,杨益民,张全超,张国文,田建文,王昌燧 2008 山西乡宁内阳垣遗址先民食物结构分析 人类学学报 27 379-384

王洋,南普恒,王晓毅,魏东,胡耀武,王昌燧 2014 相近社会等级先民的食物结构差异——以山西聂店遗址为例 人类学学报 33 82-89

Cheung C, Jing Z, C Tang J G, Weston D A and Richards M P 2017 Diets, social roles, and geographical origins of sacrificial victims at the royal cemetery at Yinxu, Shang China: new evidence from stable carbon, nitrogen, and sulfur isotope analysis *J. Anthropol. Archaeol.* 48 28-45

Dong Y, Morgan C, Chinenov Y, Zhou L, Fan W, Ma X and Pechenkina K 2017 Shifting diets and the rise of male-biased inequality on the Central Plains of China during Eastern Zhou *Proc. Natl Acad. Sci.* 114 932-937

Hou L L, Hu Y W, Zhao X P, Li S T, Wei D, Hou Y F, Hu B H, Lv P, Li T, Song G D and Wang C S 2013 Human subsistence strategy at Liuzhuang site, Henan, China during the proto-Shang culture (~2000-1600 BC) by stable isotopic analysis *J. Archaeol. Sci.* 40 2344-2351

Ma Y, Fuller B T, Wei D, Shi L, Zhang X Z and Hu Y W and Richards M P 2016 Isotopic perspectives (δ^{13}C, δ^{15}N, δ^{34}S) of diet, social complexity, and animal husbandry during the proto-shang period (ca. 2000-1600 BC) of China *Amer. J. Phy. Anthropol.* 160 433-445

Zhou L, Garvie-Lok S J, Fan W and Chu X 2017 Human diets during the social transition from territorial states to empire: Stable isotope analysis of human and animal remains from 770 BCE to 220 CE on the Central Plains of China *J. Archaeol. Sci.: Rep.* 11 211-223

长子西南呈西周墓地遗骸古DNA研究报告

韦兰海　文少卿　周博言　蒙海亮　李　辉*

一、前言

古DNA研究是指对保留在古代生物遗骸和遗迹中的遗传物质的测试和研究,是以分子生物学技术为基础发展起来的新兴学科方向。通过古DNA研究,能够分析古代生物的谱系、人群的起源和迁徙过程以及动植物的驯化过程等等。通过古DNA研究古代人群的遗传结构及其演化历史,已经成为当前的学术热点。

为配合当地施工建设,山西省考古研究所于2012年至2016年对长治市长子县西南呈村发现的西周墓地(以下简称西南呈墓地)进行了抢救性发掘。共发掘西周时期墓葬108座,其中包括带甲字形墓道的大墓5座。根据以往的考古资料,除了黎城西关墓地之外,如此规模的大型西周墓葬在晋东南地区还从未发现过。受山西省考古研究所委托,我们对墓葬的部分遗骸进行了古DNA测试,通过研究西南呈墓地居民的遗传结构,为理解当时的社会关系、葬俗葬式提供新的视角。

二、古DNA研究

(一) 古DNA测试流程

我们选取了12座墓葬中的人类遗骸的部分遗骨以进行后续的古DNA实验。本次实验严格按照古DNA研究的操作规范[1]对样本进行处理：1. 去污染预处理；2. 样品的钻孔取粉；3. DNA抽提沿用本实验室之前成熟运用的硅胶吸附法[2]。对于提取的DNA,进行文库构建,最终通过Illumina Hiseq2000平台进行NGS的Shotgun测试。对于测试数据,用GATK流程进行分析。对于测得的父系和母系突变,参考www.isogg.org和www.phylotree.org的命名法进行单倍群支系的判断。

---

* 韦兰海、文少卿、周博言、蒙海亮、李辉,复旦大学现代人类学教育部重点实验室。
[1] Pääbo S, et al., Genetic analyses from ancient DNA, *Annu Rev Genet*, 2004, 38: 645−79.
[2] Xu Z, et al., Mitochondrial DNA evidence for a diversified origin of workers building First Emperor of China, *PLoS One*, 2008, 3(10): e3275. Zhang F, et al., Prehistorical East-West admixture of maternal lineages in a 2,500-year-old population in Xinjiang, *Phys Anthropol*, 2010, 142(2): 314−20.

（二）古DNA测试结果

根据上述方法，我们对西南呈墓地的12个墓葬的遗骸进行了古DNA测试。12个墓葬的相关信息以及测试结果见表一。此外，由于部分墓葬骨骼散乱，墓主性别不明。我们根据古DNA的测试结果，对被测遗骸进行了性别推测。推测的原理是：目前人类的Y染色体上已经发现了超过50万个有效位点。进行全基因组Shotgun测试，古DNA的内源性如果超过万分之一的话，或多或少能测到一些有效的Y染色体位点。如果某例样本没有测到任何一个有效的Y染色体位点，则判断为女性。

表一 西南呈墓地12个墓葬遗骸的信息和古DNA测试结果

墓号	墓葬等级	遗骸身份	性别（根据DNA推测，非体质测量）	父系类型	母系类型
M63	小墓	墓主	男性	**N1a2a-M128**	F1a1*
M99	小墓	墓主	女性	n/a	D4e*
M103	小墓	墓主	男性	**N1a2a-M128**	B5a2*
M101	小墓	墓主	男性	**Qα-Y642**	F1a1c*
M109	小墓	墓主	男性	N1b2e-M1846	D4b2b
M106	小墓	墓主	女性	n/a	D4j1b
M108	小墓	墓主	男性	**N1a2a-M128**	A15
M111	小墓	墓主	男性	**C2a1-CTS2428**	F1a1c2
M112	小墓	墓主	女性	n/a	Z4*
M119	小墓	墓主	女性	n/a	D5a*
M18	大墓	墓主	男性	**N1a2a-M128**	R11b*
M15	大墓	殉人	女性	n/a	B4a1c1a1

从表一可见，西南呈墓地西周时代人群的遗传结构很有特点。在推测的7名男性中，分别测到4例N1a2a-M128，1例Qα-Y642，1例C2a1-CTS2428和1例N1b2-M1846。而在母系线粒体DNA方面，母系支系的多样性是很高的，每个被测试的遗骸的支系都不一样。以下就测试结果进行更详细的分析。

（三）西南呈墓地西周时代人群在东亚人群遗传谱系上的位置

1. 母系F1a1

西南呈墓地西周时代人群有3例样本的母系属于F1a1单倍群，即M63、M101和M111。在现代人群中，母系F1a1单倍群在华南地区人群中的比例较高，如壮侗语人群、南岛语人群、苗瑶语人群和南亚语人群，在各地汉族人群中也有较高的比例，是汉族人群的主要母系类型之一。F1a1

单倍群本身的年代超过一万年,因此西南呈墓地西周时代人群有3例样本的母系虽然都属于F1a1单倍群,但属于不同的下游支系,已经分开了很久,并没有晚近的母系同源关系。如图一所示。从东亚人群数千年的演化历史看,华北地区的母系F1a1可视为东亚南部人群向北扩散并融入当地人群的结果。

2. 母系D4e*、D5a*

西南呈墓地西周时代人群有1例样本的母系属于D4e*单倍群,即M99。在现代人群中,母系D4e单倍群广泛分布在东亚和北亚地区,在各地汉族人群中都有一定的比例。D4的下游支系D2是美洲土著人群的主要母系类型之一。D4e单倍群本身的年代超过三万年。西南呈墓地西周时代人群的M99的母系不属于D4e下常见几个支系,而是属于一个相对罕见的支系D4e*。如图二所示。从东亚人群数千年的演化历史看,母系D4e可视为旧石器时代华北和北亚古代人群的母系遗存。

相对而言,母系D4的分布更偏内陆、更偏北亚,而母系D5a的分布更加偏南。母系D5a高频出现于东亚和东南亚地区,如图二所示。其中D5a1主要见于日本。D5a2主要见于汉族、藏缅语

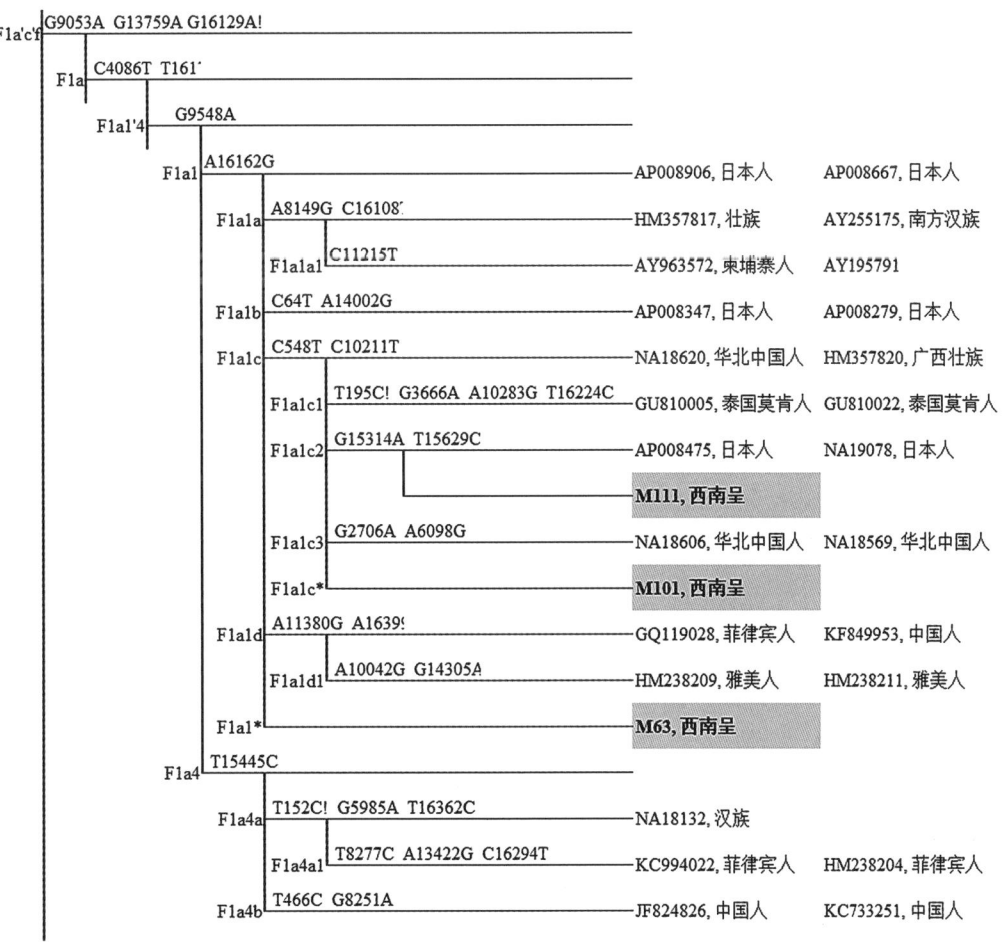

图一　西南呈墓地西周时代人群母系F1a1样本在谱系树上的位置

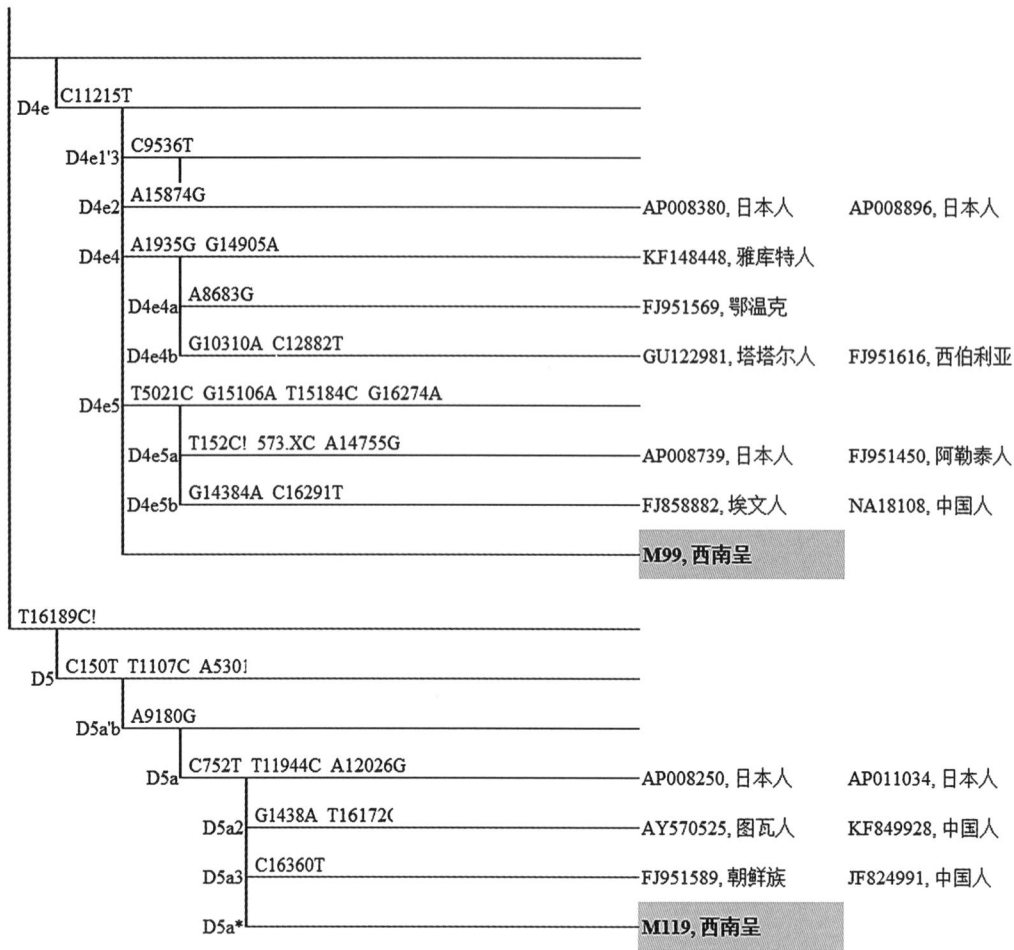

图二　西南呈墓地西周时代人群母系D4e和D5样本在谱系树上的位置

人群、部分阿尔泰语人群、越南人、泰国人、朝鲜族、日本人。D5a3主要见于藏族、汉族、朝鲜族、日本人和部分乌拉尔语人群。西南呈墓地M119样本属于D5a*，属早期分支。母系D5a可整体视为东亚北部和蒙古高原及其周围地区古代人群的母系遗存。

3. 母系D4b、D4j

西南呈墓地西周时代人群有两例样本的母系分别属于D4b（M109）和D4j（M106）单倍群。在现代人群中，母系D4b是D4之下比较繁荣的分支之一，如图三所示。D4b1多见于汉族、朝鲜族、日本人、阿尔泰语人群，在西伯利亚东北部人群中有较高的比例。D4b2a见于日本和吉尔吉斯人。D4b2b见于日本人、朝鲜族、布里亚特人、维吾尔族、土族、克木人、藏族人、汉族、藏缅语人群、图瓦人和锡伯族。西南呈墓地M109属于D4b2b的早期分支。母系D4b2b可整体视为东亚北部古代人群的母系遗存。

母系D4j是D4之下最为繁荣的支系之一，有非常多的下游支系。母系D4j是乌拉尔语人群、阿尔泰语人群、汉语和藏缅语人群的最主要母系类型之一，在中亚、中东和欧洲都有不少发现，如图三所示。母系D4j1b见于藏族、伽隆人（藏缅语人群）、万雀人、泰国孟人和吉尔吉斯人。西南呈墓地 M106 样本的母系属于 D4j1b*。母系 D4j1b 可视为汉藏语人群的母系类型之一。

4. 母系 B4、B5

西南呈墓地西周时代人群有两例样本的母系分别属于 B4（M15）和 B5（M103）单倍群（图四、五）。母系 B4 是现代东亚和东南亚人群最重要的母系类型之一，有很多下游支系。B4a1c1 主要见于日本人、朝鲜族和中国人群。B4a1c2'4'5 主要见于图瓦人、蒙古人、越南人、泰国各人群和各地汉族。B4a1c3 主要见于中国人群、日本人和哈萨克人。西南呈墓地 M15 属于 B4a1c1a1 支系。这个支系散见于各地汉族人群中。因日本人测序的数据多，因此在图中列出了较多来自日本人的样本。由于从东亚大陆前往日本列岛的人群组成了现代日本人的很大部分，因此，整体而言，可以认为 B4a1c1 是华北古代人群的母系遗存。

母系 B5 是现代东亚和东南亚人群最重要的母系类型之一，有很多下游支系。母系 B5a2 主要见于各地汉族、日本人和台湾世居少数民族。西南呈墓地 M103 属于 B5a2*，属早期分支。

整体而言，在东亚人群中，B4 和 B5 在南部地区人群的比例更高。华北、东北以及日韩地区的母系 B4 和 B5 可以认为是在不同的历史时期从南方向北扩散的结果。

5. 母系 A15、Z4 和 R11

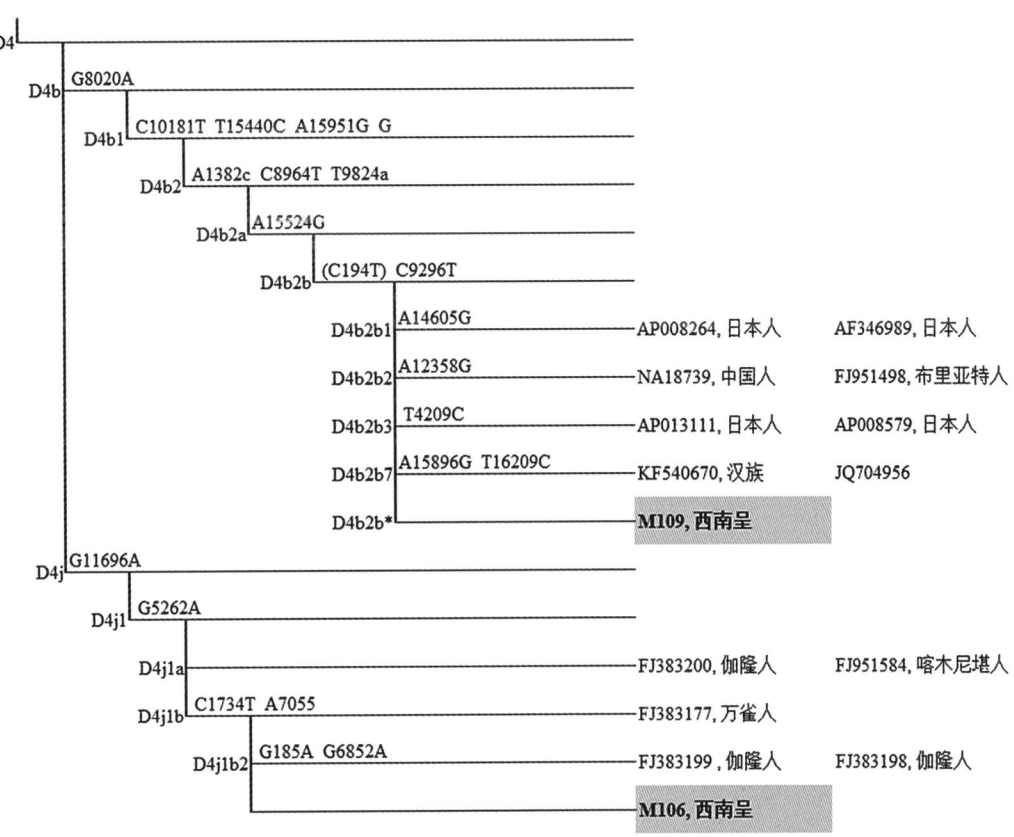

图三　西南呈墓地西周时代人群母系 D4b 和 D4j 样本在谱系树上的位置

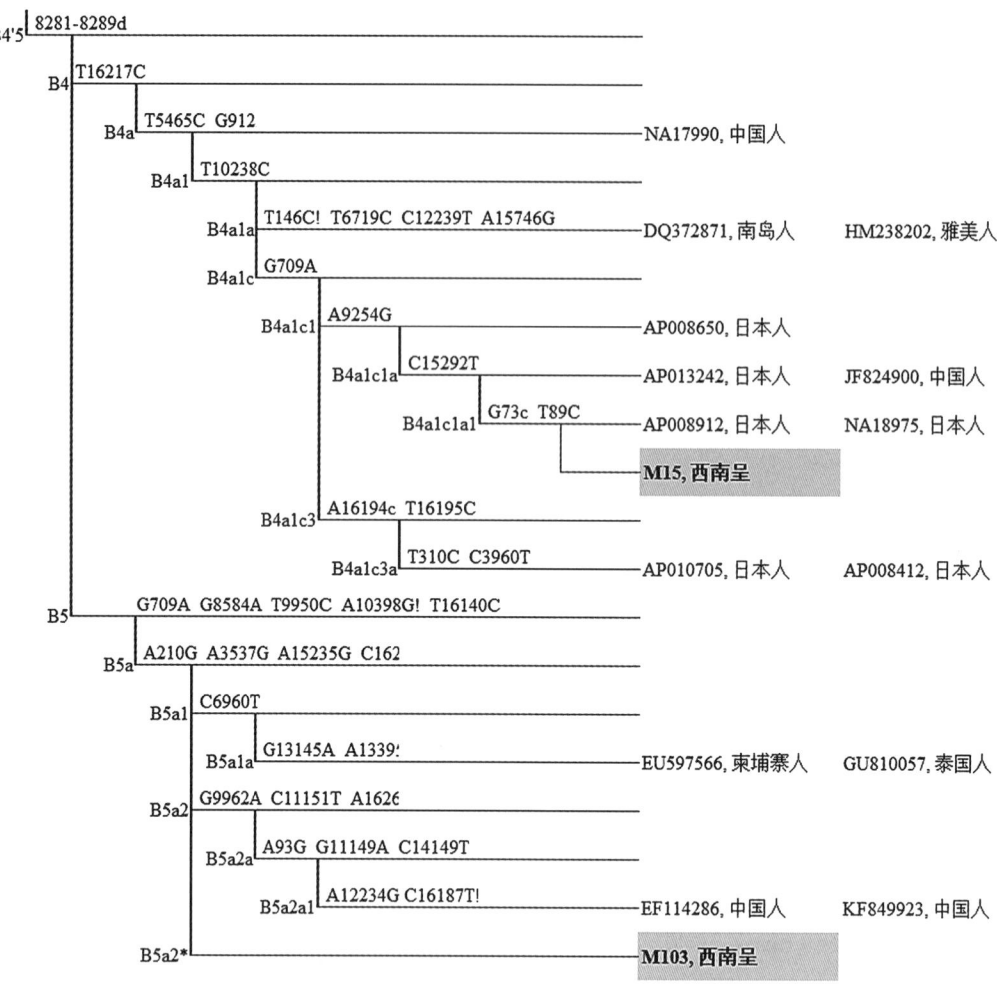

图四 西南呈墓地西周时代人群母系B4和B5样本在谱系树上的位置

（四）西南呈墓地西周时代人群的父系遗传结构

在测试的12例样本中，有7例男性。共测出4例N1a2a-M128，1例N1b2e-M1846、1例C2a1-CTS2428和1例Qα-Y642。以下，试就这些父系的起源过程进行讨论。

1. 父系N1a2a-M128的起源

父系N-M231大约在3.7万年前诞生。在距今2万年前后分化成几个重要的下游支系，主要分布在东亚、西伯利亚和欧洲东北部地区。

下游支系N1a1a-M178主要分布在东亚、西伯利亚和欧洲东北部地区。这个支系的下游支系是乌拉尔语人群和部分西伯利亚人群的核心父系类型。但是在东亚地区（包括汉族人群）也存在很多N1a1a-M178的下游支系，有的是早期的分支。下游支系N1a2a-M128主要分布在东亚地区，集中出现在汉族人群和华北—东北地区的少数族群之中。这个父系可能是中国古代华北和东北地区最重要的父系类型之一。支系N1a2b～P43是西伯利亚西部地区的萨摩耶德语人群和汉特-曼西人群的主要父系类型。支系N1b-F2930主要分布在东亚地区，是汉藏语人群的核心

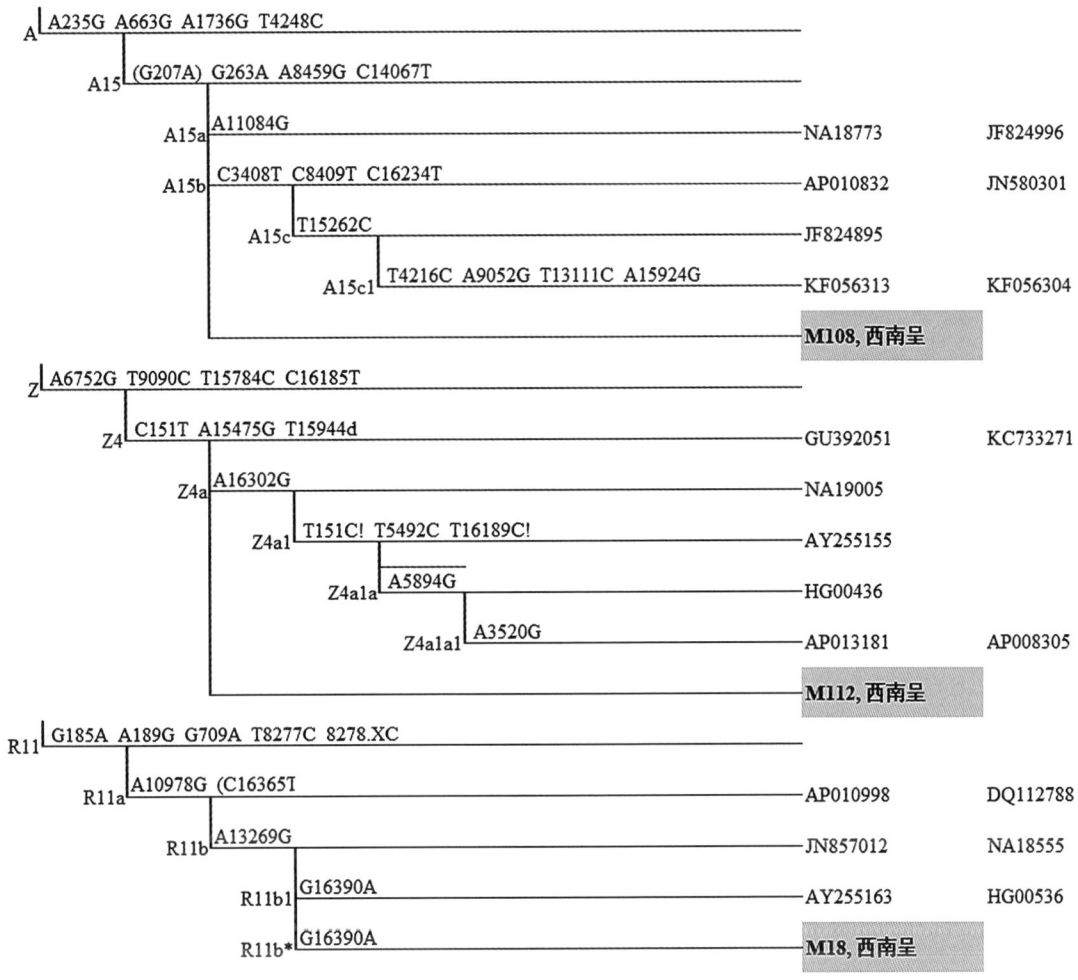

图五　西南呈墓地西周时代人群母系A15、Z4和R11样本在谱系树上的位置

父系类型之一。

对于父系N-M231经由南线还是北线迁徙到亚洲东北部，目前还有一点争议。一部分下游支系（N1b-F2930）局限在东亚，而另一部分（N1a1a-M178）则遍布西伯利亚。不过，在华北和东北地区发现有很多N1a1a-M178之下的早期分支。这可能支持西伯利亚的N1a1a-M178是从中国的华北—东北地区扩散过去的。另一方面，一般认为，N-M231的旁系支O-M175是经由南线迁入东亚的。按常理推测，N-M231也应该沿南线迁徙而来。不过，N-M231还有很多罕见的早期分支，分布也很离散。旧石器时代的采集—渔猎人群的活动范围通常都很广。由于证据的缺乏，我们可能永远无法弄清旧石器时代的人群迁徙路径。因此，经由南线或者北线这一话题的意义可能并不大。我们可以更加关注N-M231的下游支系在东欧亚地区的扩张对当地人群的影响。

父系N1a-F1206下游主要有三大分支。N1a2a-M128主要出现在汉族人群和中国北方人群之中。N1a1-M46/Tat遍布整个西伯利亚，但在汉族和华北人群中也有很多早期的分支。

N1a2b-P43主要出现在乌拉尔语系的萨摩耶德语人群和汉特-曼西人群中,在西伯利亚的其他地区(包括阿尔泰山地区)的人群中也有一定的比例。

以N1a-F1206为主要父系的人群的扩散过程与东亚的其他父系有较大差别。

在距今15 000年至距今8 000年之间的新石器时代,以这三个单倍群为主要父系的人群可能生活在蒙古高原东南部、华北和东北南部地区。在大约1.2万年前后,以父系N1a1-M46/Tat的下游支系为主要父系的人群向北扩散,最终遍布整个西伯利亚,从楚科奇半岛到北欧。在大约9 000年前,以父系N1a2b-P43为主要父系的人群向西北扩散,迁徙到西伯利亚西部地区,演变为萨摩耶德语人群和汉特-曼西人。

在距今10 000年到距今4 000年之间,以N1a2a-M128为主要父系的人群在整个华北地区扩散,参与了新石器时代华北人群的形成,最终成为汉族人群和中国北方人群中的重要父系类型之一。

2. 父系N1b2e-M1846的起源

上文描述了N-M231的起源过程。此次西南呈样本测得的N1b2e-M1846是N-M231和N1b2-F2930的一个下游分支。

在距今10 000年至距今6 000年之间的新石器时代,以N1b-F2390为主要父系的人群可能生活在中国偏西北部的地区。在大约距今5 000年前后,以N1b-F2390为主要父系的人群参与了汉语和藏缅语人群的始祖人群的形成过程[1]。在之后的历史时期,父系N1b-F2390作为汉藏语人群的奠基者父系之一,扩散到了整个东亚地区。

3. 父系C2a1-CTS2428的起源

父系C大约在6.5万年前诞生。在距今5万年前后分化成几个重要的下游支系,扩散到了欧亚大陆东部地区和澳洲地区,但在欧洲也存在一个下游支系(V20)。

父系C1a1-M8主要分布在日本列岛,父系C1a2-V20主要分布在欧洲,父系C1b1a1-M356主要分布在南亚,C1b2a-M38主要分布在东南亚岛屿地区、新几内亚岛和西太平洋地区,C1b2b-M347主要分布在大洋洲土著人群中。在东亚地区,C-M130之下最主要的支系是C2-M217。

可以推测,C1a2-V20应该是在最初分化的时候就向欧洲方向扩散了。而出现在南亚直到澳洲的支系,则沿着亚洲东南部地区扩散。

对于父系C2-M217经由南线还是北线迁徙到亚洲东北部,目前还有一点争议。C2-M217的下游支系C2a-F1067主要分布在东亚,而C2b-F1396则主要分布在亚洲北部。不过,C2a-F1067之下最早的分支(C2a2-CTS4660)主要分布在东南亚和华南地区。这似乎支持C2-M217是经由南线迁徙到东亚地区的。我们应更加关注C2-M217的下游支系在东欧亚地区的扩张对东亚人群的影响。

---

[1] Ling-Xiang Wang et al. Reconstruction of Y-chromosome Phylogeny Reveals Two Neolithic Expansions of Tibeto-Burman Populations, *Molecular Genetics and Genomics*, 2018, 10.1007/s00438-018-1461-2.

在距今10 000年至距今5 000年之间的新石器时代早期和中期，以C2a1-F2613为主要父系的人群可能生活在华北地区。在大约距今5 000年之后，他们可能参与了当时的华北地区主要人群的形成过程，并成为华北地区新石器时代人群（包括南部的农业人群和北部的畜牧或半农半牧人群）的主要父系类型之一。之后，作为华北人群的一部分，这个父系在后世扩散到了相当辽阔的地理区域。

在今天，C2a1-F2613的下游支系是中国中部地区人群的主要父系类型之一。此外，C2a1-F2613的下游支系同时也是位于朝鲜半岛的朝鲜族、南西伯利亚的布里亚特人、蒙古高原—阿尔泰—伏尔加河地区的蒙语语人群、中亚部分人群、印度东北部分人群、华南和东南亚人群的主要父系类型之一。可见，C2a1-F2613在东欧亚地区扩散得最成功的几个父系之一。对于蒙古人种的体质特征的形成过程而言，以C2a1-F2613为主要父系的古代人群可能也发挥了关键的作用。相关的研究还在进行中。此次西南呈样本测得的C2a1-CTS2428等价于C2a1-F2613。

4. 父系Qα-Y642的起源

父系Q-M120大约诞生于1.5万年前的西伯利亚地区。但我们还不知道这个父系是在哪个历史时期迁徙到了今天的中国国境范围内。这个父系可能是伴随着细石器技术的传播而扩散到了华北的西北部地区。

这个父系在距今4 000多年以后经历了爆发性的扩张，最后全部融入了中原地区的居民之中，在现代各地的汉族人群中均有一定比例的分布。此次西南呈样本测得的Qα-Y642等价于Q-M120。

5. 父系测试结果总结

父系N1b2-M1846等价于N1b2-F2930。这个父系类型是现代各地汉族人群的主要父系类型之一，在藏缅语人群也有较多的分布。此前的研究表明，N1b2-F2930可能是汉藏语人群的奠基者父系之一。父系类型N1b2-F2930大约从7 000年前开始发生持续而成功的扩张，最终成为现代东亚人群的主要父系类型之一。这个父系类型的扩散与汉藏语人群的扩散密切相关。这种父系类型在西南呈墓地中的出现，说明至少在西周时N1b2-F2930已经成功在黄河下游地区扩散，并成为山西东南部及周边地区的主要父系遗传类型之一。

父系C2a1-CTS2428等价于C2a1-F2613/Z1338。这个父系类型是现代各地汉族人群主要父系类型之一，在华北、东北地区的人群中相对高频。在朝鲜族（包括韩国人）和日本人群中也有一定的比例。这个父系类型从距今10 000年前就在华北北部地区开始持续而成功的扩散，在后世成为各地汉族、蒙古族、朝鲜族和日本人的主要父系类型之一。根据现有数据推测，C2a1-F2613的下游支系与史前和历史时期长城沿线的畜牧—游牧人群有密切的关联[1]。山西是农耕人群和游牧人群互动的传统地带，即"华戎杂居""方国林立"。这种父系类型在西南呈墓地中的出现，与上述人群历史背景相符。

---

[1] Huang Yun-Zhi et al., Whole sequence analysis indicates a recent southern origin of Mongolian Y-chromosome C2c1a1a1-M407, *Molecular Genetics and Genomics*, 2017, 293(3): 657–663.

Qα-Y642等价于Qα-M120。这个父系类型是现代各地汉族人群的主要父系类型之一，是一个很有特点的父系类型。已经有多项古DNA研究表明，这个父系类型是古代戎人和狄人的主要父系类型之一[1]。虽然"戎狄"的概念有一定的模糊性，但可以大体认为古代的"戎狄"生活在华北的西部和北部地区。山西在古代是戎狄活动的最重要的区域之一。史籍中著名的"赤狄"，史学界推测其由陕西渡河进入吕梁地区，后来又迁到晋中，最后到达晋东南[2]。在被认为是鬼方后裔，与"怀姓九宗"有关的横北倗国墓地也发现了Qα-M120这一类型，所以，西南呈墓地中出现的这一类型，与该人群的迁徙方向相符。当然，要想更确切地反映Qα-M120类型在山西地区的扩散路线、扩张时间，还需要对更广阔空间、更大规模的样本进行测试。

在检测的7例男性样本中，共出现了4例N1a2a-M128类型（占57.1%）。除2例来自大墓的样本外，被测试的样本都是随机挑选的。因此，如此高比例的N1a2a-M128是非常值得注意的。此前的古DNA研究在内蒙古庙子沟新石器时代遗址[3]、西辽河新石器时代至青铜时代的系列遗址[4]以及山东东营傅家新石器时代遗址[5]都测出了很多例属于父系N-N231的样本。这些样本的更下游类型没有细分，不确定是否属于N1a2a-M128支系。但可以看出，父系N类型在整个新石器时代的华北地区是非常兴盛的，奠定了父系N-M231在现代东亚人群中高频分布的基础（见图一）。笔者推测，父系N类型（或者，指其下游支系N1a2a-M128）在华北的扩散与粟作农业传统在华北的兴起密切相关。而下川遗址出土的遗物表明，山西可能是远古人群驯化粟的地区[6]。因此，我们推测，父系N1a2a-M128很可能是新石器时代山西地区人群的最主要的父系类型之一。在西南呈墓地西周时代人群测到了高比例的父系N1a2a-M128，与上述人群历史背景也是吻合的。

三、讨论与总结

此次古DNA测试结果初步揭示了西南呈墓地西周时代人群的遗传结构。测试结果显示，西南呈墓地西周时代人群的父系和母系遗传结构落在新石器时代以来华北地区古代遗传结构的框架之内。

西南呈墓地西周时代人群的母系具有很高的多样性。如表一所示，每个被测试的遗骸的母系支系都不一样，这一结果和母系遗传谱系类型多样、对人群的分类不如父系简洁明了有关。其中，母系F1、B4和B5在现代华南地区人群的比例相对较高，而母系D4、D5在华北人群中的比例

---

[1] Yong-Bin Zhao, Y chromosome haplogroup Q1a1 admixed into the Han Chinese 3,000 years ago, Human Biology, 2014, 26: 813-821.
[2] 段连勤：《北狄族与中山国》，河北人民出版社，1982年。
[3] 李红杰：《中国北方古代人群Y染色体遗传多样性研究》，吉林大学2012年博士学位论文。
[4] Cui Y, Li H, Ning C, Y chromosome analysis of prehistoric human populations in the West Liao River Valley, Northeast China, Bmc Evolutionary Biology, 2013, 13(1): 216.
[5] Dong, Yu, Low Mitochondrial DNA Diversity in an Ancient Population from China: Insight into Social Organization at the Fujia Site, Human Biology, 2015, 87(1): 71-84.
[6] 石兴邦：《下川文化的生态特点与粟作农业的起源》，《考古与文物》2000年第4期，第17—35页。

相对较高。此外，A15和Z4在现代人群的比例相对较低。对比现代汉族人群的母系结构而言，西南呈墓地人群的母系结构与现代华北汉族人群的母系有很大的相似性。

在父系测试结果中，父系N1a2a-M128类型显示了西南呈墓地西周时代人群对新石器时代以来华北地区古代人群的继承性。而Qα-Y642、C2a1-CTS2428和N1b2-M1846的出现则分别代表了古代戎狄人群、农牧交错地带人群和汉藏语始祖人群也参与了西南呈墓地西周时代人群的形成过程。已测到的四种父系类型，也是现代汉族人群的主要父系类型。在母系方面，西南呈墓地西周时代人群是古代华北人群和古代华南人群的母系的混合，与现代汉族人群的母系遗传结构相似。

综上所述，西南呈墓地西周时代人群在东亚人群的演化历史中呈现出承上启下的作用。一方面，此人群继承了古代新石器时代以来华北地区主要古代人群的遗传成分。另一方面，后世华北地区汉族人群与西南呈墓地西周时代人群呈现出很大的继承性和相似性。我们的测试和研究结果表明，以西南呈墓地和横北倗国墓地为代表的西周时期山西古代人群对现代汉族人群作出了重要的遗传贡献。

值得说明的是，大墓M18墓主也属于父系N1a2a-M128。考古发掘者认为，西南呈墓地可能是西周中晚期的黎国的墓地，而大墓则很可能是黎国国君的墓葬。如果M18墓主身份得到确认的话，西南呈墓地大墓M18的测试结果将是第一个西周封国国君的古DNA测试结果。后续，我们将进行更深入的研究，以便确认西南呈墓地大墓墓主的身份。西南呈墓地大墓M18的父系类型的测定具有十分重要的意义。

图　版

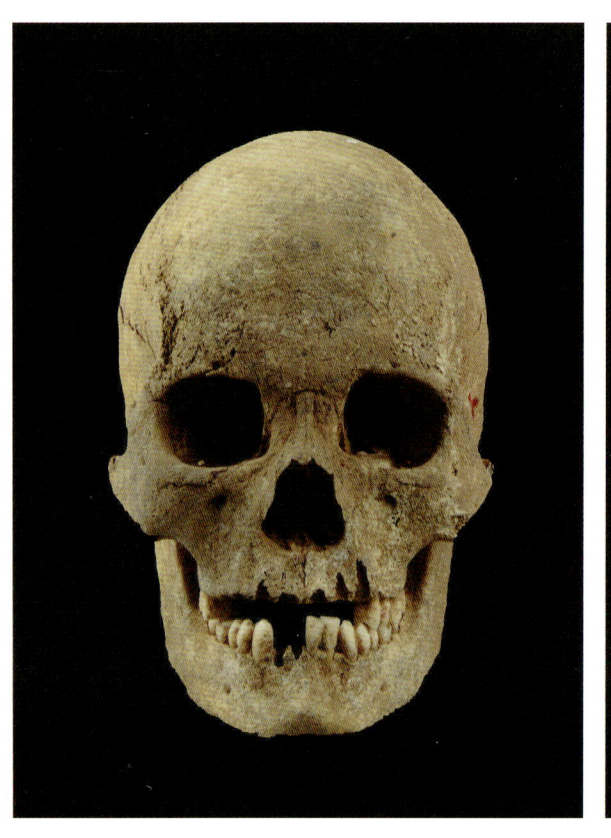
正视

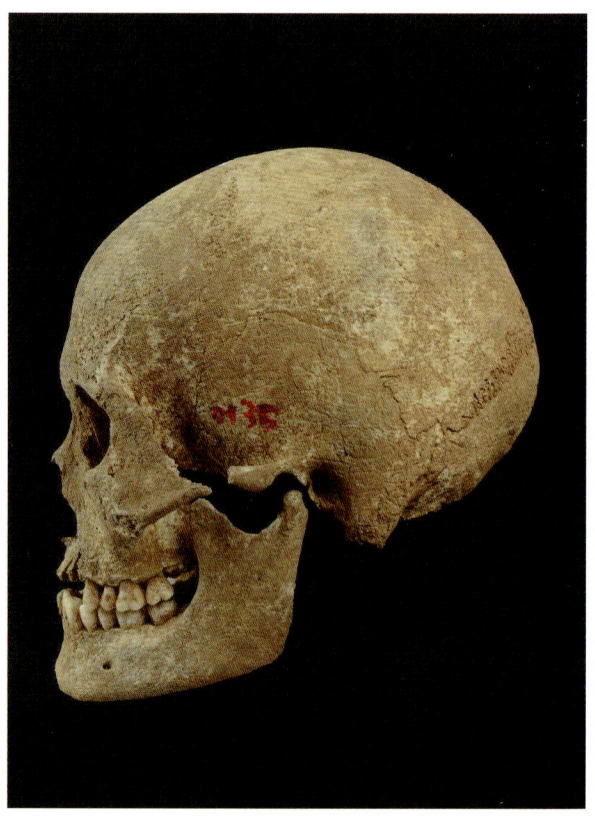
侧视

顶视

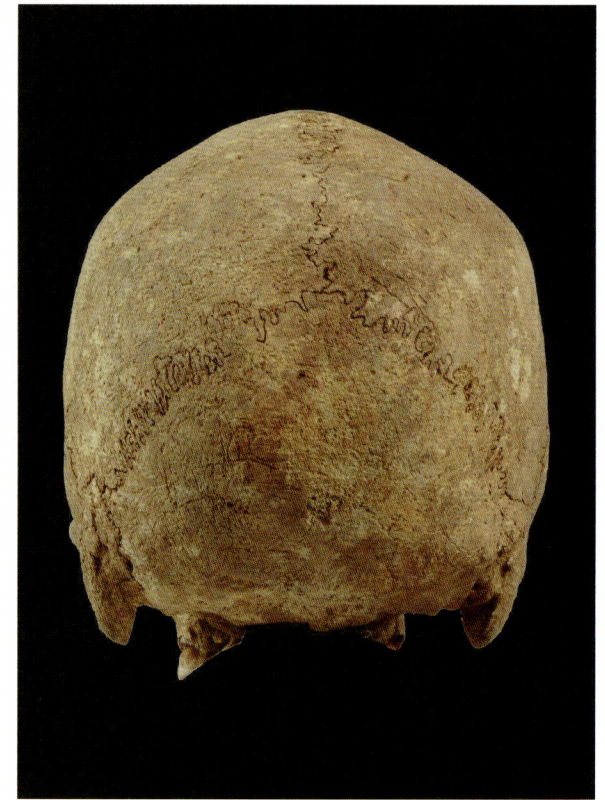
后视

图版一　M35颅骨（男性）

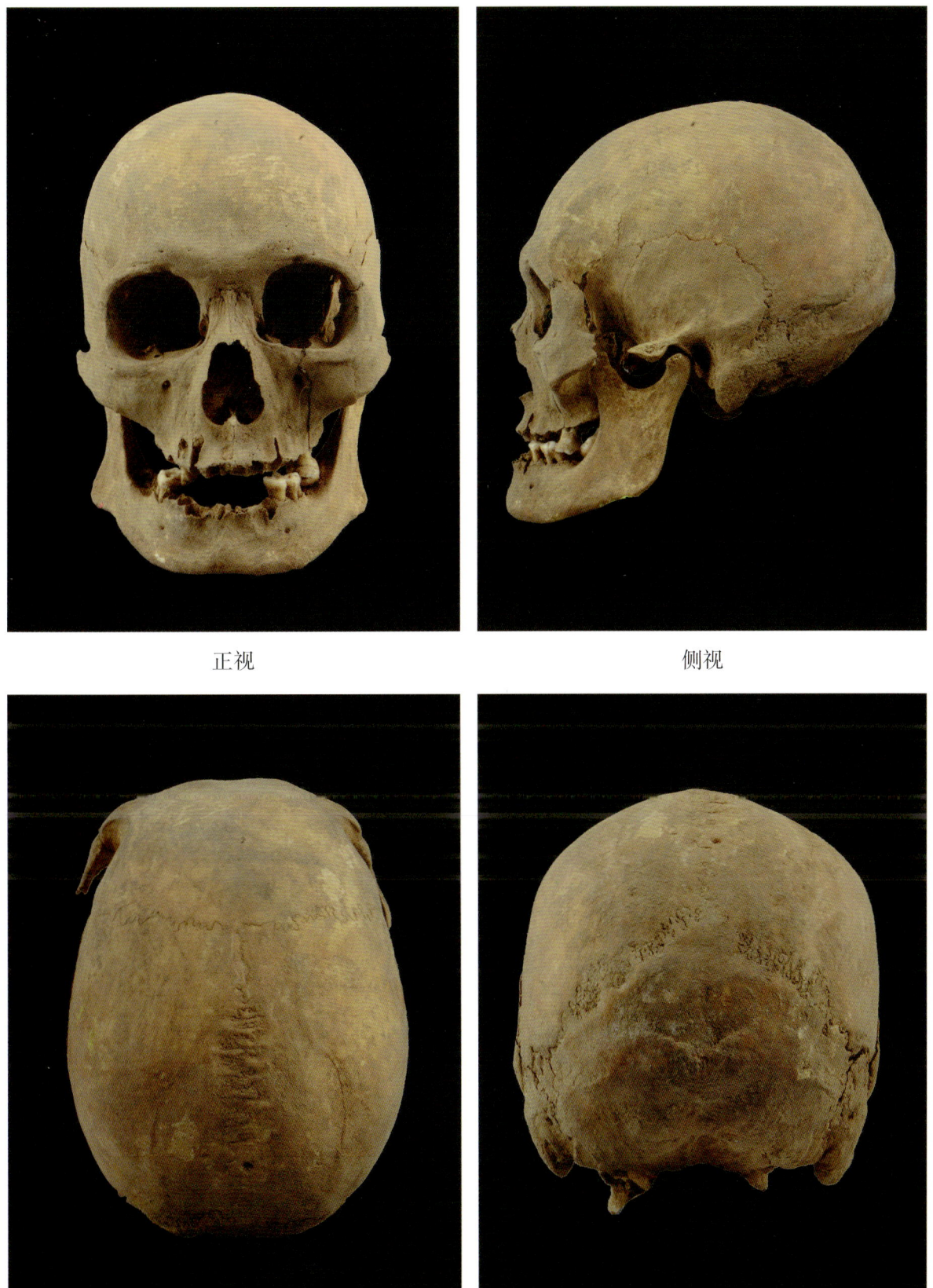

正视　　　　　　　　　　　侧视

顶视　　　　　　　　　　　后视

图版二　M73颅骨（男性）

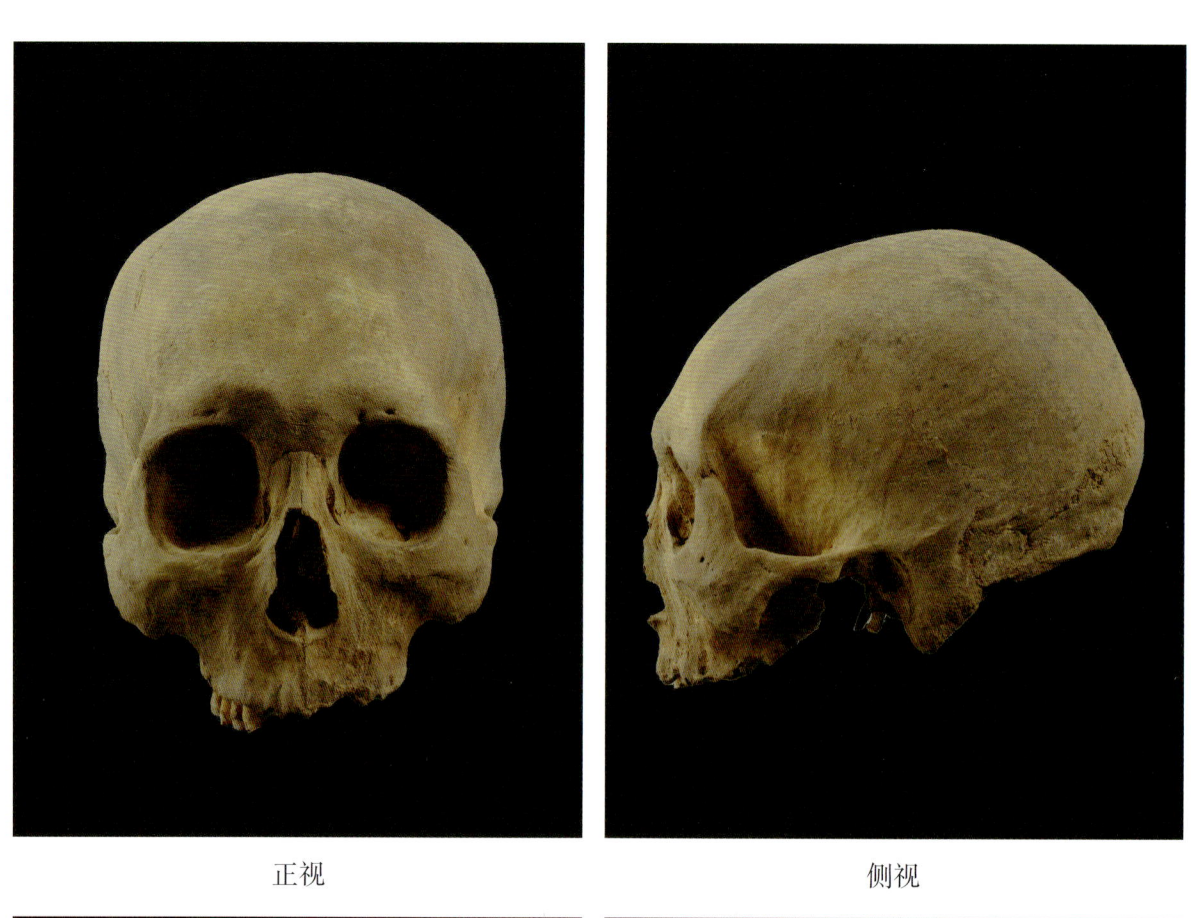

正视　　　　　　　　　　　　　侧视

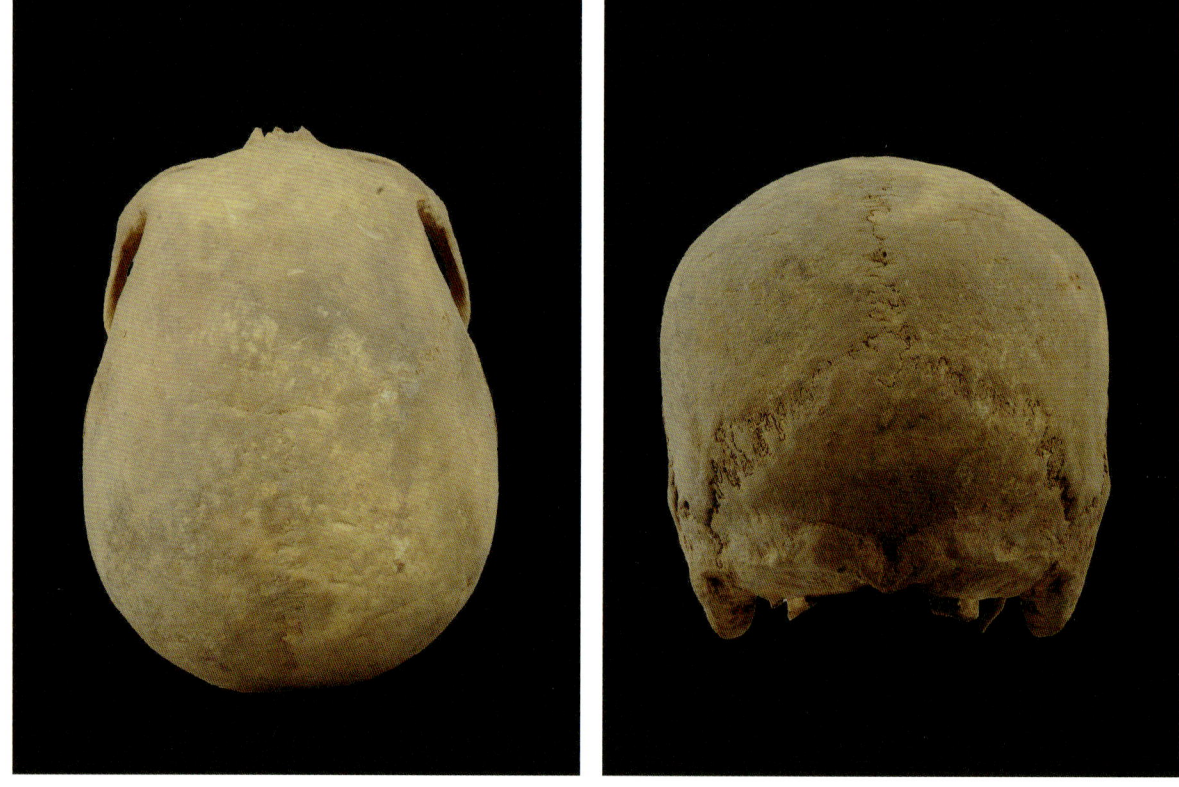

顶视　　　　　　　　　　　　　后视

图版三　M84颅骨（男性）

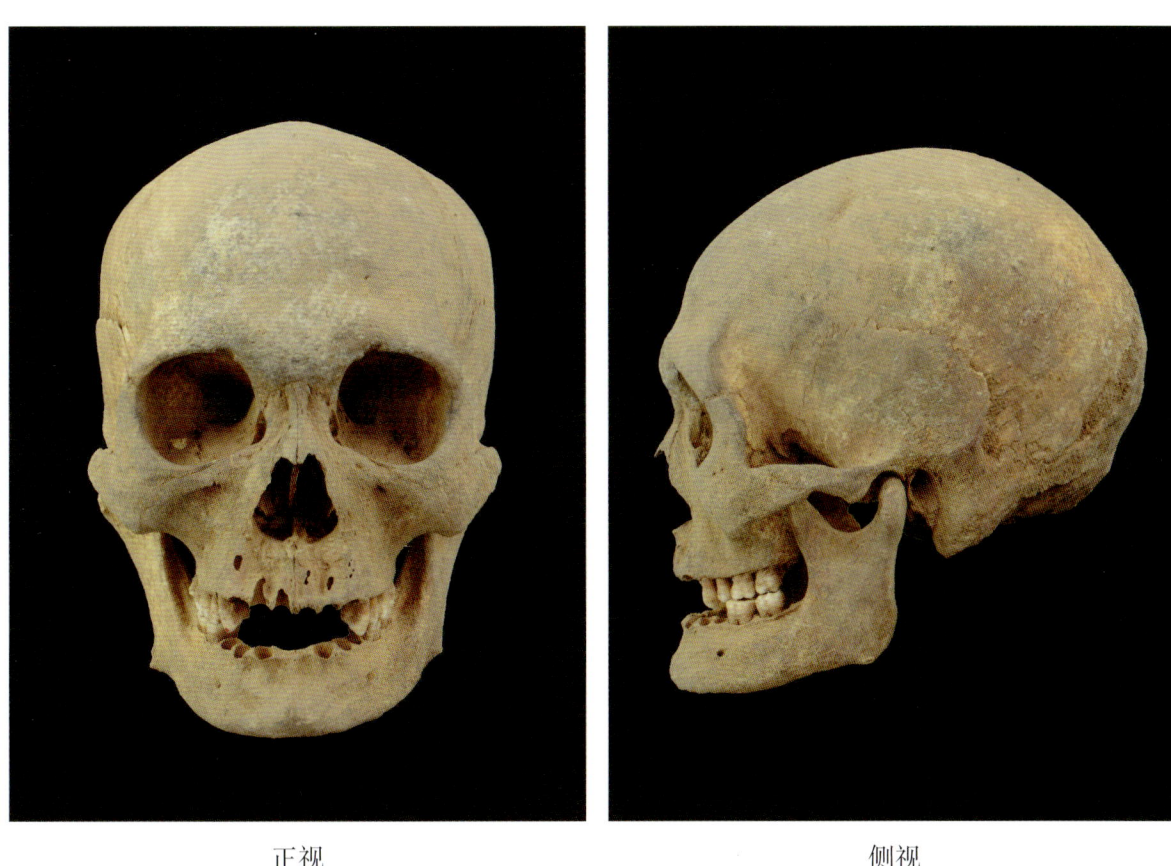

正视 侧视

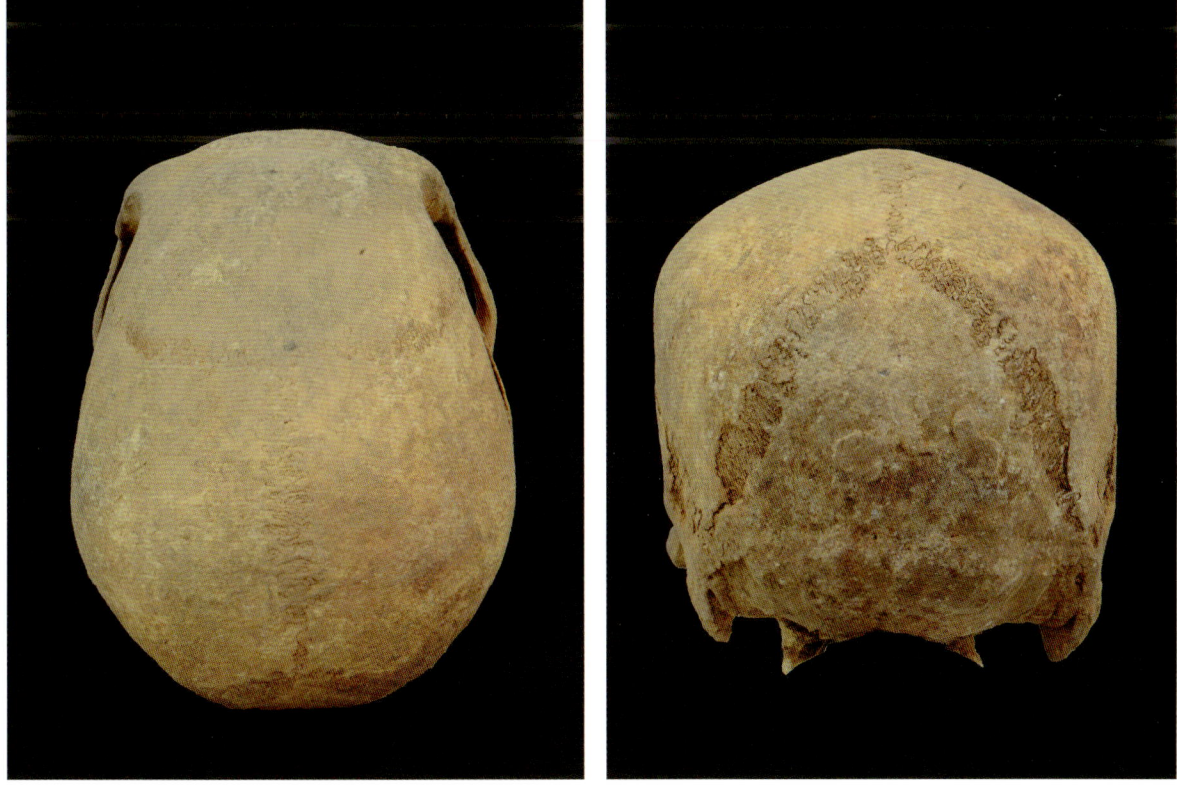

顶视 后视

图版四 M98颅骨（男性）

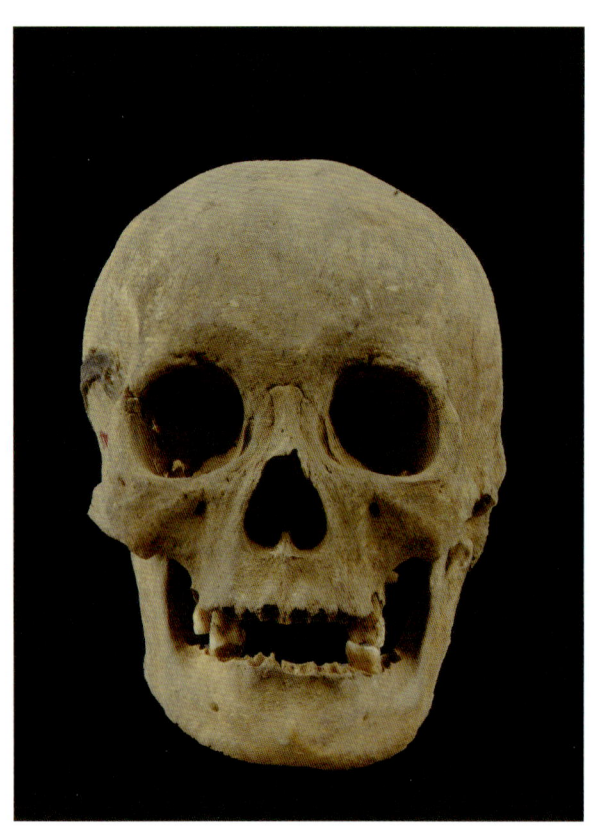
正视

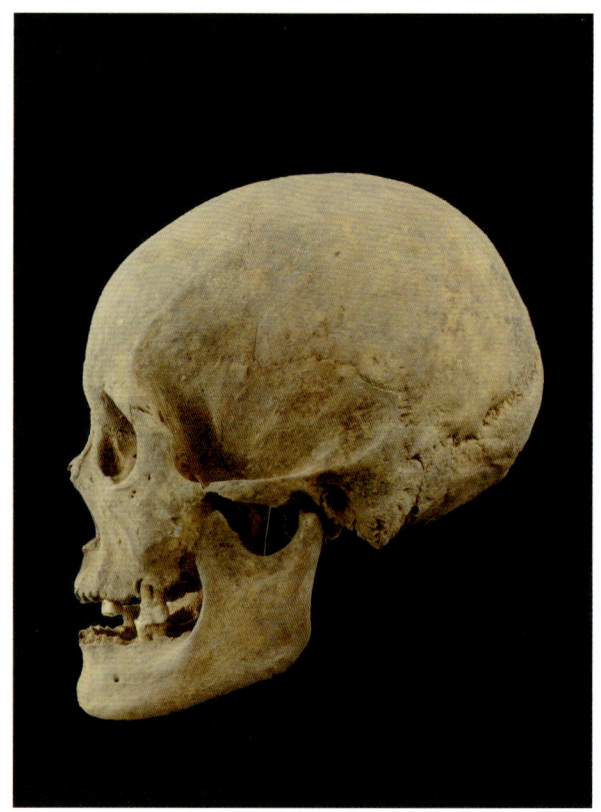
侧视

顶视

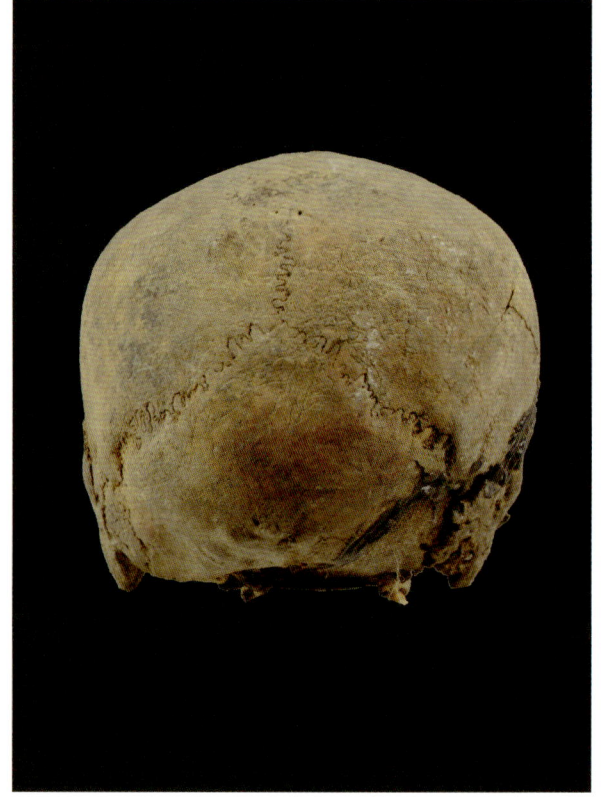
后视

图版五　M107颅骨（男性）

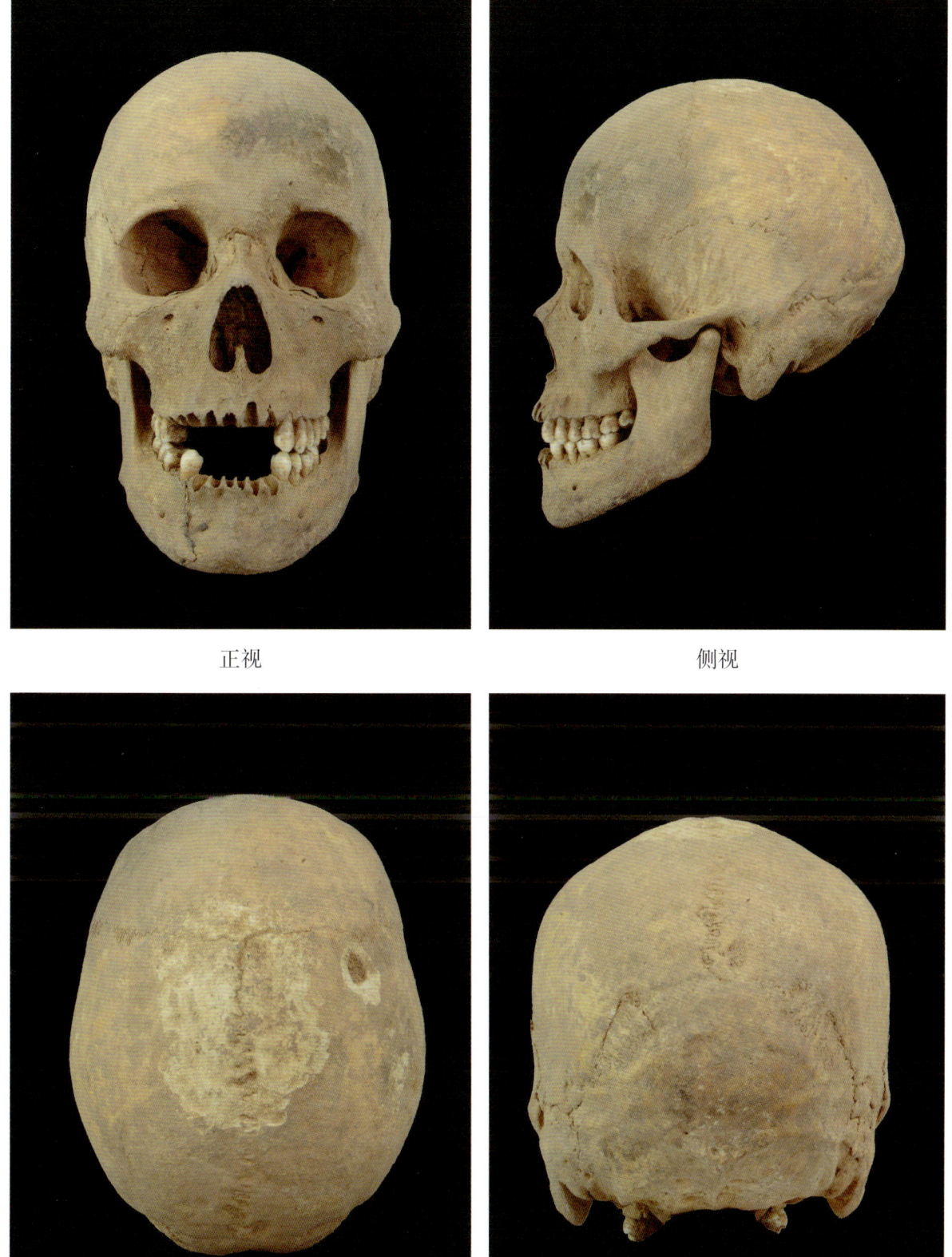

正视　　　　　　　　　　　　侧视

顶视　　　　　　　　　　　　后视

图版六　M123颅骨（男性）

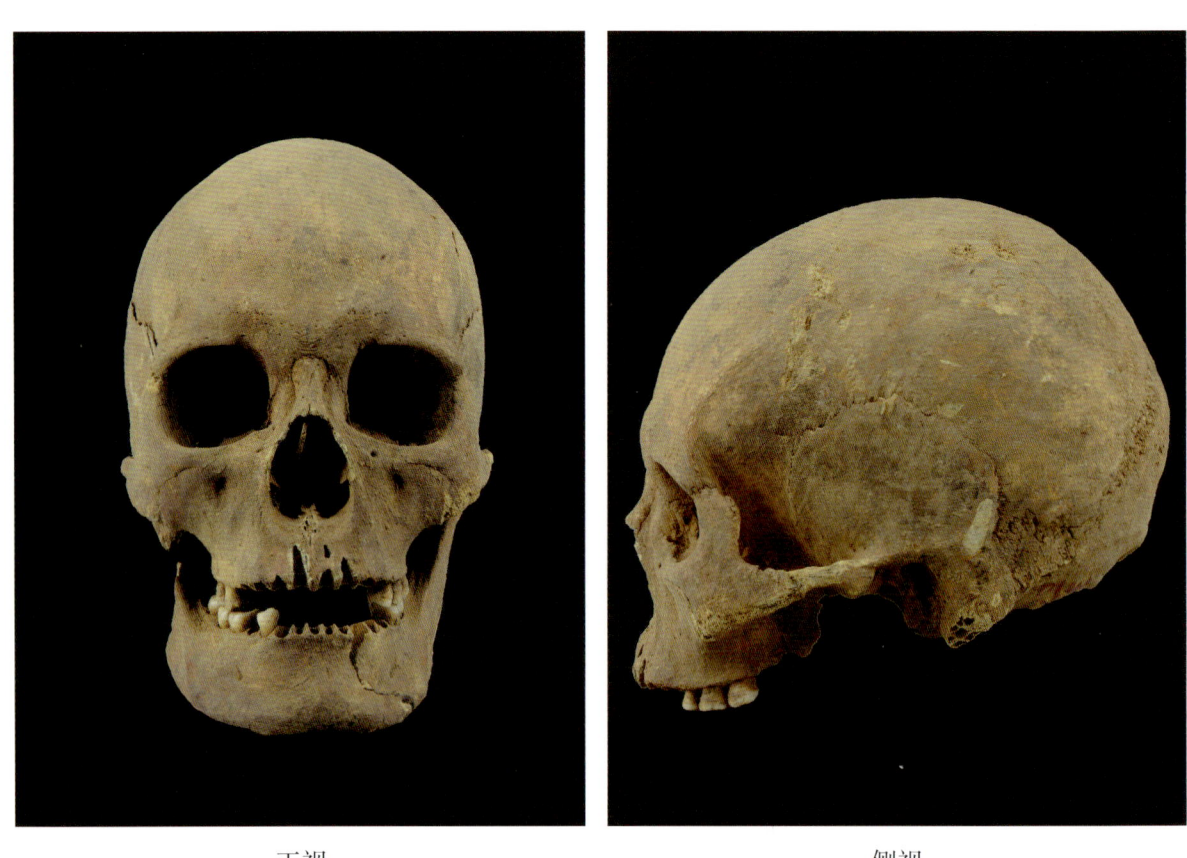

正视　　　　　　　　　　　侧视

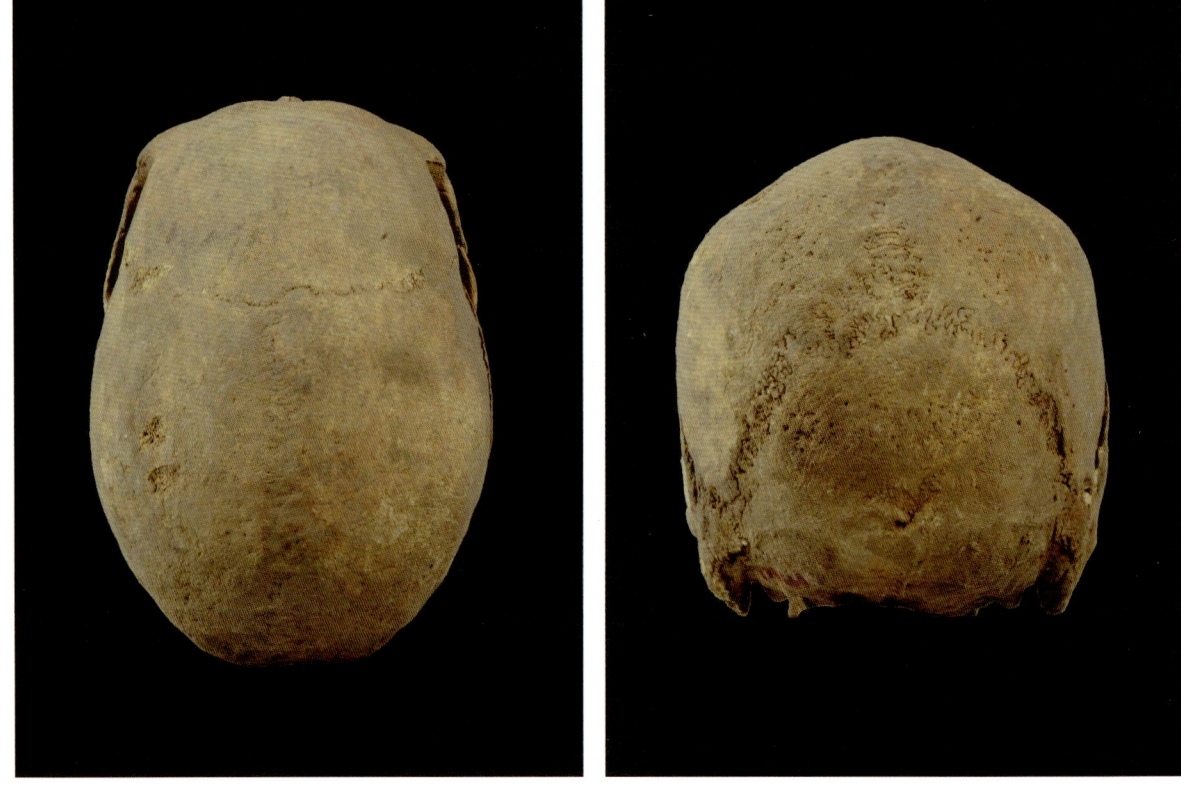

顶视　　　　　　　　　　　后视

图版七　M41颅骨（女性）

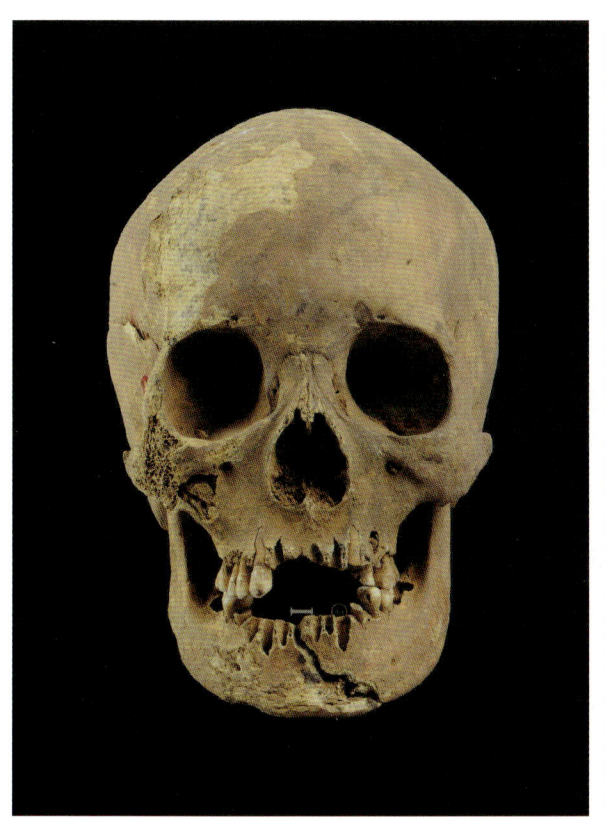
正视

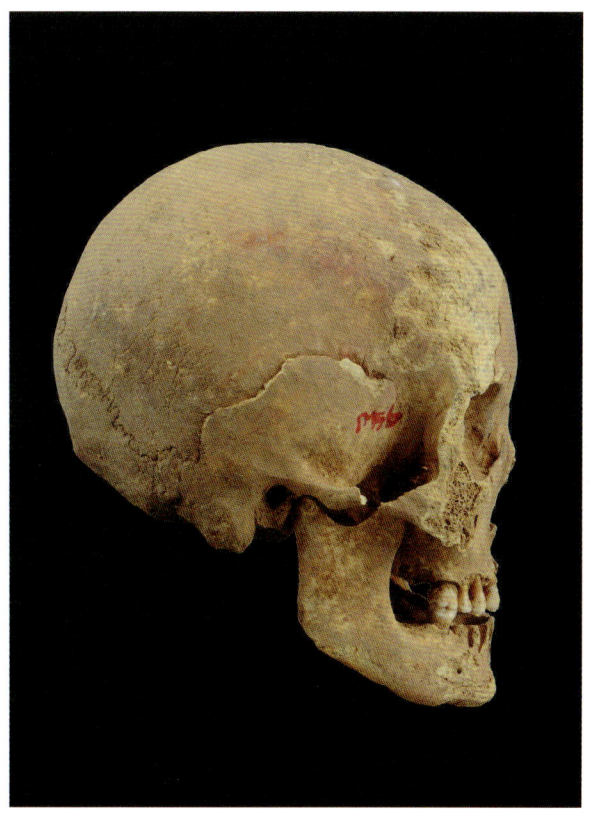
侧视

顶视

后视

图版八　M56颅骨（女性）

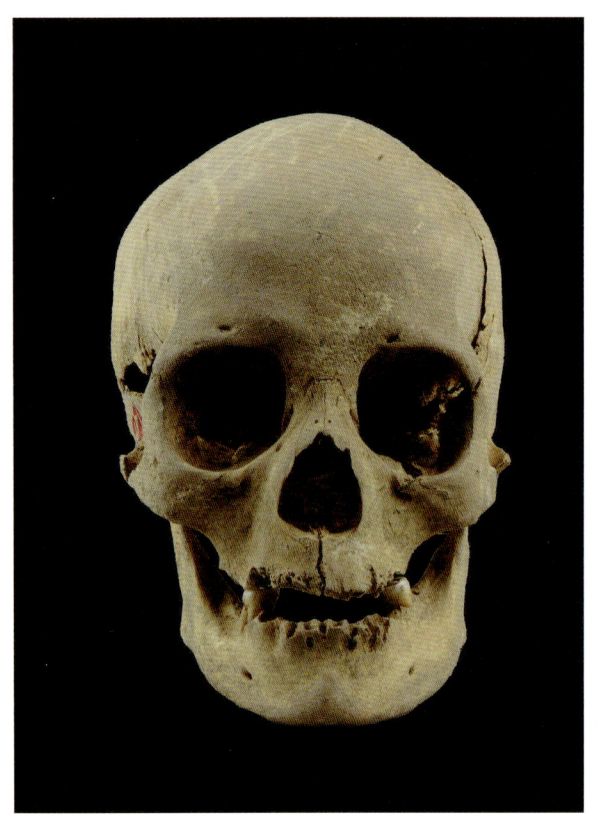

正视

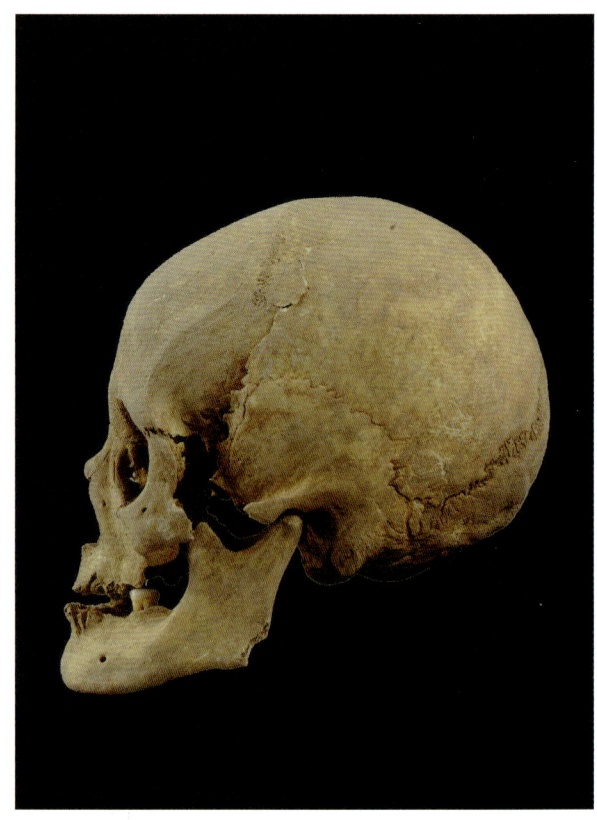

侧视

顶视

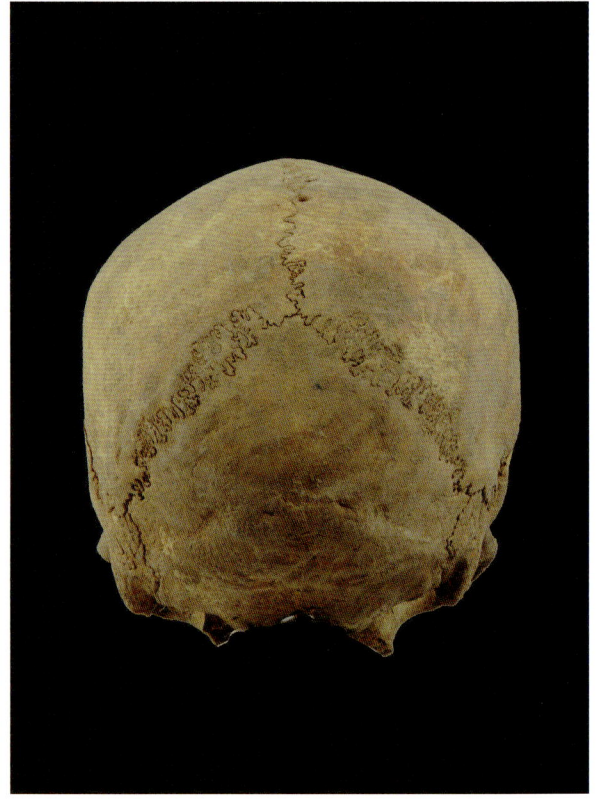

后视

图版九　M76颅骨（女性）

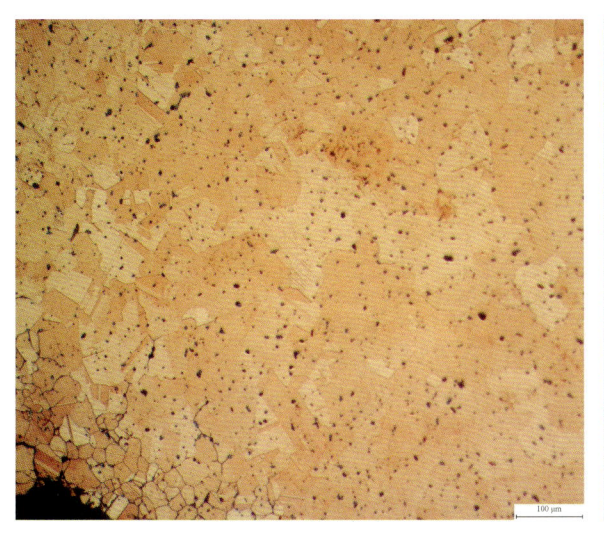
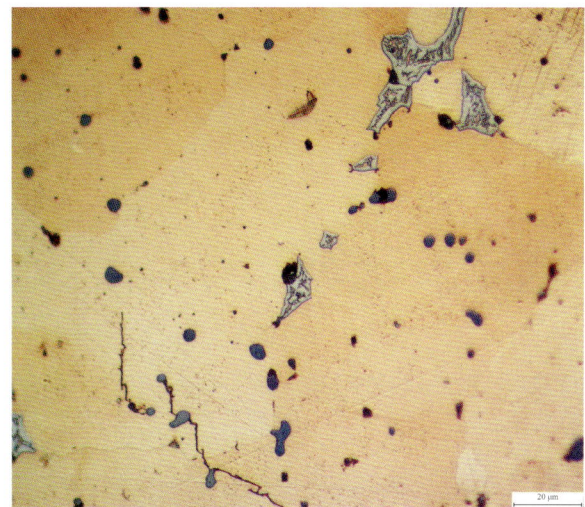

1. M18:44铜笠毂基体金相组织

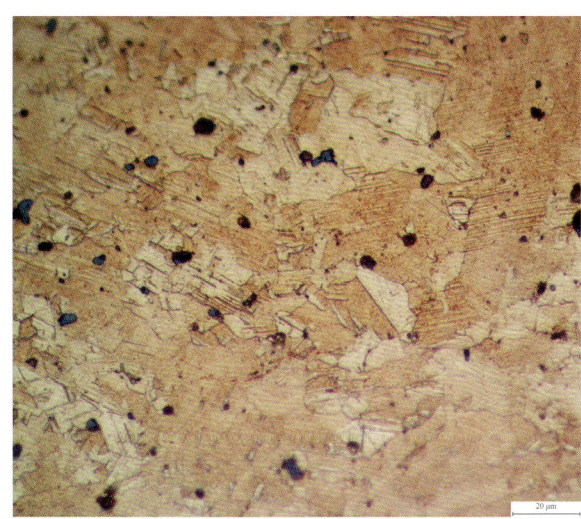
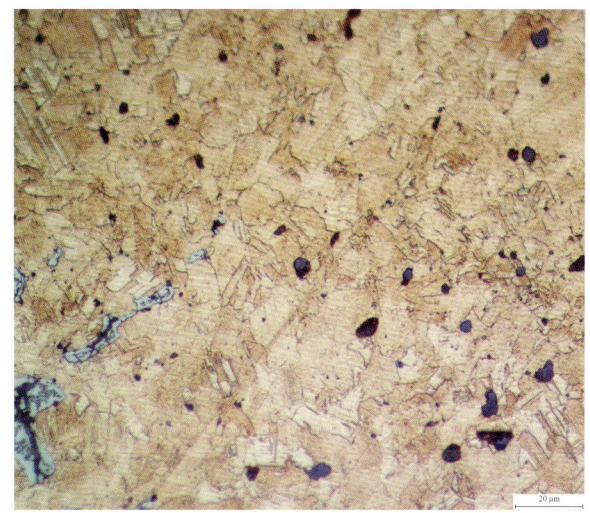

2. M18:45铜笠毂基体金相组织

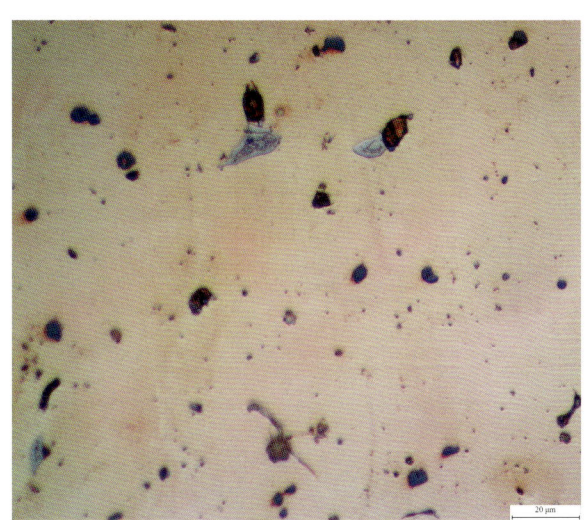
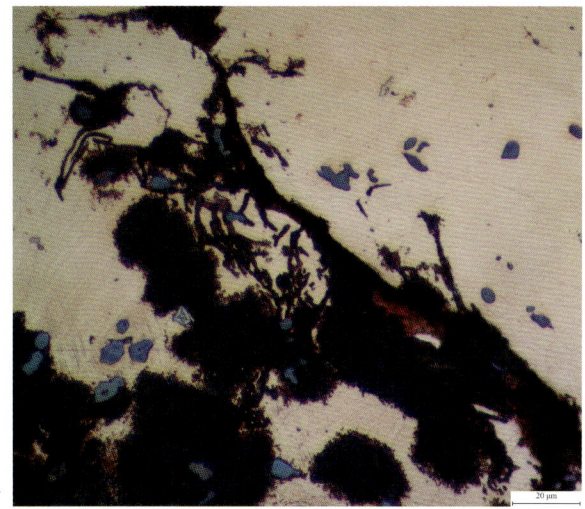

3. M18:43铜车軎基体金相组织

图版一〇　M18:44、M18:45、M18:43金相组织

 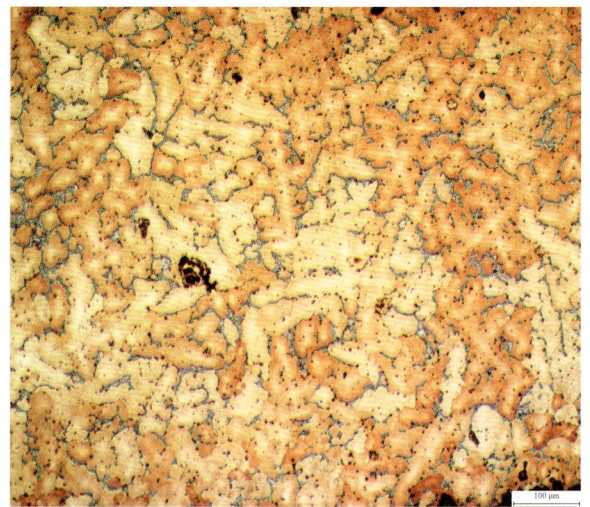

1. M18∶42铜车軎基体金相组织

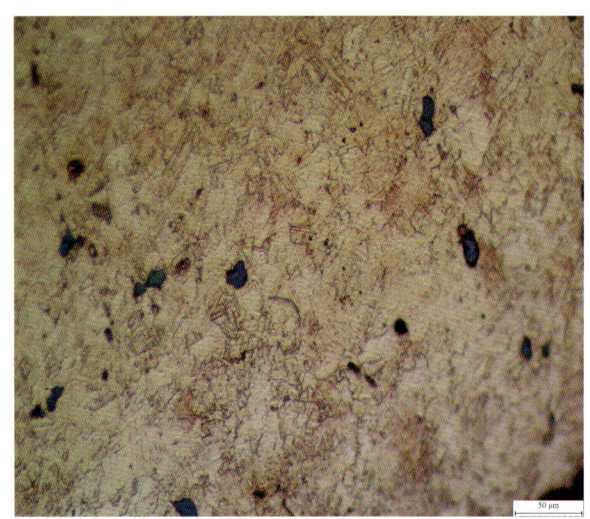 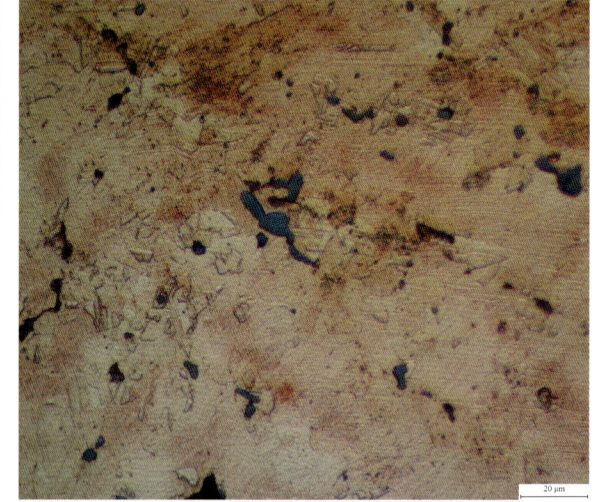

2. M18∶43铜车軎基体金相组织

 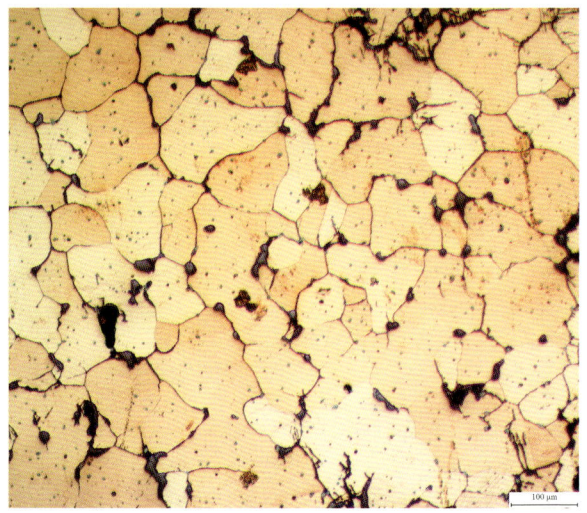

3. M18∶50铜軏套基体金相组织

图版一一　M18∶42、M18∶43、M18∶50金相组织

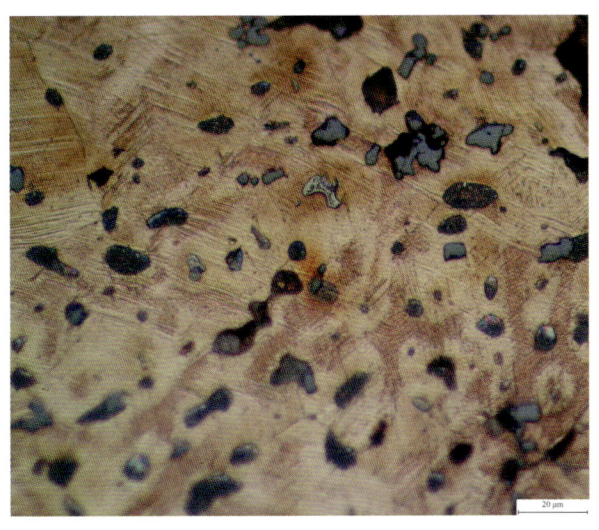 

1. M18:39铜车衡饰基体金相组织

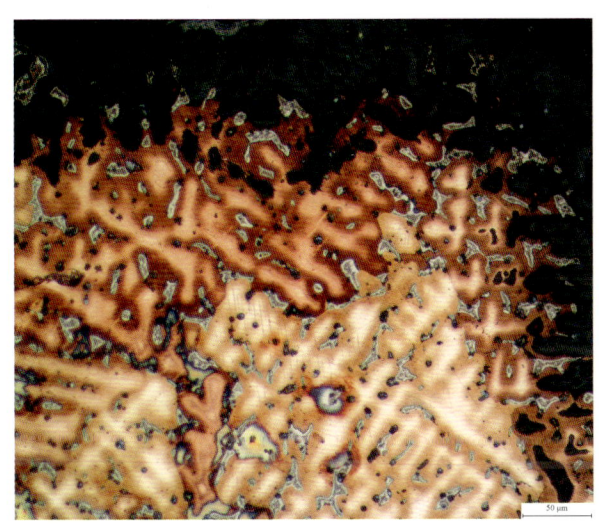 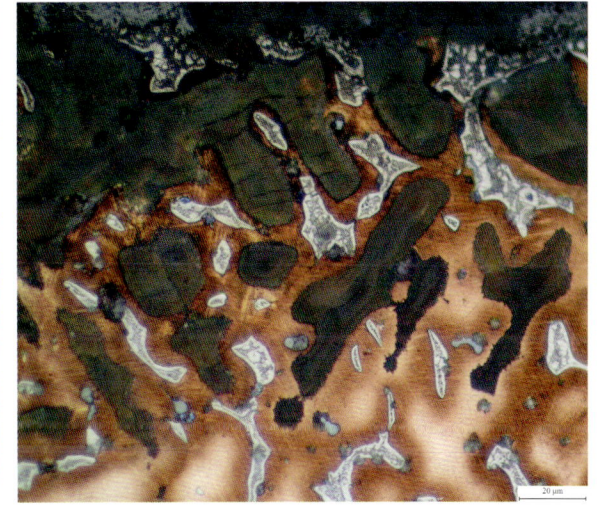

2. M18:52铜车軎基体金相组织

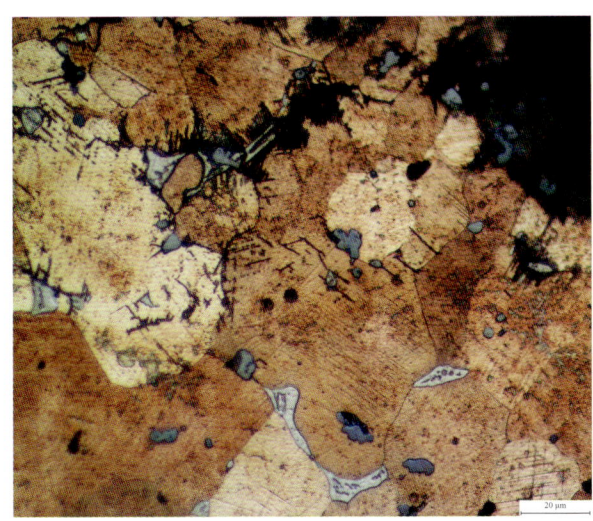 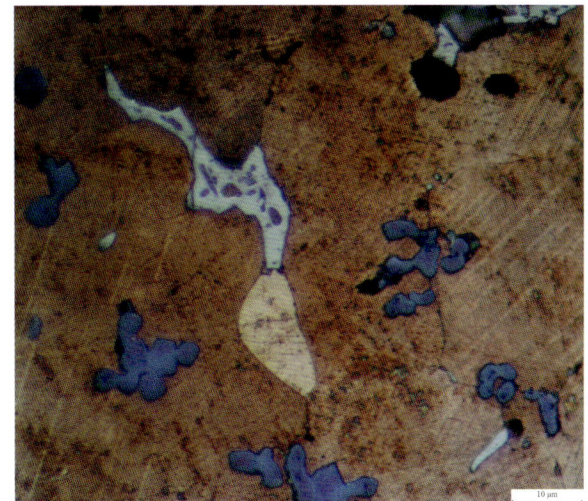

3. M18:41铜车輈头饰基体金相组织

图版一二　M18:39、M18:52、M18:41金相组织

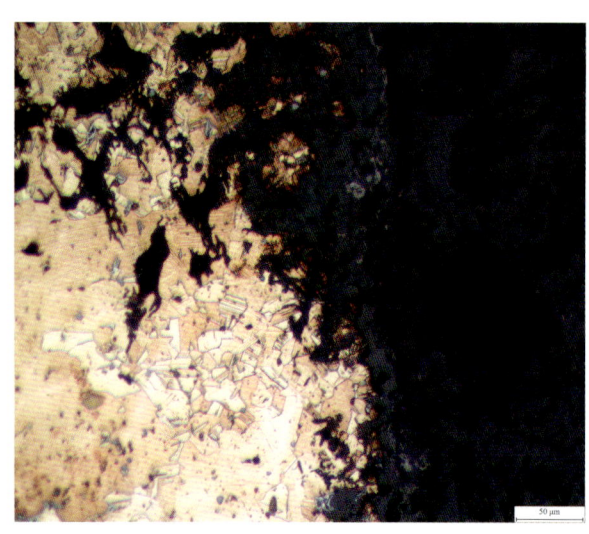 

1. M18∶42铜车軛基体金相组织

 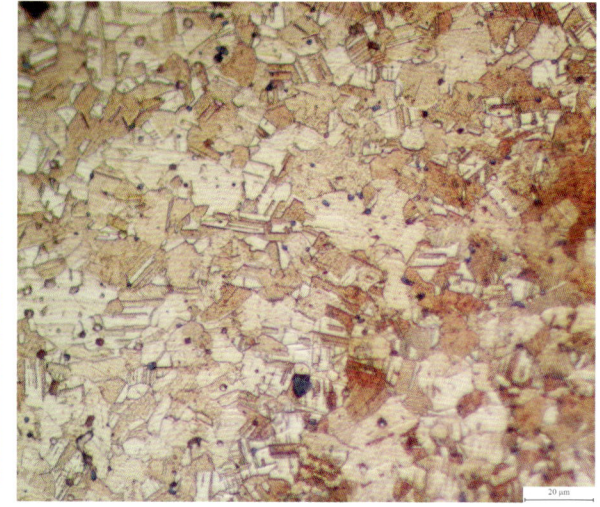

2. M18∶59铜笠毂基体金相组织

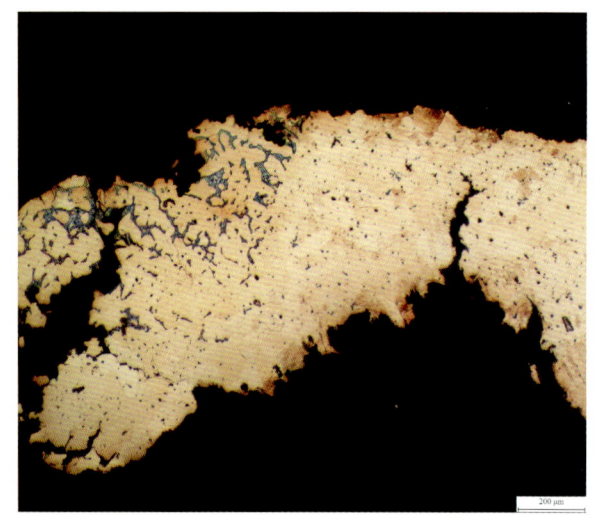 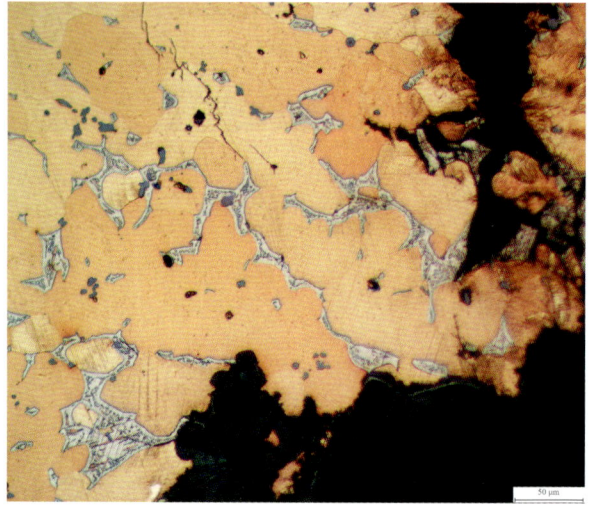

3. M18∶60铜笠毂基体金相组织

图版一三　M18∶42、M18∶59、M18∶60金相组织

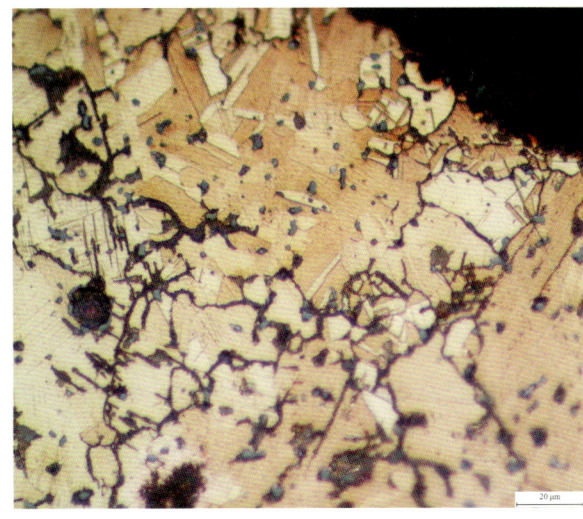

1. M6铜鼎基体金相组织

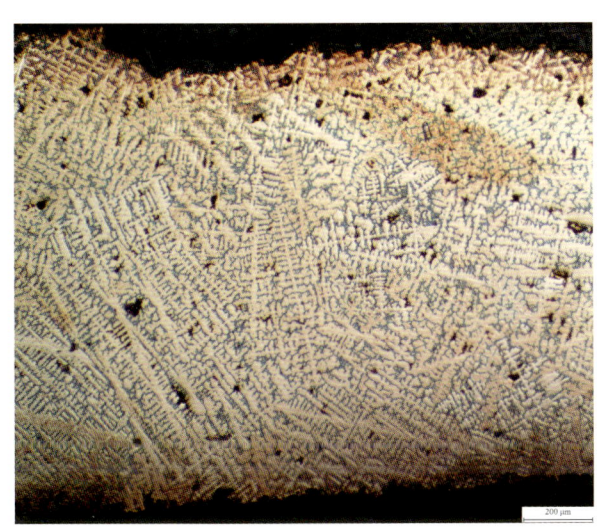
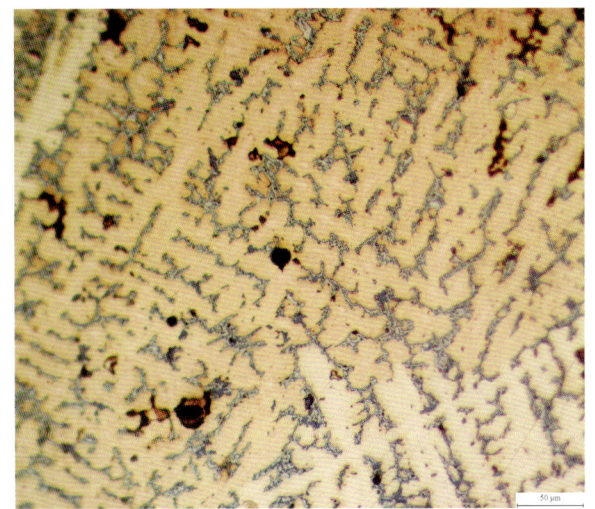

2. M16铜鼎基体金相组织

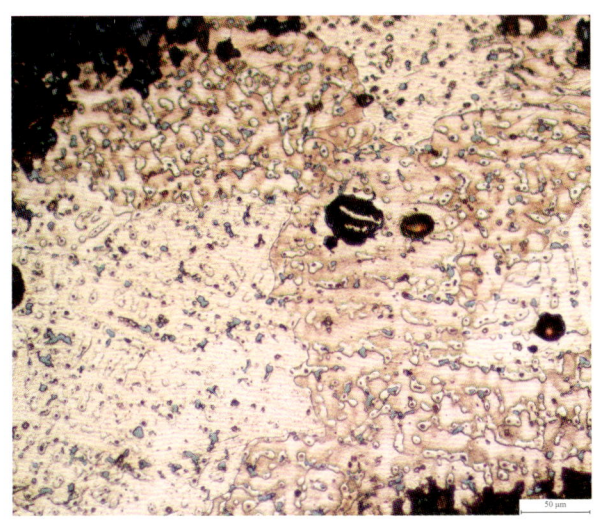
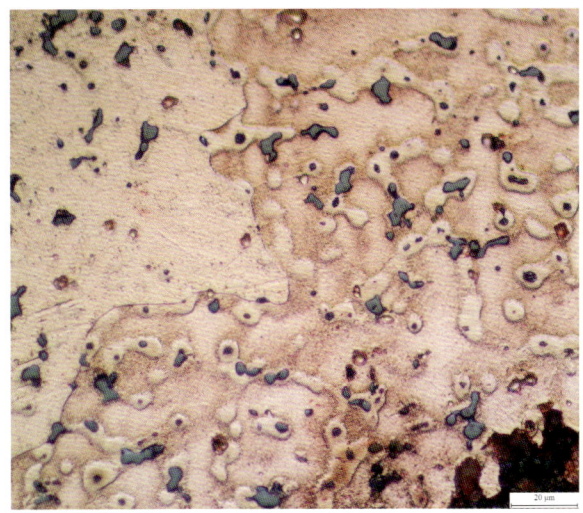

3. M20铜鼎基体金相组织

图版一四　M6、M16、M20铜鼎金相组织

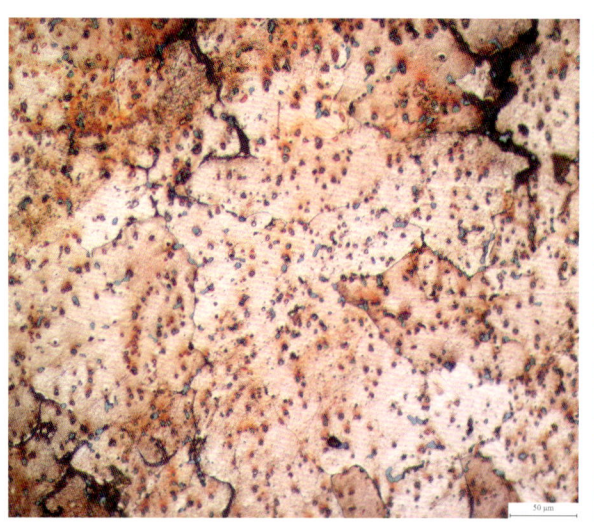
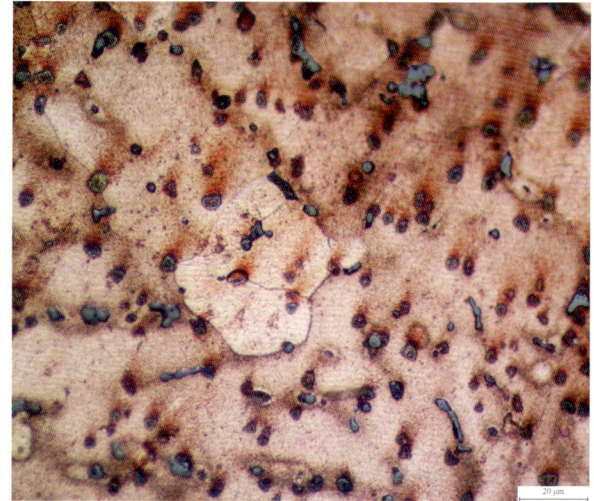

1. M34铜鼎基体金相组织

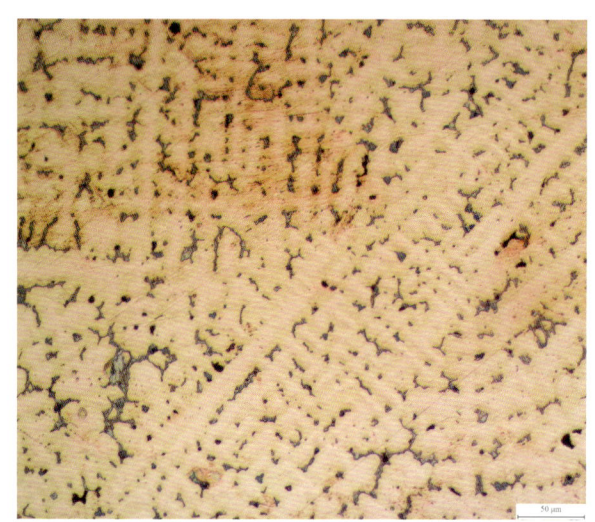
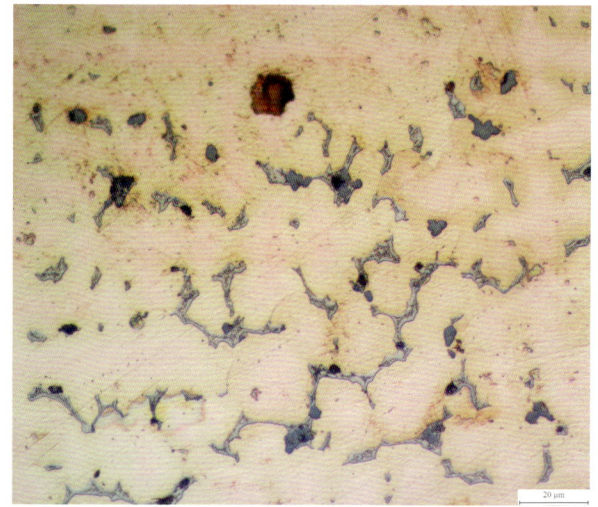

2. M32铜簋基体金相组织

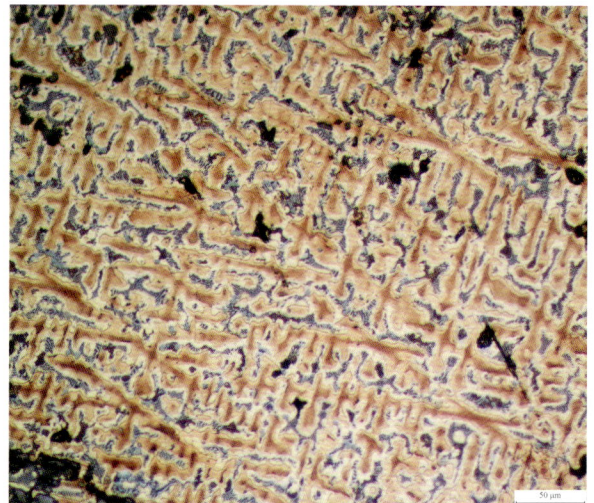

3. M32∶11铜节约基体金相组织

图版一五　M34铜鼎、M32铜簋、M32∶11铜节约金相组织

1. M32:17铜当卢基体金相组织

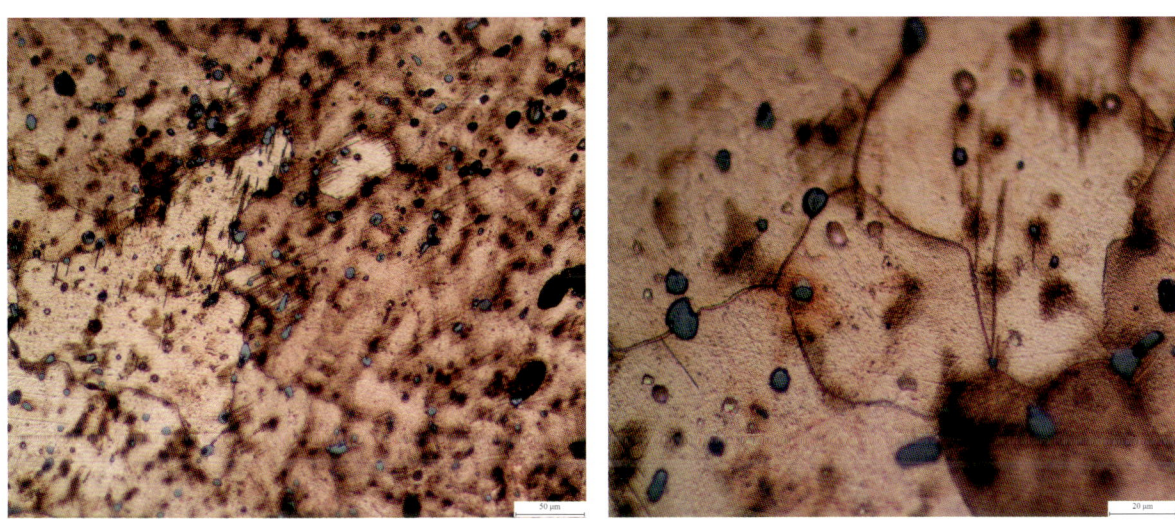

2. M118铜鼎基体金相组织

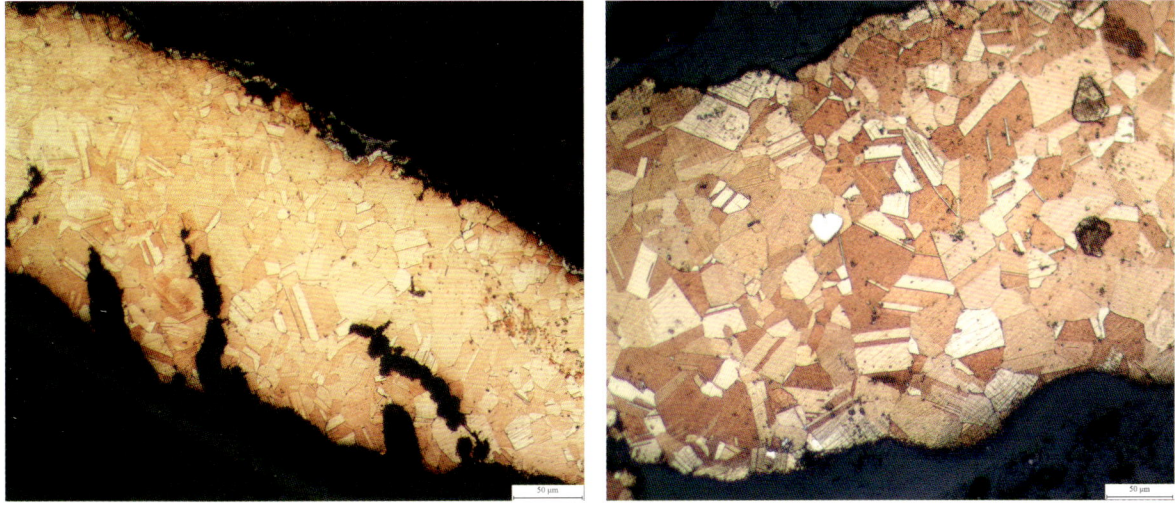

3. M18:65铜车軎基体金相组织

图版一六　M32:17铜当卢、M118铜鼎、M18:65铜车軎金相组织

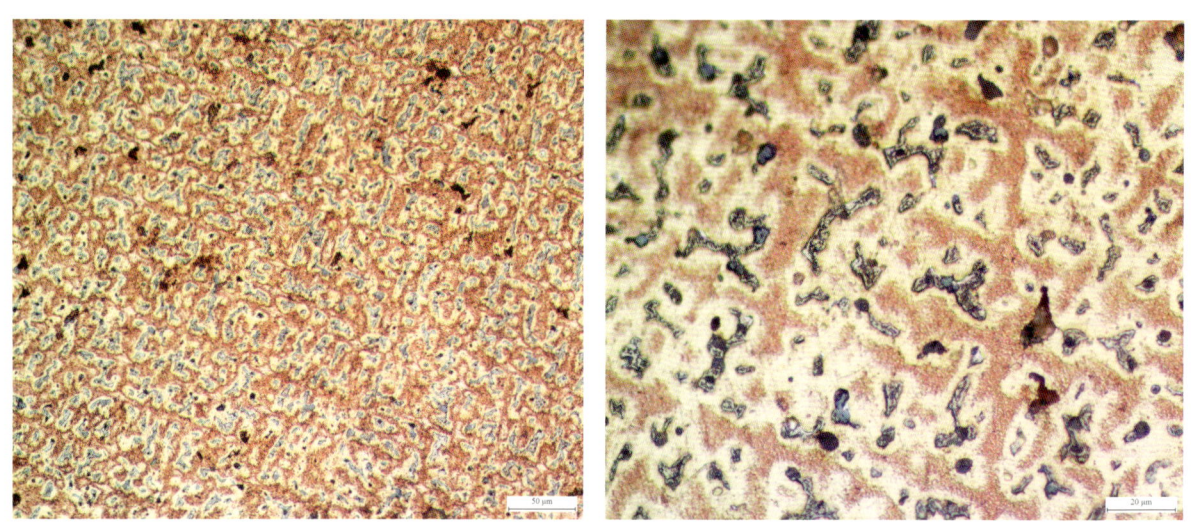

1. M15：116铜络饰基体金相组织

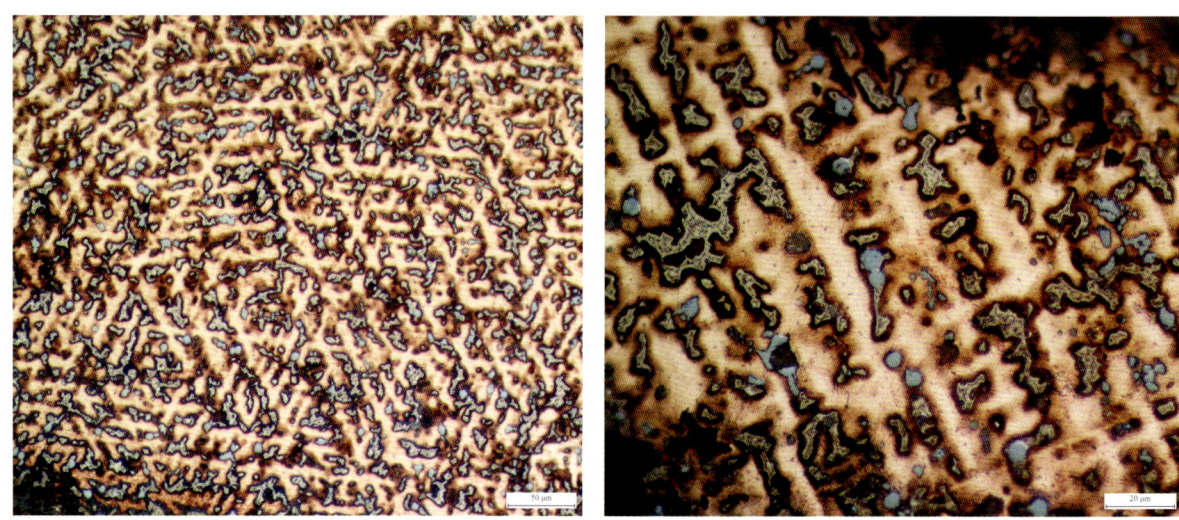

2. M15：120铜十字节约基体金相组织

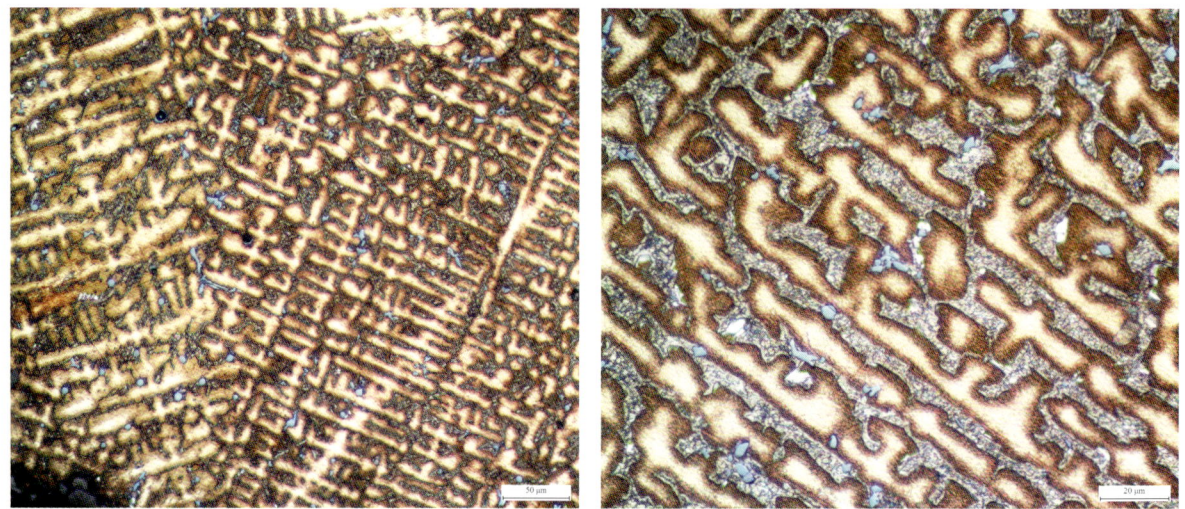

3. M15：125铜镞基体金相组织

图版一七　M15：116、M15：120、M15：125金相组织

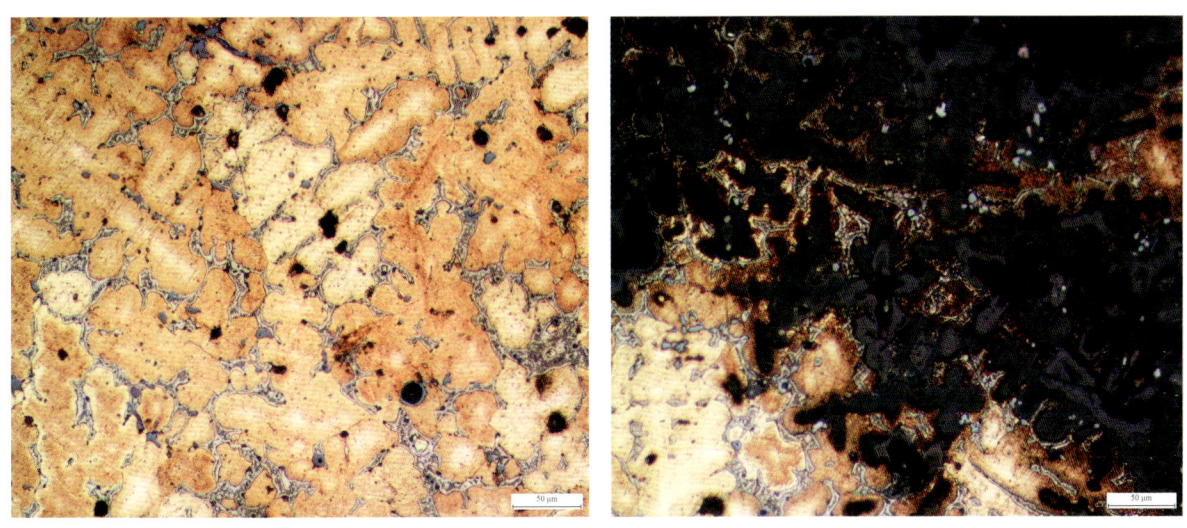

1. M15∶149铜车舆基体金相组织

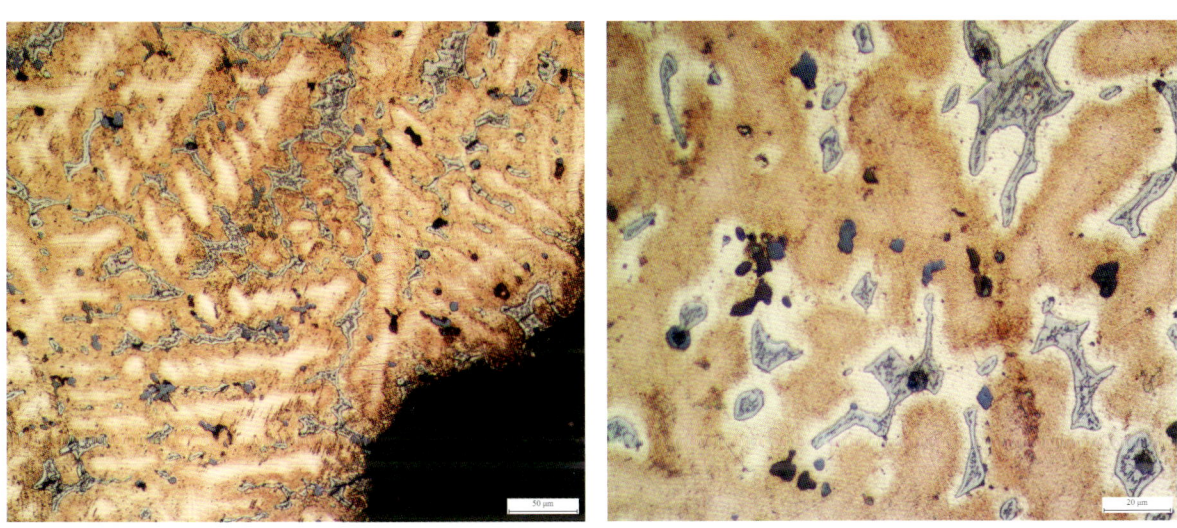

2. M15∶150铜车舆基体金相组织

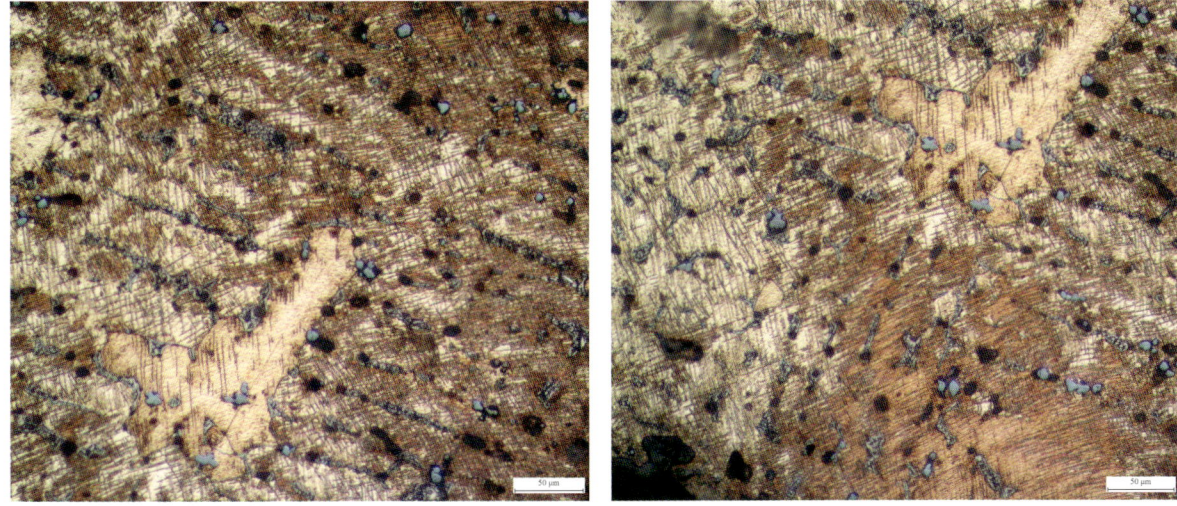

3. M15∶155铜车舆基体金相组织

图版一八　M15∶149、M15∶150、M15∶155金相组织

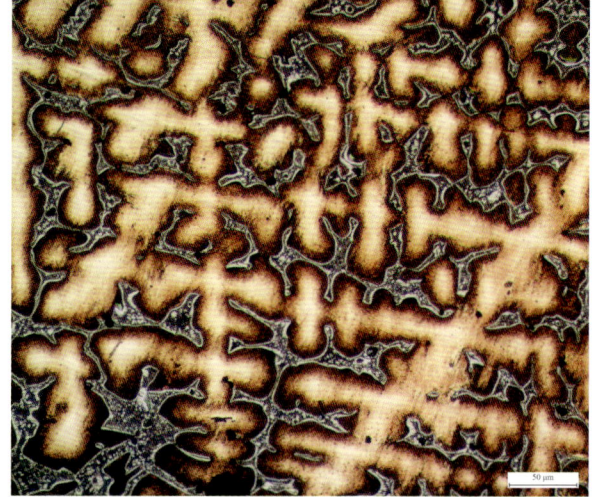

1. M15：163铜车軎基体金相组织

2. M15：165铜车饰基体金相组织

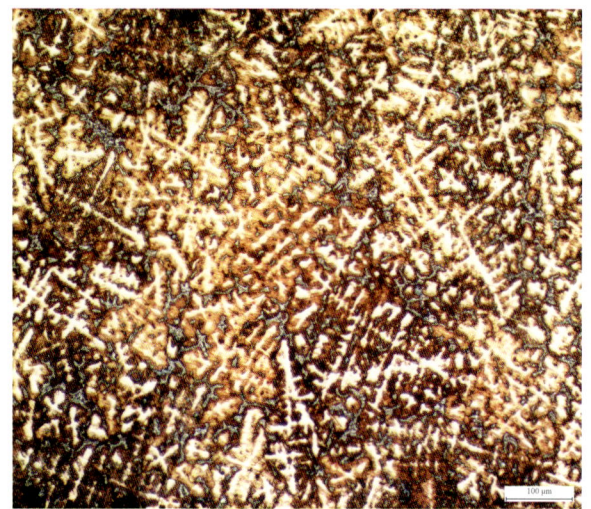

3. M15：161或162铜车軏基体金相组织

图版一九　M15：163、M15：165、M15：161或162金相组织

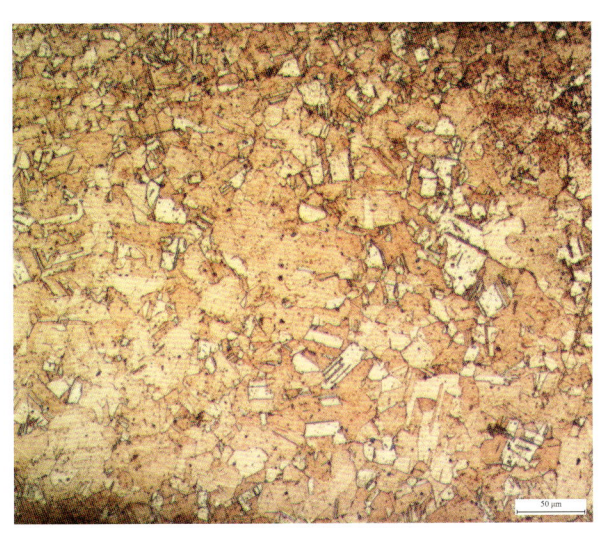
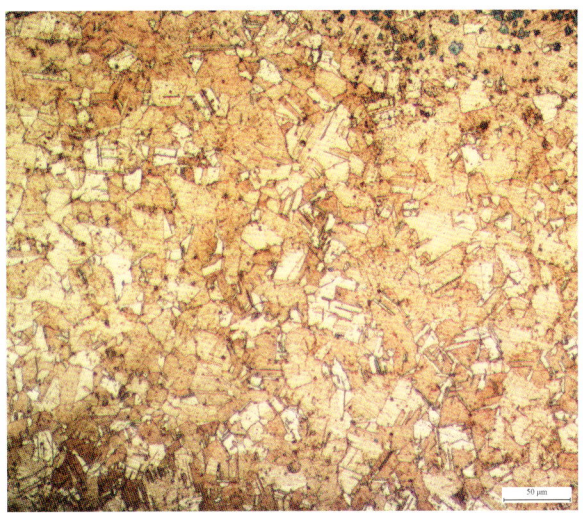

1. M15∶167铜车軎金相组织（一）

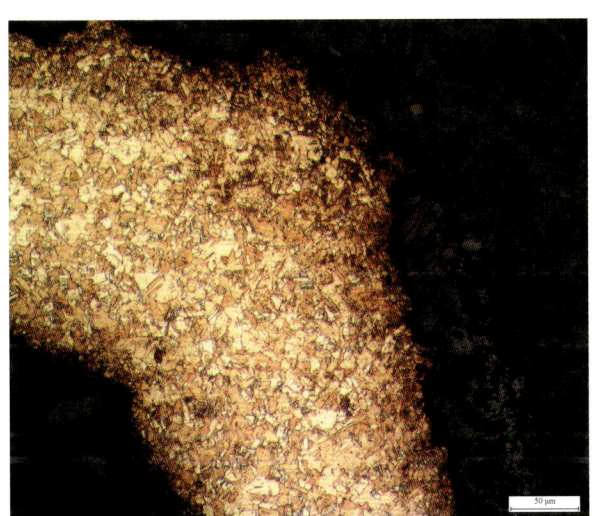
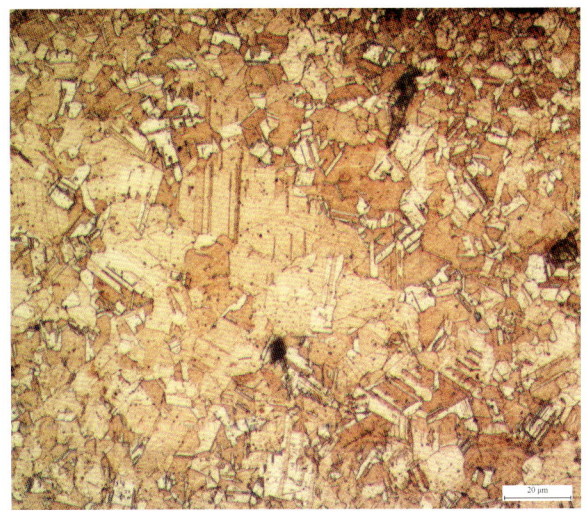

2. M15∶167铜车軎金相组织（二）

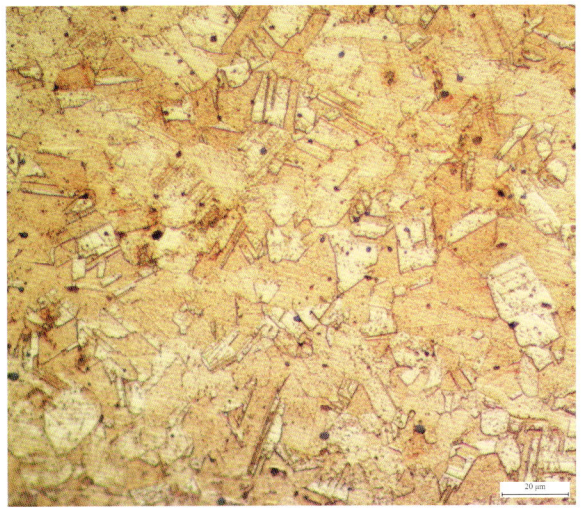

3. M15∶169铜车軎基体金相组织

图版二〇　M15∶167、M15∶169金相组织

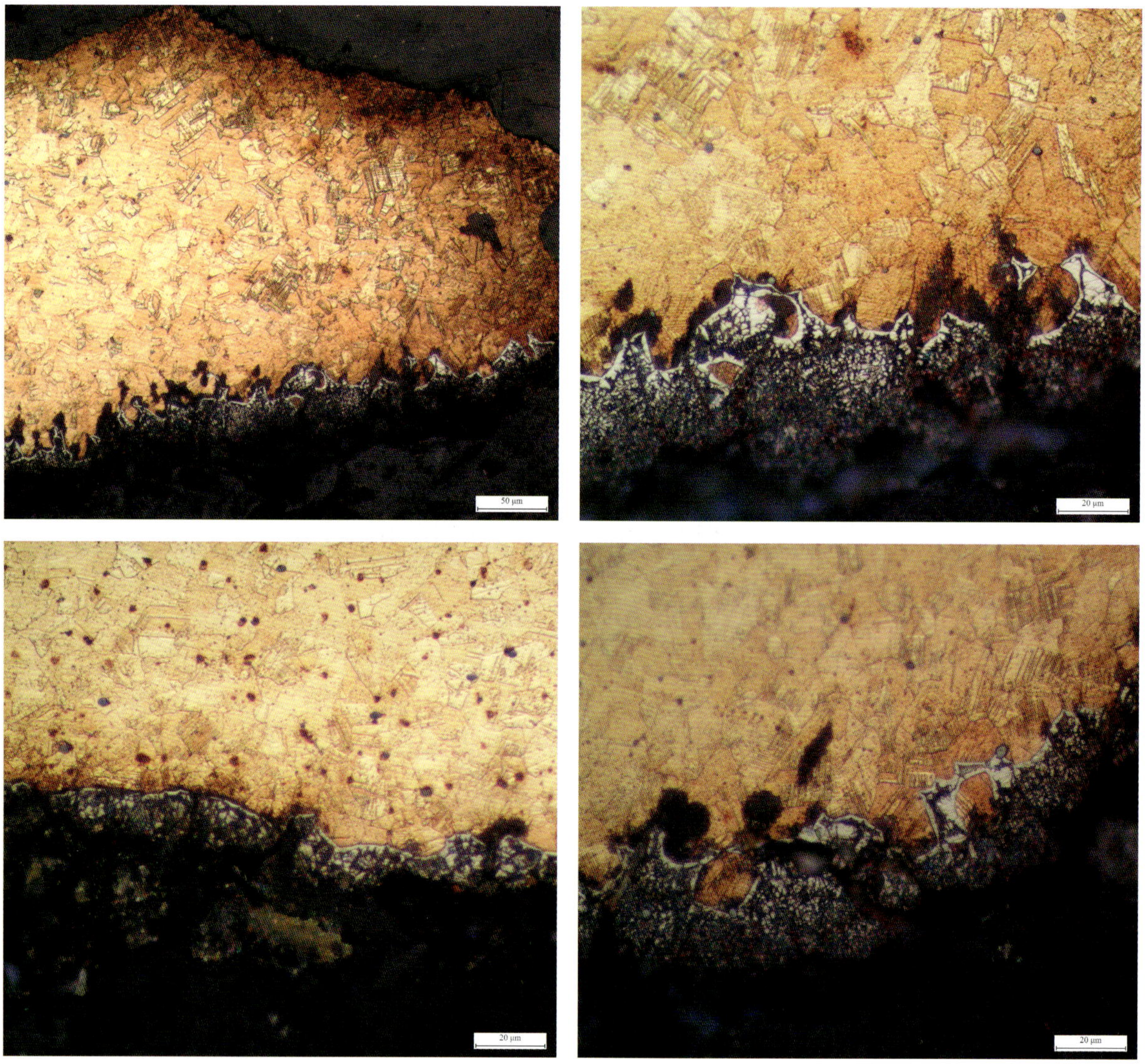

1. M15∶169铜车軎基体金相组织

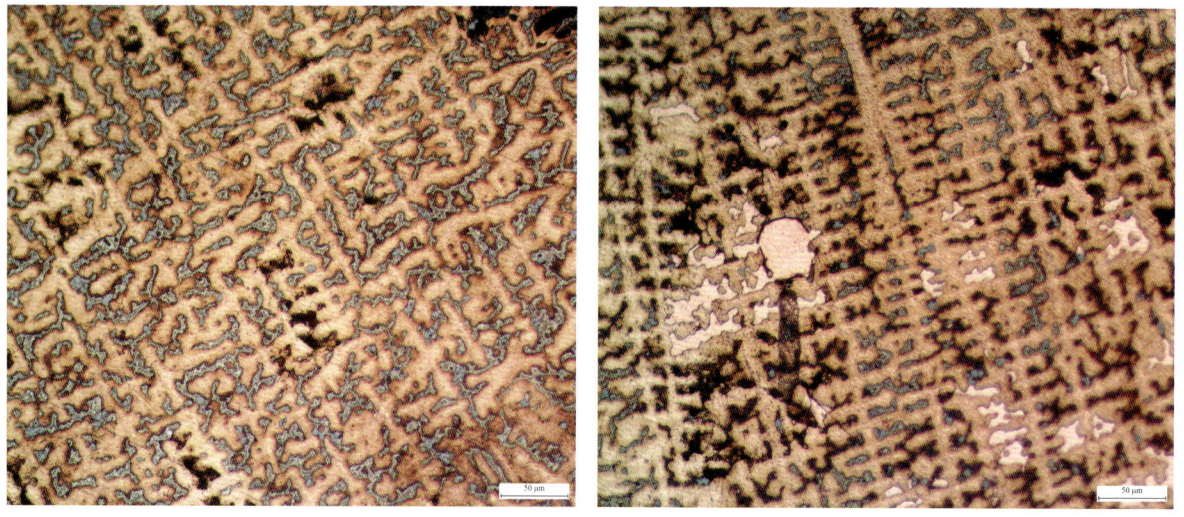

2. M15∶169铜车軎钉基体金相组织

图版二一 M15∶169金相组织

1. M15：170铜车軎基体金相组织

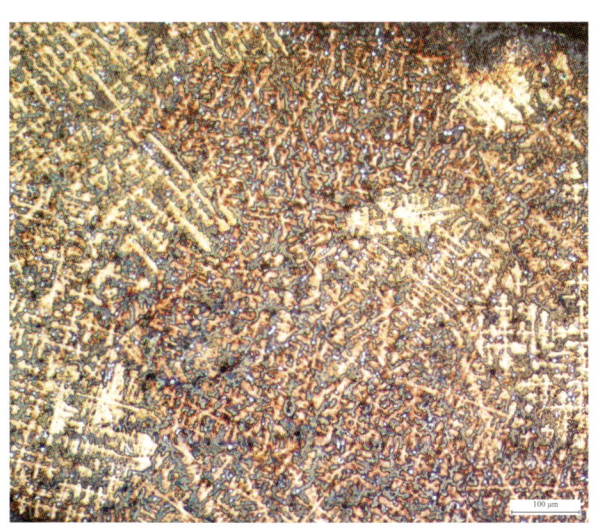 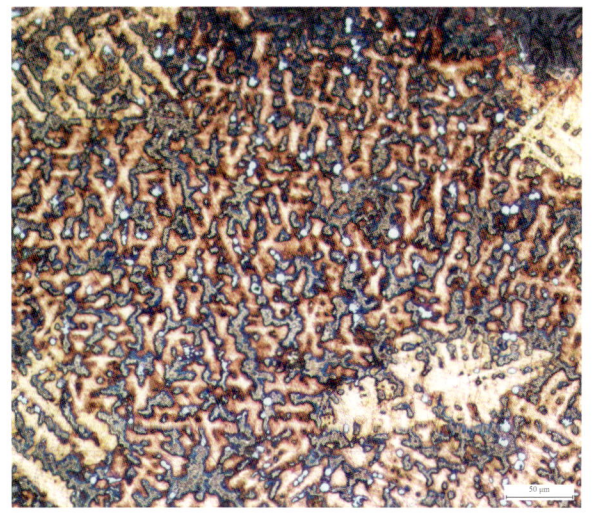

2. M15：176铜车軎基体金相组织

 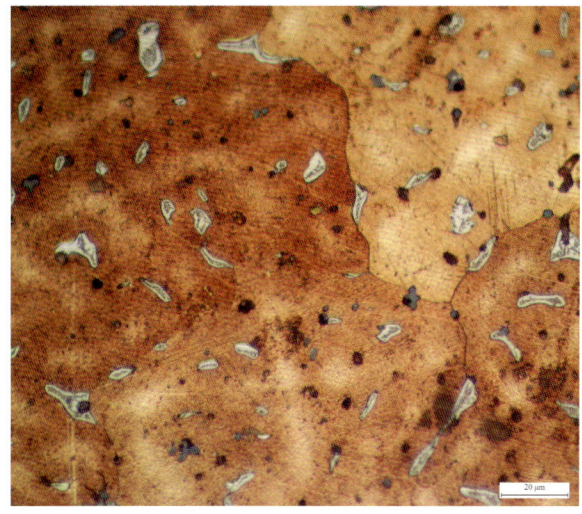

3. M15：177铜车軎基体金相组织

图版二二　M15：170、M15：176、M15：177金相组织

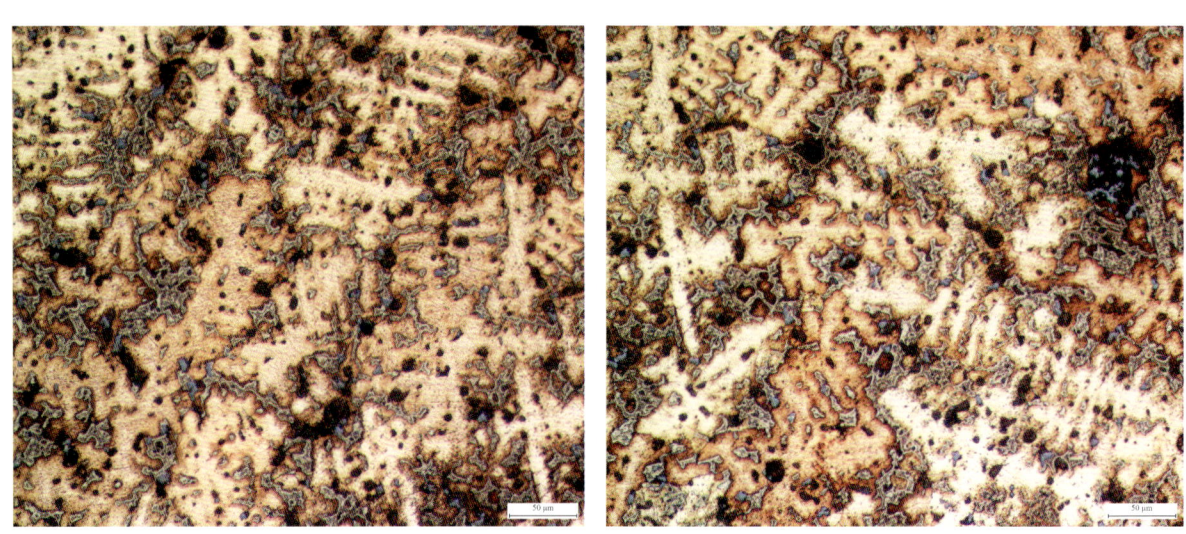

1. M15∶178铜车軎基体金相组织

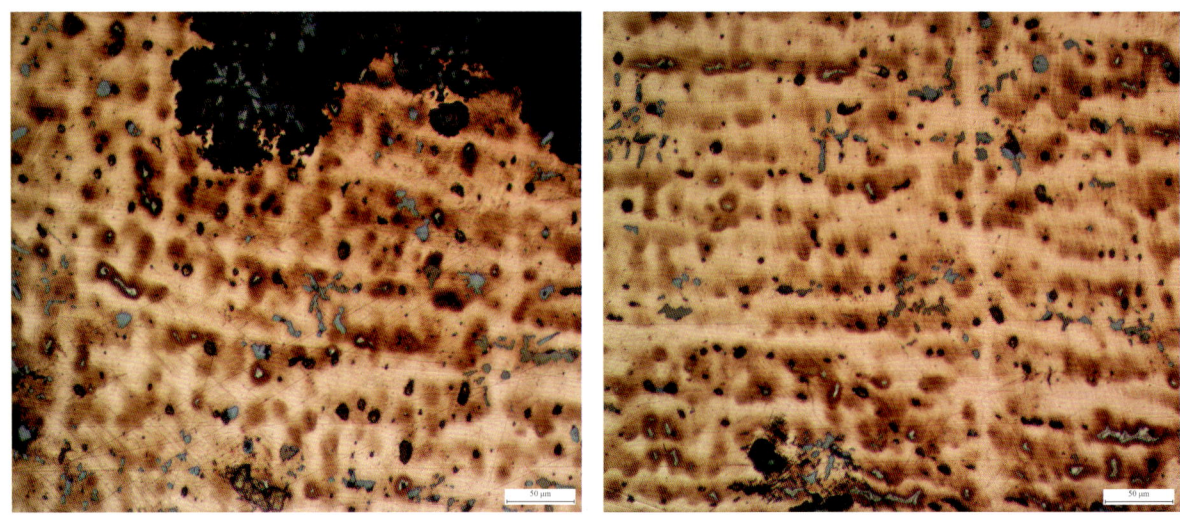

2. M15∶171铜车軎基体金相组织

图版二三　M15∶178、M15∶171金相组织